北京市哲学社会科学规划办公室
北京市教育委员会 资助出版

北京现代物流研究基地
年度报告
（2020）

北京现代物流研究基地　编

中国财富出版社有限公司

图书在版编目（CIP）数据

北京现代物流研究基地年度报告.2020 / 北京现代物流研究基地编.—北京：中国财富出版社有限公司，2023.12

ISBN 978 - 7 - 5047 - 8079 - 9

Ⅰ.①北… Ⅱ.①北… Ⅲ.①区域 - 物流管理 - 研究报告 - 北京 - 2020 Ⅳ.①F259.271

中国国家版本馆 CIP 数据核字（2024）第 026504 号

策划编辑	赵雅馨		**责任编辑**	赵雅馨	**版权编辑**	李　洋
责任印制	尚立业		**责任校对**	杨小静	**责任发行**	敬　东

出版发行	中国财富出版社有限公司			
社　　址	北京市丰台区南四环西路 188 号 5 区 20 楼	**邮政编码**	100070	
电　　话	010 - 52227588 转 2098（发行部）	010 - 52227588 转 321（总编室）		
	010 - 52227566（24 小时读者服务）	010 - 52227588 转 305（质检部）		
网　　址	http://www.cfpress.com.cn	**排　　版**	宝蕾元	
经　　销	新华书店	**印　　刷**	北京九州迅驰传媒文化有限公司	
书　　号	ISBN 978 - 7 - 5047 - 8079 - 9/F·3710			
开　　本	787mm×1092mm　1/16	**版　　次**	2024 年 9 月第 1 版	
印　　张	16	**印　　次**	2024 年 9 月第 1 次印刷	
字　　数	340 千字	**定　　价**	198.00 元	

北京现代物流研究基地年度报告（2020）
编　委　会

编委会主任：姜　旭

编委会副主任：唐秀丽

编委会委员：姜超峰　林有来　杨福兴　郎茂祥

王道平　冉　伦　王喜富　贺可太

北京现代物流研究基地年度报告（2020）
执行人员名单

名 誉 主 编：姜 旭

执 行 主 编：唐秀丽

执 行 副主编：安久意

参 编 人 员：王成林　刘若阳　温卫娟　褚东亮
　　　　　　　杨越迪

前　言

本书是由北京物资学院北京现代物流研究基地组织研究团队撰写，分为北京市物流发展现状与趋势、北京市物流基地现状与对策、北京市冷链物流现状与对策、北京市空港物流枢纽发展现状与对策、北京城市副中心公共交通与运行效率现状、北京市中小物流企业信用评级与协调、北京市疫情下应急物流发展现状与趋势、北京市物流发展政策现状与建议，共一个主报告和七个专题分报告，系统总结北京市物流发展的新情况、新经验，科学展望北京市物流发展的新前景、新趋势。

作为北京现代物流研究基地的年度报告，在内容上，我们坚持对北京现代物流业进行连续性的研究，突出反映物流发展的新变化、新趋势和新特点；在理论上，我们明确物流业作为服务业的定位，聚焦北京地区经济与产业政策对物流业的影响，以及对物流服务对象即农业、工业、流通业等行业的研究。我们力求保证全书的针对性、前瞻性，为政府和企业的决策提供参考，拓宽物流研究者及从业者的视野并给予他们启迪。

北京现代物流研究基地作为北京市的物流特色研究平台，通过开展政府、协会、企业及高校院所间的思想交流活动，凝聚共识、探讨问题，为首都经济社会的发展服务。本书就是这一平台建设思路的结晶。

本书由主报告（第一章）以及七个专题分报告（第二章至第八章）组成。其中，第一章由北京物资学院物流学院唐秀丽和研究生冯其龙、陈蕊、张艳棚、赵昱成、李妍欣、秦禹涵撰写；第二章由北京物资学院物流学院褚东亮撰写；第三章由北京物资学院物流学院温卫娟撰写；第四章由北京物资学院物流学院王成林撰写；第五章由北京物资学院物流学院杨越迪撰写；第六章由北京物资学院物流学院刘若阳撰写；第七章和第八章由北京物资学院物流学院唐秀丽和研究生陈冬妍、王晶晶撰写；全书由北京物资学院物流学院唐秀丽统纂和审核定稿。

本书难免存在一些不足之处，敬请有关方面的专家、学者提出宝贵意见。

北京现代物流研究基地

2022 年 5 月 10 日

目　录

第一章

北京市物流发展现状与趋势

第一节　北京市物流发展经济环境分析

2020 年是极不平凡的一年，面对新冠疫情的严峻考验和错综复杂的国际国内形势，在以习近平同志为核心的党中央坚强领导下，北京市全市科学统筹疫情防控和经济社会发展，众志成城、奋力拼搏，生产生活秩序稳步恢复，经济持续回升向好，为物流行业的复苏奠定了坚实的基础。

一、北京市经济发展态势分析

（一）经济运行逐季好转，主要领域稳步恢复

2020 年全年实现地区生产总值 36102.6 亿元，按可比价格计算，比上年增长 1.2%。其中，第一产业增加值 107.6 亿元，下降 8.5%；第二产业增加值 5716.4 亿元，增长 2.1%；第三产业增加值 30278.6 亿元，增长 1.0%。三次产业构成为 0.4①：15.8：83.8（见表 1-1）。规模以上工业增加值增长 2.3%，汽车、电子、医药、电力四大支柱行业全面增长。固定资产投资增长 2.2%，其中，高技术制造业完成固定资产投资增长 87.7%。市场消费逐步回暖，全年市场总消费额降幅比第 1 季度收窄 5.6 个百分点。

---

① 数据引自："北京市人民政府"官网。

表1-1 北京市 2020 年地区生产总值

指标	绝对数（亿元）	比上年增长（%）	比重（%）
地区生产总值	36102.6	1.2	100.0
按产业分			
第一产业	107.6	-8.5	0.4
第二产业	5716.4	2.1	15.8
第三产业	30278.6	1.0	83.8
按行业分			
农、林、牧、渔业	110.0	-7.8	0.3
工业	4216.5	1.4	11.7
建筑业	1539.8	4.4	4.3
批发和零售业	2758.9	-2.4	7.6
交通运输、仓储和邮政业	836.5	-12.4	2.3
住宿和餐饮业	391.1	-26.6	1.1
信息传输、软件和信息技术服务业	5540.5	14.4	15.3
金融业	7188.0	5.4	19.8
房地产业	2644.2	0.1	7.3
租赁和商务服务业	2197.6	-14.5	6.1
科学研究和技术服务业	2985.0	0.4	8.3
水利、环境和公共设施管理业	325.4	0.2	0.9
居民服务、修理和其他服务业	205.8	-12.5	0.6
教育	1978.9	6.0	5.5
卫生和社会工作	976.3	-6.0	2.7
文化、体育和娱乐业	704.1	-7.0	2.0
公共管理、社会保障和社会组织	1504.0	-3.0	4.2

资料来源：北京市 2020 年国民经济和社会发展统计公报。

（二）农业结构持续调整，都市农业逐步回暖

2020 年，全市实现农、林、牧、渔业总产值263.4亿元，比上年下降6.5%，其中农业种植业产值增长5.1%，设施农业产值比上年增长6.3%，休闲农业和乡村旅游人均消费增长22.2%。

（三）工业生产持续回升，高端产业增势良好

2020 年，全市规模以上工业增加值增长2.3%。分经济类型看，2020 年，国有控股

企业增加值比上年同期增长 2.5%，股份制企业增长 1.0%，"三资"企业增长 5.3%。

分行业看，2020 年，在 39 个工业大类行业中 15 个行业增加值同比增长。汽车制造业增长 5.7%，电力、热力生产和供应业增长 4.4%。高端产业增势良好，高技术制造业增加值增长 9.5%，战略性新兴产业增加值增长 9.2%，分别高于规模以上工业增速 7.2 个和 6.9 个百分点（二者有交叉）。

从主要工业产品看，2020 年，全市生产汽车 166.0 万辆，比上年同期增长 1.9%。其中，轿车 65.3 万辆，下降 17.6%；载货汽车 64.6 万辆，增长 33.7%。生产微型计算机 552.4 万台，下降 6.0%；生产手机 9928.5 万台，增长 18.5%；生产智能电视 279.3 万台，下降 28.1%。

（四）服务业稳步恢复，信息金融保持领先

2020 年，全市第三产业增加值按可比价格计算，比上年增长 1.0%，增速比 2020 年 1~3 季度提高 0.9 个百分点。其中，信息传输、软件和信息技术服务业实现增加值 5540.5 亿元，增长 14.4%；金融业实现增加值 7188.0 亿元，增长 5.4%，是服务业恢复的主要支撑力量；科学研究和技术服务业保持增势，实现增加值 2985.0 亿元，增长 0.4%，增速提高 0.3 个百分点；流通领域继续复苏，批发和零售业实现增加值 2758.9 亿元，下降 2.4%，降幅比 1~3 季度收窄 6.3 个百分点；交通运输、仓储和邮政业实现增加值 836.5 亿元，下降 12.4%，降幅收窄 0.7 个百分点。

二、北京市消费市场现状分析

（一）市场消费回暖加速，网上零售表现活跃

2020 年，因新冠疫情影响，全市市场总消费额比上年下降 6.9%，降幅比 1~3 季度收窄 3.4 个百分点。其中，服务性消费额下降 4.9%，降幅收窄 2.8 个百分点；实现社会消费品零售总额 13716.4 亿元，下降 8.9%，降幅收窄 4.2 个百分点，其中，限额以上批发零售业、住宿餐饮业网上零售额为 4423.3 亿元，同比增长 30.1%。

社会消费品零售总额中，商品零售 12844.7 亿元，下降 7.1%，降幅收窄 3.7 个百分点；餐饮收入 871.7 亿元，下降 29.9%，降幅收窄 7.8 个百分点。网上零售保持快速增长，在限额以上批发和零售业商品类值中，增速较高的通信器材类商品实现零售额同比增长 49.2%。

（二）消费价格温和上涨，生产价格同比下降

2020 年，全市居民消费价格同比上涨 1.7%。其中，消费品价格上涨 2.2%，服务项

目价格上涨1.1%。食品烟酒类价格上涨5.7%，教育文化和娱乐类价格上涨2.5%，医疗保健类价格上涨4.9%，其他用品和服务类价格上涨8.3%，衣着类价格下降0.2%，居住类价格下降0.9%，交通和通信类价格下降4.2%，生活用品及服务类价格与上年持平。12月居民消费价格同比上涨0.2%，涨幅与上月持平，环比上涨0.3%。北京市2020年居民消费价格涨跌幅度如表1-2所示。

表1-2　　　　　　　　北京市2020年居民消费价格涨跌幅度

指标	相比上年涨跌幅（%）
居民消费价格	1.7
食品烟酒	5.7
其中：粮食	1.8
鲜菜	7.5
畜肉类	27.4
鲜果	-13.3
衣着	-0.2
居住	-0.9
生活用品及服务	持平
交通和通信	-4.2
教育文化和娱乐	2.5
医疗保健	4.9
其他用品和服务	8.3

资料来源：北京市2020年国民经济和社会发展统计公报。

2020年，北京市工业生产者出厂价格同比下降0.9%，购进价格同比下降0.5%。12月，工业生产者出厂价格同比下降1.0%，环比上涨0.5%；购进价格同比上涨1.5%，环比上涨1.6%。

三、北京市外贸发展现状分析

（一）外贸形势逐步回稳向好

据北京海关统计，2020年北京地区（包含中央在京单位）进出口2.32万亿元人民币，较上年同期（下同）下降19.1%。其中，进口1.86万亿元，出口4654.9亿元。

受疫情影响，2020年上半年北京地区进出口规模明显下降。随着国内疫情得到有效控制，企业复工复产有序推进，北京地区外贸形势回稳向好。2020年下半年，北京地区进出口总值1.19万亿元，较上半年增长5.7%。其中，三季度实现进出口总值6042亿元，较二季度增长 19.5%；四季度整体进出口略有回落，但仍保持较高水平，11 月、12 月进出口总值均在 2000 亿元以上，环比分别增长 8.8%、2.1%。

（二）进口：汽车、铁矿及药品显著增长

2020 年，北京地区进口汽车 1859.4 亿元，同比增长 8%，占同期北京地区进口总值的 10%，特别是年底进口汽车市场火爆，11 月、12 月北京地区连续两月进口汽车突破 200 亿元。此外，2020 年北京地区进口铁矿砂及其精矿 1224.8 亿元，增长 11%；进口医药材及药品 700.3 亿元，增长 12%。

（三）出口：手机、医疗物资大幅增长

2020 年，北京地区出口手机 655.8 亿元，同比增长 50%，占同期北京地区出口总值的 14.1%。同期，出口医疗物资显著增长，其中出口纺织服装（主要为医用口罩和防护服）352.1 亿元，增长 202.7%；出口医疗仪器及器械 113.4 亿元，增长 138.5%；出口医药材及药品 67.7 亿元，增长 64.3%。

四、北京市固定资产投资现状分析

（一）固定资产投资回升企稳

2020 年，全市固定资产投资（不含农户）比上年增长 2.2%。分产业看，第一产业投资下降 22.8%；第二产业投资增长 28.0%，其中高技术制造业投资增长 87.7%；第三产业投资增长 1.0%，其中高技术服务业投资增长 16.5%，教育、卫生和社会工作领域投资分别增长 34.9%、22.7%。基础设施投资下降 12.3%，降幅收窄 7.1 个百分点；房地产开发投资增长 2.6%。商品房新开工面积 3006.6 万平方米，增长 45.0%；商品房销售面积 970.9 万平方米，增长 3.4%。

（二）交通行业固定资产投资稳中有进

2020 年，北京市全年完成交通领域投资 1215.9 亿元，相较于 2019 年的 1215.1 亿元略微上涨，连续四年保持千亿级，其中公共交通及相关配套占比最高，投资额为 402 亿元，占总投资的 33.1%，公交优先发展战略继续深入实施。公路和城市道路投资仅次于公共交通投资，投资额为 392.1 亿元，同比增长 30.7%，占总投资的 32.2%。从公路和城市道路投资结构看，区县及其他道路投资占比最高，投资额为 189.2 亿元，同比增长 78.3%，占道路投资的 48.2%。

五、京津冀协同发展环境下的区域经济

（一）功能定位持续强化，区域经济韧性增强

北京不断加强"四个中心"功能建设。从文化中心建设看，2020年全市规模以上文化产业法人单位实现收入达到1.4万亿元，上市文化企业占到全国3成。从科技创新中心建设看，2020年全市技术合同成交额达6316.2亿元，增长10.9%，每万人发明专利拥有量是全国平均水平的近10倍。

天津围绕建设全国先进制造研发基地，制造业增加值全年增长1.5%。河北产业转型升级实现新进展，积极构建全国现代商贸物流重要基地，物流业增加值占GDP比重达到7.8%，比上年提高0.2个百分点；快递业务量和快递业务收入分别增长60.7%和38.2%。

（二）生产要素充分流动，发展活力显著提升

2020年，北京、河北企业在津投资到位额1438.4亿元，占引进内资的49.1%。宝坻京津中关村科技城累计注册企业313家，注册资本47.6亿元。京津冀三地间技术合作日益紧密，北京输出津冀技术合同5033项，成交额347.0亿元，增长22.7%，京津与河北共建的各类产业技术创新联盟达95家，有效提升了企业技术创新和关键核心技术攻关能力。

第二节　北京市物流发展运行现状分析

一、物流业运行总体情况分析

2020年，宏观经济经受到前所未有的严峻挑战，物流作为经济发展的先行官，积极贯彻高质量发展理念，深化供给侧结构性改革，全年物流运行逆势回升、增势平稳，物流规模再上新台阶，物流业总收入保持增长，物流运行实现提质增效，单位成本缓中趋稳，为保障民生、促进经济发展提供了有力支撑。2020年北京市各产业生产总值如表1-3所示。

表1-3　　　　　2020年北京市各产业生产总值

指标	绝对数（亿元）	比上年增长（%）
地区生产总值	36102.6	1.2
第一产业	107.6	-8.5

续表

指标	绝对数（亿元）	比上年增长（％）
第二产业	5716.4	2.1
第三产业	30278.6	1.0

（一）物流规模再上新台阶，社会物流总额超 300 万亿元

物流业总收入保持增长。2020 年，全国物流业总收入 10.5 万亿元，同比增长 2.2％。物流业总收入增速自第三季度由负转正，第四季度以来呈现加速回升态势，恢复至上年水平。

社会物流总额迈上 300 万亿元新台阶。2020 年全国社会物流总额 300.1 万亿元，按可比价格计算，同比增长 3.5％。分季度看，第一季度、上半年和前三季度增速分别为 −7.3％、−0.5％和 2.0％，物流规模增长持续恢复，第四季度增速回升且进一步加快。

（二）多业融合深度发展，物流企业活力持续增强

物流企业服务能力进一步提高，为打通供应链、协调产业链、创造价值链提供重要保障。2020 年我国物流企业 50 强实现物流业务收入 1.1 万亿元，同比增长 15％，第 50 名的企业物流营业收入超过 37 亿元，同比增长 19％。物流企业与汽车、家电、电子、医药、冷链、烟草、化工、冶金、电商、零售等制造、商贸流通业深度融合，形成一批专业能力强、服务质量高的品牌标杆。

疫情之下物流民生保障作用日益增强。农村物流、双向流通的渠道进一步打通，服务密度大幅度提升，邮政快递物流服务网点覆盖 3 万多个农村乡镇，支撑消费品下乡和农产品进城产值近万亿元。物流企业严格做好疫情防控，分区分级推动复工复产，全力保障供应链稳定畅通，为保通保畅、保运保供提供了有力支撑。

物流行业维持较高景气水平。随着复工复产稳步推进，物流企业业务量及订单水平均稳步回升，物流供需两端同步回升，市场活力持续增强。中国物流业景气指数中的业务量指数和新订单指数自 3 月以来均处于回升通道，四季度加速回升，12 月分别回升至 56.9％和 55.8％的较高水平，两者差值有所缩小，供需关系更趋平衡。

（三）物流产业就业形势较好，新增就业超百万人

物流业吸纳就业能力不断增强，从业人员数量快速增长。根据测算，2019 年年末，我国物流岗位（既包括物流相关行业法人单位和从事物流活动的个体工商户从业人员，也包括工业、批发和零售业等行业法人单位的物流岗位从业人员）从业人数 5191 万人，

比 2016 年增长 3.6%，年均增长 0.9%。

从结构来看，一是物流专业人才数量保持较快增长，物流人员专业化程度提升。我国物流相关行业从业人数超过 1200 万人，比 2016 年增长 16%，年均增长 3.9%。二是运输物流仍是吸纳就业的主体。三是电商快递、多式联运等新型行业成为新增就业的主要动力，"十三五"时期快递物流行业新增吸纳就业超过 100 万人，年均增长 10%，多式联运及运输代理行业新增吸纳就业超过 15 万人，五年年均增长 8%，增速均快于行业平均水平。2017—2020 年北京市运输业从业人员数量如表 1-4 所示。

表 1-4　　　　　　　　2017—2020 年北京市运输业从业人员数量

指标	2020 年	2019 年	2018 年	2017 年
铁路运输业就业人员数量（万人）	10.21	10.33	10.59	10.76
公路运输业就业人员数量（万人）	23.66	26.22	27.98	28.25
水上运输业就业人员数量（人）	212	278	304	242
航空运输业就业人员数量（万人）	8.28	8.08	8.31	8.13
管道运输业就业人员数量（人）	4423	4522	4287	5548
装卸搬运和其他运输服务业就业人员数量（万人）	—	—	—	4.05
邮政业就业人员数量（万人）	9.44	9.64	8.48	4.92

资料来源：国家统计局。

二、物流业营商环境及政策分析

2020 年新冠疫情全球暴发，全球经济受到了一定的冲击，我国物流行业的整体运行也跟随大环境而变化，凸显出了供应链创新发展的紧迫性。政府发布的若干政策对稳定全国大部分地区疫情起到了重要作用，税费的减免具有强大的实际效力，这些措施包括所有车辆通过收费公路全部免费、物流企业增值税减免、降低港口相关费用、航空相关费用减免、复工复产用电折扣等。另外还有对疫情防控中的重要物流企业开展融资补贴，如低息专项贷款、贷款贴息、疫情防控债等。但我国在抗击疫情过程中对交通运输行业做出较为严格的控制，伴随着疫情逐步缓解，复工复产逐步提速，交通运输行业复苏略显滞后。

在常态化疫情防控的前提下，我国始终坚持稳中求进工作总基调，保基本民生、保粮食能源安全、保物流交通运输、保产业链供应链稳定、保基层运转等成为重点。2020 年 4 月国家档案局发布的《交通运输部 财政部 国家税务总局 国家档案局关于收费公路通行费电子票据开具汇总等有关事项的公告》实现了多次通行、一次汇总、电子票据打包下载、无纸化报销归档，无疑是国家又一次为推进物流业降本增效，提升收费公路服务水平的重要举措。

（一）持续优化营商环境，积极提高服务活力

2020年7月21日发布的《国务院办公厅关于进一步优化营商环境更好服务市场主体的实施意见》（以下简称《实施意见》）中指出要精简优化工业产品生产流通等环节管理措施。进一步提高进出口通关效率，拓展国际贸易"单一窗口"功能，并且持续提升纳税服务水平。

推行进出口货物"提前申报"，企业提前办理申报手续，海关在货物运抵海关监管作业场所后即办理货物查验、放行手续。优化进口"两步申报"通关模式，企业进行"概要申报"且海关完成风险排查处置后，即可允许企业将货物提离。在符合条件的监管作业场所开展进口货物"船边直提"和出口货物"抵港直装"试点。

加快"单一窗口"功能由口岸通关执法向口岸物流、贸易服务等全链条拓展，实现港口、船代、理货等收费标准线上公开、在线查询。2020年年底前基本实现增值税专用发票电子化，主要涉税服务事项基本实现网上办理。简化增值税等税收优惠政策申报程序，原则上不再设置审批环节。强化税务、海关、人民银行等部门数据共享，加快出口退税进度，推行无纸化单证备案。

《实施意见》在《优化营商环境条例》的基础上将政策制定得更为细化，是促进公平竞争、增强市场活力和经济内生动力、推动高质量发展的重要举措，从《实施意见》可以看出，物流、交通、运输行业的从事者将可以享受到更为便捷的政策措施，以此提高工作效率、降低成本。

（二）推动行业转型升级，加强绿色健康发展

当前，我国物流业制造业融合发展趋势不断增强，随着市场竞争日趋激烈，物流已从附属服务转变为提高制造企业市场竞争力、降低成本、挖掘利润空间的重要服务，物流企业与制造企业间风险共担、利益共享的联动融合发展格局正在形成。但当前我国物流业制造业融合发展的融合层次不够高、范围不够广、程度不够深，与促进形成强大国内市场、构建现代化经济体系的总体要求还不相适应。

国家发展改革委会同工业和信息化部等多个部门和单位联合印发《推动物流业制造业深度融合创新发展实施方案》统筹推动了物流业降本增效提质和制造业转型升级，促进了物流业制造业协同联动和跨界融合，延伸产业链、稳定供应链、提升价值链，对于在当前形势下进一步深入推动物流业制造业深度融合、创新发展，适应"双循环"发展新格局，构建现代化产业链、供应链体系具有很强的现实意义，也为今后物流业的高质

量发展指明了方向，成为物流行业持续健康发展的"助推器"。

此外，2020 年 2 月 24 日，国家发展改革委、中央网信办等 11 部委联合印发《智能汽车创新发展战略》，提出到 2025 年，中国标准智能汽车的技术创新、产业生态、基础设施、法规标准、产品监管和网络安全体系基本形成。实现有条件自动驾驶的智能汽车达到规模化生产，实现高度自动驾驶的智能汽车在特定环境下市场化应用。展望 2035 年到 2050 年，中国标准智能汽车体系全面建成、更加完善。安全、高效、绿色、文明的智能汽车强国愿景逐步实现，智能汽车充分满足人民日益增长的美好生活需要。

发展低碳经济不仅是建设资源节约型社会也是建设环境友好型社会的重要载体。此外，在当前国际关系不稳定的背景下，我国积极推进新能源汽车发展进程，力争逐步摆脱对石油的依赖，是保障国家能源安全的战略措施，是实现我国汽车产业发展和现代化发展目标的重大战略任务。同时，发展新能源汽车是培育后金融危机时代新的经济增长点和新型产业的最佳选择，不仅可以促进交通领域节能减排和汽车工业可持续发展，而且能够提升汽车生产制造企业的创新能力，促进汽车工业技术进步，推动汽车产业结构调整，是培养新的经济增长点和振兴我国汽车工业的重大举措。

三、北京市主要物流资源调研与分析

（一）物流仓储设施资源分布情况

1. 现有仓源体量及结构特点

据"物联云仓"数据，截至 2020 年 7 月，北京市现有仓源总面积为 655.62 万平方米，其中普通仓面积约 598.52 万平方米，约占总面积的 91.29%；冷库面积约 39.93 万平方米，约占总面积的 6.09%。普通仓中，一般普通仓占比约为 74.30%；高标仓占比约为 25.70%。当前，北京高标仓总体仍供不应求，尤其是一些热点地区，如亦庄经济技术开发区周边、首都机场周边等。冷库供应相对不足，近年基本处于供不应求状态，但 2020 年受经济大环境影响，上半年北京市场出现部分冷库空置。北京市物流仓库类型及占地面积如表 1－5 所示。

表 1－5　　　　　北京市物流仓库类型及占地面积

仓库类型	普通仓	冷库	其他仓库
占地面积（万平方米）	598.52	39.93	17.17

2. 现有仓规模特点

截至 2020 年 7 月，北京单个项目面积规模小于等于 1 万平方米的项目数超过 47%，单个项目面积规模大于等于 3 万平方米的项目数超过 18%。2020 年北京市仓源项目规模分布情况如表 1－6 所示。

表 1－6   2020 年北京市仓源项目规模分布情况

单个项目面积规模（万平方米）	≤1	1~2（包括2）	2~3（包括3）	3~4（包括4）	>4
项目个数所占比例（%）	47.73	22.08	12.01	6.82	11.36

3. 普通仓租金和空置率情况

为应对新冠疫情，物流地产开发商加大招商优惠，延长免租期，及时进行战略调整，和政府积极沟通并建立健全保障措施确保园区正常运转，租户则选择缩减租仓面积，取消或延缓租仓项目落地。

2020 年上半年北京市普通仓平均租金为每月 42.04 元/平方米，较 2019 年年底变化不大。预估 2020 年下半年北京市普通仓租金将继续保持稳定，部分仓储项目租金或将下调。2020 年上半年北京市普通仓平均空置率为 13.21%，较 2019 年年底有所上升，主要原因是受新冠疫情影响，部分租户收缩租仓面积、延缓或暂停租仓项目。2020 年下半年北京市普通仓平均空置率总体保持平稳，部分仓储项目空置率略高。

4. 仓储子市场划分

北京顺义、大兴、通州区集中了大量物流仓储设施。当前北京物流仓储设施分布符合《北京市"十三五"时期交通发展建设规划》，重点打造顺义空港物流基地、通州马驹桥物流基地、大兴京南物流基地、平谷马坊物流基地四大物流基地。顺义空港物流基地重点加快完善国际物流及快递类包裹集散功能，打造北京内外贸易及国际电子商务中心；通州马驹桥物流基地突出承接朝阳口岸功能，与天津口岸经营主体通过项目资金互投，利用经济纽带促进口岸合作；大兴京南物流基地充分利用区位优势，着力发挥京津冀区域联动，打造京津冀一体化的重要物流枢纽；平谷马坊物流基地以"口岸 + 冷链 + 交易"为核心，建设保障首都、协同发展的商贸流通节点。目前北京顺义、大兴、通州区都集中着大量物流仓储设施。

（二）冷链物流资源分布情况

据中冷联盟《全国冷链物流企业分布图》数据显示，2018 年，北京市冷库容量为 157 万吨，冷链企业有 64 家，冷链运输车辆有 2670 辆；2019 年，北京市冷库容量为 176 万吨，冷链企业有 62 家，冷链运输车辆有 5434 辆；2020 年，北京市冷库容量为 209 万吨，冷链企业达 73 家，冷链运输车辆有 3835 辆。2017—2020 年北京市冷链物流资源概况如表 1－7 所示。

表 1-7　　　　　　　　　　　2017—2020 年北京市冷链物流资源概况

年份	2017	2018	2019	2020
冷库容量（万吨）	140	157	176	209
企业数（家）	72	64	62	73
车辆数（辆）	2751	2670	5434	3835

资料来源：中冷联盟《全国冷链物流企业分布图》。

将北京市冷库数据按照各区冷库位置进行统计，整理后的北京市各区冷库分布情况如表 1-8 所示。从表 1-8 中可以看出，北京市冷库多分布在京开高速、京沈高速、首都机场高速等公路交通便利之地，与市场需求对接较为紧密。

表 1-8　　　　　　　　　　　　北京市各区冷库分布情况

区域名称	冷库集中地
丰台区	新发地桥、玉泉营桥、世纪森林公园
大兴区	近京开高速芦城工业开发区、集中分布在 G4501 附近
顺义区	马坡镇、高丽营镇、南彩镇、木林镇
通州区	东六环附近，邻京沈高速、京沪高速、通燕高速，部分在台湖镇
海淀区	西直门外四道口
朝阳区	首都机场高速附近
平谷区	平谷马坊物流基地

（三）物流基地建设与完善情况

1. 总体规划

物流基地是大型、公共性的物流节点，是城市功能性基础设施，也是辐射全国乃至全球的重要物流枢纽。其功能主要包括内陆口岸功能、交通换载和货物集散功能、流通加工功能以及信息服务和货物配送功能等。

《北京城市总体规划（2004 年—2020 年）》在"产业发展与布局引导"章节中关于第三产业提到：建成分布合理、结构优化、高效低耗的现代物流体系，积极发展第三方物流。集中建设包括物流基地、综合物流区和专业物流区在内的公共物流区，立足首都，辐射环渤海地区，满足国内外物流需求。与空港和产业基地的分布相结合，重点完善以空港、马驹桥、良乡等物流基地为主的物流体系的建设。

2. 功能细分

2010 年 6 月，北京市人民政府印发了《北京市物流业调整和振兴实施方案》，提出"加快基础设施建设，提升物流基地功能"的战略思路。其主要内容如下。

　　继续推进物流基地道路改造、市政管线、场地平整、配套设施等工程项目建设，完善五大物流基地的基础设施条件，增加政府基础设施建设投入，带动社会投资。

　　加强分类引导，强化特色功能。加快推进天竺综合保税区建设，充分发挥其政策功能，吸引跨国公司国际分拨中心入驻；顺义空港物流基地要充分发挥北京临空经济区核心区的区位优势，重点发展体现首都特色和优势的航空物流产业；平谷马坊物流基地要在完善设施和功能的基础上，加快与天津港实现口岸直通，通过海陆联运发展国际物流，为本市外向型企业拓展新的海运通道；通州马驹桥物流基地要加紧推进设施建设，为实现朝阳口岸功能平移创造条件；房山良乡物流基地和大兴京南物流基地要充分利用公路铁路联运优势，积极吸引物流企业入驻。

四、北京市主要物流业态运行情况

　　2020 年，北京快递行业绿色发展水平逐步提升。全行业累计配置新能源车 2800 余辆，全市快递 45 毫米以下"瘦身胶带"封装率达 99.9%；电商快件不再二次包装率达 88%；循环中转袋使用率突破 97%；快递包装废弃物回收装置主要品牌具备条件的网点设置率接近 100%，713 个普服网点已实现全覆盖。2020 年，北京市快递行业末端投递服务明显改善，已安装快件箱约 1.8 万组，同比增长 7.3%，格口总数达到 190 多万个，同比增长 11.5%。截至 2020 年年底，北京市共有取得快递业务经营许可证的快递服务企业 308 家，较上年减少 134 家；全市末端站点总数为 4178 个，较上年增加 665 个；从业快递员 46768 人，较上年增加 10308 人；快递使用电动三轮车数 44873 辆，较上年增加 8464辆。2017—2020 年北京市快递行业基本情况如表 1-9 所示。

表 1-9　　　　　　　　　　2017—2020 年北京市快递行业基本情况

	单位	2017 年	2018 年	2019 年	2020 年
全年快递业务量	万件	227452.1	220875.6	228716.4	238223.1
取得快递业务经营许可证的企业数	家	481	484	442	308
站点总数	个	4268	4683	3513	4178
快递员	人	35538	35451	36460	46768
快递使用电动三轮车数	辆	34040	35868	36409	44873
年人均使用快件量	件	—	—	106.2	110.6

资料来源：《北京交通发展报告（2021）》。

　　从各类快递业务量构成看，2020 年北京市快递业务量以异地快递为主，异地快递业务量达 16.9 亿件，占北京市快递业务总量的 71.1%；同城快递业务量达 6.8 亿件，占

28.4%；国际/港澳台快递业务量达 0.1 亿件，占 0.5%。2014—2020 年北京市各类快递业务量如图 1-1 所示。

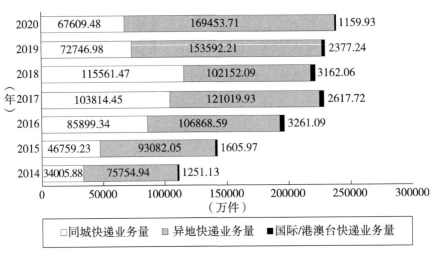

图 1-1 2014—2020 年北京市各类快递业务量

资料来源：北京市邮政管理局。

（一）邮政快递业务发展情况

2020 年，北京市邮政企业和快递服务企业业务收入（不包括邮储银行直接营业收入）累计完成 396.17 亿元，同比下降 0.51%；业务总量累计完成 480.24 亿元，同比增长 4.38%。

1. 邮政寄递服务业务

2020 年，邮政寄递服务业务量累计完成 8.57 亿件，同比下降 3.23%；邮政寄递服务业务收入累计完成 16.32 亿元，同比下降 8.18%。邮政函件业务累计完成 14827.7 万件，同比下降 20.62%；包裹业务累计完成 106.42 万件，同比下降 22.41%；报纸业务累计完成 61612.46 万份，同比下降 1.68%；杂志业务累计完成 2143.06 万份，同比下降 5.99%；汇兑业务累计完成 46.95 万笔，同比下降 28.18%。

2. 快递业务

2020 年，快递服务企业业务量累计完成 23.82 亿件，同比增长 4.16%；业务收入累计完成 331.19 亿元，同比下降 2.35%。快递业务收入在行业总收入占比依然很高。快递业务收入占邮政行业收入比重达 85.2%，较 2019 年略微降低。

同城快递业务量及业务收入均继续下降。同城快递业务量累计完成 67609.48 万件，同比下降 7.06%；实现业务收入 67.04 亿元，同比下降 9.04%。

异地快递业务量增长较快，业务收入略微下降。全年异地快递业务量累计完成 169453.71 万件，同比增长 10.33%；实现业务收入 176.91 亿元，同比下降 1.20%。

国际/港澳台快递业务量大幅下降，业务收入有所增长。全年国际/港澳台快递业务量累计完成 1159.93 万件，同比下降 51.21%；实现业务收入 27.06 亿元，同比增长 4.88%。

同城、异地、国际/港澳台快递业务量分别占全部快递业务量的 28.38%、71.13% 和 0.49%，业务收入分别占全部快递收入的 20.24%、53.42% 和 8.17%。与上年同期相比，同城快递业务量的比重下降 3.43 个百分点，异地快递业务量的比重上升 3.98 个百分点，国际/港澳台快递业务量的比重下降 0.55 个百分点。

民营快递企业继续占据主导地位。全年国有快递企业业务量完成 0.74 亿件，实现业务收入 14.94 亿元；民营快递企业业务量完成 23.04 亿件，实现业务收入 294.16 亿元；外资快递企业业务量完成 0.048 亿件，实现业务收入 22.08 亿元。国有、民营、外资快递企业业务量市场份额分别为 3.09%、96.71% 和 0.20%，业务收入市场份额分别为 4.51%、88.82% 和 6.67%，民营快递企业业务量市场份额占绝对优势。（以上数据来自《2020 年北京市邮政行业发展统计公报》）

（二）口岸物流体系运行情况

1. 北京口岸海关监管进出口货物情况

2020 年，北京地区（包含中央在京单位）实现进出口 2.32 万亿元，较上一年同期下降 19.1%。其中，进口 1.86 万亿元，同比下降 21.1%；出口 4654.9 亿元，同比下降 10%。2020 年上半年受疫情的影响，北京地区进出口规模明显下降，但随着国内疫情得到有效控制，企业复工复产有序推进，北京地区外贸形势回稳向好。2020 年下半年，北京地区进出口 1.19 万亿元，较上半年增长 5.7%。其中，三季度，北京地区实现进出口 6042 亿元，较二季度增长 19.5%；四季度整体进出口虽略有回落，但仍保持较高水平，11 月、12 月进出口均在 2000 亿元以上，环比分别增长 8.8%、2.1%。

进口汽车、铁矿砂及其精矿、医药材及药品保持增长。2020 年，北京地区进口汽车 1859.4 亿元，同比增长 8%，占同期北京地区进口总值的 10%，特别是年底进口汽车市场火爆，11 月、12 月北京地区连续两月进口汽车突破 200 亿元。此外，2020 年北京地区进口铁矿砂及其精矿 1224.8 亿元，增长 11%；进口医药材及药品 700.3 亿元，增长 12%。

出口手机、医疗物资呈现大幅增长。2020 年，北京地区出口手机 655.8 亿元，同比增长 50%；出口医疗物资显著增长，其中出口纺织服装（主要为医用口罩和防护服）352.1 亿元，增长 202.7%；出口医疗仪器及器械 113.4 亿元，增长 138.5%；出口医药材及药品 67.7 亿元，增长 64.3%。

2.“单一窗口”持续推动跨境贸易便利化

2020年，北京"单一窗口"开启海空通关物流区块链应用新模式，内联北京市各个口岸，外联津冀及全国各口岸，集口岸通关执法管理及相关物流商务服务于一体，实现贸易企业一个"门户"入网、一次认证登录和"一站式"通关服务。其业务量覆盖全市16个区县、北京空港口岸和2个特殊监管区域，包含通关服务的26项业务种类，其中货物申报、空运舱单、航空器、税费支付、企业资质五类主要业务实现100%全覆盖，涉及跨境贸易的单证95%以上实现了无纸化。

五、北京市物流企业运行现状调研与分析

（一）快递及零售企业运行情况

1. 京东物流——提供一体化供应链服务

作为中国领先的技术驱动的供应链解决方案及物流服务商，2018—2020年，京东物流营收分别为379亿元、498亿元和734亿元，其中2020年收入同比增长47.2%，保持高速增长状态。一体化供应链收入是京东物流营收的主要构成，2020年，京东物流一体化供应链收入占总收入的比重达到75.8%，运营超过900个仓库，包含云仓面积在内，京东物流仓储总面积约达2100万平方米。

京东物流归属京东集团的收入，在总营收中的占比持续下降（见表1-10）。2020年京东物流来自外部的收入已近一半。2020年京东物流服务企业客户数超过19万，其一体化供应链服务能够充分满足企业客户对供应链的需求，帮助客户优化存货管理、减少运营成本、高效地重新分配内部资源，使客户专注其核心业务。目前，针对服装、家电、家具、3C、汽车和生鲜等多个行业的差异化需求，京东物流形成了一体化供应链解决方案。

表1-10　　　　　　2018—2020年京东物流归属京东集团的收入及占比

年份	归属集团收入额（亿元）	总营收占比（%）
2018	266	70.1
2019	308	61.9
2020	394	53.8

2020年第四季度，京东物流成为国内首家完成设立科学碳目标倡议（SBTi）的物流企业，计划到2030年碳排放总量较2019年进一步减少50%。京东物流致力使用更多新能源物流车辆，推广和使用更多可再生能源和环保材料，赋能合作伙伴以践行绿色环保措施。

2. 顺丰控股股份有限公司——规模利润同步增长

2020年，顺丰控股实现总营业收入1539.87亿元，同比增长37.25%，远高于17.3%的行业平均增长率。在业务结构上，传统业务增量增收，其中，时效件业务收入同比增长17.41%；经济件业务收入同比增长64.00%，贡献了超过40%的整体收入增量。其他新业务板块持续保持高速增长，合计收入同比增长51.21%，贡献了超过35%的整体收入增量。

与此同时，顺丰快运、冷运及医药、同城、国际等新业务板块继续保持高速增长，2018—2020年三年复合增长率达64.5%，占总营业收入比例进一步提升至28.24%，成为新的增长引擎，公司综合物流服务能力及供应链服务能力进一步增强。其中，随着疫情下生鲜新零售的长期增长和连锁餐饮消费的不断恢复，冷链物流市场需求在短期低迷后重新被释放，顺丰冷运及医药业务整体实现不含税营业收入64.97亿元，同比增长27.53%。

在国际业务方面，数据显示，截至2020年年末，顺丰国际快递业务覆盖海外78个国家，国际电商业务覆盖全球225个国家及地区。依托于自营国际航空资源、自有清关保障能力、海外本地化服务团队及物流网络，2020年顺丰国际业务实现不含税营业收入59.73亿元，同比增长110.40%，成为增速最快的业务板块。

（二）流通领域供应链试点企业运行情况

北京市结合自身实际情况，重点围绕农产品、快消品、药品、日用电子产品等产品以及餐饮、冷链、快递、电子商务等行业领域，按照"市场主导、政策引导、聚焦链条、协同推进"原则，以城市为载体，开展现代供应链体系建设。充分发挥了"链主"企业的引导辐射作用和供应链服务商的一体化管理作用，推动了供应链各主体各环节设施设备衔接、数据顺畅交互、资源协同共享，促进资源要素跨区域流动和合理配置，整合供应链、发展产业链、提升价值链，实现供应链提质增效降本。通过流通领域供应链试点项目的实施，推广现代供应链新理念、新技术、新模式，培育一批有影响力的供应链重点企业，探索一批成熟可复制的经验模式，形成一批行之有效的重要标准，提高了供应链核心竞争力，促进了产业转型优化升级和流通领域供给侧结构性改革。

1. 强化物流基础设施建设，夯实供应链发展基础

北京新发地农副产品批发市场中心经过几十年的建设和发展，已经从一个占地15亩的小市场，发展成为占地1680亩的大市场，稳定占有首都北京80%以上的市场份额，是首都名副其实的大"菜篮子"和大"果盘子"，是平抑首都农产品价格的"稳定器"，同时也是首都应对不时之需的战略"储备库"和保障首都日常供应的"护城河"。新发地市场以批发市场为中心，延长经营链条，构建从生产源头、批发交易到消费终端的垂直产业体系。北京新发地农副产品批发市场中心发挥了物流基础性、先导性作用，加强物流基础设施建设，完善高效配送体系，推动了物流企业向供应链服务商转型。通过对专业批发市场升级改造，形成集交易、分拨、仓储、冷链物流、电子商务等多功能于一体的流通服务中心。

2. 加强信息化建设，发展智慧供应链

蜀海（北京）供应链管理有限责任公司（以下简称"蜀海供应链"）是一家为客户提供整体供应链全托管服务的供应链企业。蜀海供应链拥有遍布全国的现代化冷链物流中心、食品加工中心、底料加工厂、蔬菜种植基地、羊肉加工厂等基地。以安全透明的供应链体系为餐饮客户提供品质服务，解决餐饮行业标准化难的痛点。通过开展新餐饮智慧供应链体系建设，推动大数据、云计算、区块链、人工智能等技术与供应链融合，发展具有供应链协同效应的公共型平台，支持与上下游用户的生产、采购、仓储、运输、销售等管理系统相对接，平台与平台之间相对接，实现相关方的单元化信息数据可正向追踪、逆向溯源、横向对比。

3. 推动农产品流通领域建设，打造一体化供应链

北京市五环顺通物流中心隶属于首都农业集团，是一家从事专业冷链物流的国有企业。主要围绕冷链物流开展多方面业务：温控库房储存、普通库房储存、长途冷藏运输和市内冷藏配送。积极开展农产品流通领域现代供应链体系建设，推广以标准托盘、周转箱（筐）为单元进行全程货物监控，积极推动生鲜农产品的供销合作、农超对接，努力打造成为综合性冷链服务企业。

4. 推动快消品、药品、电商等领域发展分销型供应链

中外运物流华北有限公司是国资委直属的大型物流公司，提供仓储、运输、货代、多式联运、供应链管理等全方位服务。2019 年参与城市保障快消品供应链创新项目，从统仓统配的供应商切入，推广使用标准化的单元技术，发展供应链协同平台，整合上下游商流、物流、信息流、资金流，实现了供需对接、集中采购、统管库存、支付结算、物流配送等功能整合，大大提高了供应链自动补货、快速响应及资源共享能力。

5. 聚焦重点行业领域，提高供应链协同化水平

北京九州通医药有限公司是经北京市药品监督管理局批准成立的一家医药批发物流企业，隶属于九州通集团，经营业务以药品批发、物流配送和医药电子商务为主。北京九州通医药有限公司通过构建现代医药供应链协同公共服务平台，以客户需求为导向、以提高质量和效率为目标、以整合资源为手段，实现了供应链全流程的组织形态高效协同，推动了供应链信息系统互联互通。通过提高供应链协同水平打造流通与生产深度融合的供应链，提高创意设计、柔性化定制、快速响应能力，缩短生产周期、优化库存结构，推动流通领域供应链模式创新，建设敏捷和柔性的供应链体系。

六、北京市货物运输运行情况

（一）总体运输结构及体量

近年来，北京市货物运输体系逐步发展完善，形成了由航空、铁路、公路等多种方式组成的综合网络，有效支撑了全市高位运转的物资需求。全年货运量26346.2万吨，比上年下降3.6%；货物周转量达842.7亿吨公里，比上年下降6.5%。2020年北京市货运量及货物周转量情况如表1-11所示。

表1-11　　　　　2020年北京市货运量及货物周转量情况

指标	单位	绝对数	比上年增长（%）
货运量	万吨	26346.2	-3.6
铁路（发送量）	万吨	361.0	-19.6
公路	万吨	21788.8	-2.4
民航	万吨	147.0	-11.5
管道	万吨	4049.3	-7.9
货物周转量	亿吨公里	842.7	-6.5
铁路	亿吨公里	244.3	-5.1
公路	亿吨公里	265.7	-3.6
民航	亿吨公里	65.9	-9.4
管道	亿吨公里	266.7	-9.5

注：数据存在四舍五入，未进行机械调整。全书同。

北京市结合自身实际，将公路运输转换为铁路运输（简称"公转铁"）作为运输结构调整的主攻方向，对全市一级物流基地和既有28个铁路货场开展逐一分析研究，筛选出具有"公转铁"能力的2个物流基地和9个铁路货场，率先启动运输试点。

东部以平谷马坊物流基地为核心承载枢纽，利用既有地方铁路，集结商品车、矿建材料、生活必需品等大宗物资，依托"内陆港"口岸功能，实现与天津港、唐山港联动，推动京津冀区域协同发展。

南部以大兴京南物流基地为核心承载枢纽，与大兴国际机场物流功能互动，打造公、铁、航联运的物资中转集配新模式，构筑南城地区经济发展新引擎。

全市依托顺义、三家店、大红门等9个铁路枢纽，以商品车、生活必需品为重点，依托新能源货车接驳，构建全程绿色、低碳、高效的配送网络。对新能源货车优先发放通行证，增加通行时间，持证货车中新能源车比例自2018年年底到2020年，从4%提高至90%。同步研究新能源货车运营激励政策，对更新新能源车的专业货运企业给予运营激励。同时，明确北汽集团、北京长安、燕山石化、威克冶金、首钢冷轧、首农集团等重点企业，要将重点物资运输实现"公转铁"。

（二）公路货物运输

2020 年，北京市公路货运场站数量为 5 个，与上年保持一致，其中一级站 1 个，三级站 4 个。公路营业性货运量略有下降，为 21789 万吨，较上年下降 2.4%；货物周转量 2656831 万吨公里，较上年下降 3.6%，平均运距有所减少，为 121.9 公里，较上年减少 1.3%。2017—2020 年北京市公路营业性货运基本情况如表 1-12 所示。

表 1-12　　　　　　　2017—2020 年北京市公路营业性货运基本情况

年份	货运场站数量（个）	货运量（万吨）	货物周转量（万吨公里）	平均运距（公里）
2017	10	19374	1592419	82.2
2018	9	20278	1674068	82.6
2019	5	22325	2756801	123.5
2020	5	21789	2656831	121.9

资料来源：《北京交通发展报告（2021）》。

（三）铁路货物运输

2020 年，北京市铁路货物到发量较上年下降 3.0%，为 1912.4 万吨，其中，货物发送量为 360.2 万吨，较上年减少 19.8%；货物到达量为 1552.2 万吨，较上年增加 1.9%。货物周转量为 244.3 亿吨公里，较上年减少 70.0%。

（四）航空货物运输

新冠疫情防控期间，客运航班大面积停飞，客机腹舱货运能力大幅下降，货运网络通达性削弱，航空物流链受到冲击。2020 年，北京航空货邮发送量和到达量双双下降，货邮吞吐总量达到 128.74 万吨，较上年下降 34.4%。其中，首都国际机场货邮吞吐总量为 121.0 万吨，较上年下降 38.1%；大兴国际机场货邮吞吐总量为 7.7 万吨。

第三节　北京市物流发展社会环境分析

2020 年，受到新冠疫情的影响，全国乃至全世界的经济都受到了严重的冲击，疫情的高度不确定性对宏观经济领域总需求和总供给层面均造成不同程度的损失，给经济长期发展带来负面影响。在影响整体经济的同时，促进了电商行业的快速发展，大部分消费者转向线上消费，刺激了全球电商零售行业的快速发展，物流行业随之迎来新的机遇与挑战。为了更好地对北京市物流发展现状进行分析，需要从北京市常住人口情况、物流教育及从业情况、货运交通情况以及低碳物流政策等角度进行分析，从而对 2020 年北京市物流发展情况有更为全面的了解。

一、北京市常住人口情况分析

（一）人口基数庞大，物流发展潜力巨大

北京市是全国超大型城市之一，中华人民共和国首都，国务院批复确定的中国政治中心、文化中心、国际交往中心、科技创新中心。截至 2020 年 11 月 1 日，北京市全市常住人口为 2189.3 万人，其中常住外来人口 839.6 万人，从 2016 年至 2020 年，常住人口数量逐年递减但变化幅度不大，整体保持稳定。庞大的人口数量为物流业的蓬勃发展提供了坚实的人力、物力、财力支持，发展潜力巨大。

（二）社会环境突变，居民需求发生变化

受到新冠疫情的影响，消费者的消费需求、消费模式和消费习惯产生了新的变化。根据北京市统计局发布的疫情防控期间北京市居民消费习惯和消费意向调查报告显示，在疫情防控期间家庭增加的消费中，有 81.4% 的消费者选择了米面粮油、肉蛋果蔬；55.5% 的消费者选择了休闲零食、速冻食品；53.8% 的消费者选择了在线问诊、购买医疗用品和服务。同时，约半数消费者的日用百货消费有所增长，在被访问总人数中占比42.8%。另外，"云生活"渗入日常：26.9% 的消费者选择了线上文化娱乐服务；24.1% 的消费者选择了购买图书；17.7% 的消费者选择通过网络购买电子数码产品以及家用电器产品等。

疫情的突然暴发，导致消费者消费方式发生了极大的改变。调查显示，"云消费"成为超过七成被访消费者在疫情防控期间的主要购物方式。具体来说，39.5% 的被访消费者表示疫情防控期间购物方式有变化，由实体店购物为主转至网上购物为主。同时，有52.0% 的被访消费者表示疫情防控期间线上消费频次和消费金额均增多，45.9% 的被访消费者表示疫情防控期间线下消费频次和消费金额均减少。

（三）青壮年占比大，物流市场前景广阔

随着互联网的不断发展，与物流息息相关的电子商务、邮政行业快速发展，网民的数量直接影响了网购的规模，从而间接影响物流市场的发展。2021 年，中国互联网络信息中心（CNNIC）发布了第 47 次《中国互联网络发展状况统计报告》。该报告显示，截

至 2020 年 12 月，中国网民规模达 9.89 亿人，较 2020 年 3 月增长 8540 万人，互联网普及率达 70.4%。2020 年中国网民年龄结构如图 1-2 所示。

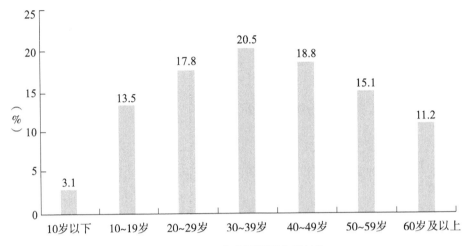

图 1-2　2020 年中国网民年龄结构

资料来源：中国互联网络信息中心（CNNIC）。

而对于北京市来说，其常住人口中年龄在 10 岁以下的有 194.9 万人，占常住人口的 8.9%；10~19 岁的有 127.6 万人，占常住人口的 5.8%；20~29 岁的有 325.5 万人，占常住人口的 14.9%；30~39 岁的有 464.6 万人，占常住人口的 21.2%；40~49 岁的有 322.1 万人，占常住人口的 14.7%；50~59 岁的有 324.7 万人，占常住人口的 14.8%；60 岁及以上的有 429.9 万人，占常住人口的 19.7%。从中可以发现，北京市青年、中年居民比重大，其年龄段分布基本与我国网民年龄结构相符，其使用互联网购买生活必需品的需求将受到互联网普及的影响有所提高，这将刺激电子商务的发展，对于与电子商务息息相关的物流快递行业来说也有极大的推进作用。

二、北京市物流教育及从业情况分析

（一）专业建设有待加强，高水平物流人才匮乏

北京市 92 所高校中仅有 13 所高校开设物流相关专业，有 8 所高校开设了物流工程与管理专硕，物流相关专业建设有待加强。此外，物流行业相关人才紧缺，高水平物流人才缺口大，多数物流相关高校大学生毕业后从事物流外的其他行业，根据《北京物资学院 2020 年度毕业生就业质量年度报告》统计结果显示，北京物资学院 2020 届毕业生共有 1699 人，其中本科生 1436 人，硕士研究生 263 人。在 1699 人中，仅有 112 人在毕业后从事物流行业，占毕业生总人数的 6.6%，其中本科生 62 人，硕士研究生 50 人。

（二）从业职工人数众多，行业发展人力基础雄厚

根据 2020 年北京市统计局数据显示，2020 年北京市城镇仅从事物流交通运输、仓储及邮政行业的非私营单位在岗职工就多达 548425 人，其中铁路运输业有 101363 人，占总人数的 18%；道路运输业有 232428 人，占总人数的 42%；邮政行业从业人数为 90254 人，占总人数的 16%；其他相关行业从业人数有 124380 人，占总人数的 23%。

三、北京市货运交通情况分析

（一）市内道路交通发达，物流运输畅通无阻

北京市作为全国政治、文化、国际交往、科技创新中心，道路交通十分发达，为物流业的蓬勃发展提供支撑。截至 2020 年年末，北京市道路总里程 29537 公里，相比于 2016 年，总里程数增加了 255 公里；公路里程 22264 公里，其中高速公路里程 1173 公里；城市道路里程达 6147 公里，其中快速路占 6.3%，主干路占 16.6%；城市道路面积 10654 万平方米，比 2016 年增加了 379 万平方米（见表 1-13）。

表 1-13 　　　　　　2016—2020 年北京市道路里程

年份	道路总里程（公里）	公路里程（公里）	高速公路里程（公里）	城市道路里程（公里）	快速路里程（公里）	主干路里程（公里）	城市道路面积（万平方米）
2016	29282	22026	1013	6374	390	970	10275
2017	29463	22226	1013	6359	390	984	10347
2018	29429	22256	1115	6203	390	998	10328
2019	29531	22366	1168	6156	390	1006	10459
2020	29537	22264	1173	6147	390	1020	10654

资料来源：北京统计年鉴。

（二）年货运量同比下降，物流发展亟待复苏

受新冠疫情影响，2020 年各种运输方式的货运量及周转量都有不同程度的减少。据统计，2020 年北京市全年货运量 26346.2 万吨，比上年下降 3.6%，其中铁路货运量占 1.4%，公路货运量占 82.7%，民航货运量占 0.6%，管道货运量占 15.4%。2020 年北京市全年货物周转量达 842.7 亿吨公里，比去年下降了 6.5%，其中铁路货物周转量 244.3

亿吨公里，与 2019 年相比降低了 5.1%；公路货物周转量 265.7 亿吨公里，与 2019 年相比降低了 3.6%；民航货物周转量 65.9 亿吨公里，与 2019 年相比降低了 9.4%；管道货物周转量 266.7 亿吨公里，与 2019 年相比降低了 9.5%。

四、北京市低碳物流政策分析

近年来，北京市积极响应国家号召，致力绿色低碳发展，全力推动大气污染治理工作，持续推动产业结构优化和能源清洁转型，大力疏解非首都功能，燃煤量大幅下降，2020 年碳排放强度比 2015 年下降 23% 以上，超额完成"十三五"规划目标任务。

（一）2020 年我国"双碳"政策

2020 年 9 月习近平主席在第七十五届联合国大会一般性辩论会上指出"中国将提高国家自主贡献力度，采取更加有力的政策和措施，二氧化碳排放力争于 2030 年前达到峰值，努力争取 2060 年前实现碳中和"。因此 2020 年也被中国诸多业内人士视为"碳中和元年"。推动"双碳"工作对于我国资源环境发展有着不可忽视的作用，可以破解资源环境约束，推动经济结构转型，实现可持续发展，同时满足人民日益增长的优美生态环境需要，促进人与自然和谐共生。2020 年国家发布的有关"双碳"的政策文件如表 1 – 14 所示。

表 1 – 14　　　　　2020 年国家发布的有关"双碳"的政策文件

序号	时间	政策名称	政策摘要	印发部门（会议）
1	2020 年 3 月	《关于构建现代环境治理体系的指导意见》	构建党委领导、政府主导、企业主体、社会组织和公众共同参与的现代环境治理体系	中共中央办公厅、国务院办公厅
2	2020 年 11 月	《中共中央关于制定国民经济和社会发展第十四个五年规划和二〇三五年远景目标的建议》	深入分析国际国内形势，就制定国民经济和社会发展第十四个五年规划和 2035 年远景目标提出建议。生产生活方式绿色转型成效显著，能源资源配置更加合理、利用效率大幅提高。加快推动绿色低碳发展，降低碳排放强度，支持有条件的地方率先达到碳排放峰值，制定 2030 年前碳排放达峰行动方案。全面实行排污许可制，推进排污权、用能权、用水权、碳排放权市场化交易	中国共产党第十九届中央委员会第五次全体会议

（二）北京市降排节能政策

为更好落实低碳减排政策要求，降低物流运输过程中的碳排放，2020 年 8 月，北京市交通委员会、北京市财政局印发《2020 年北京市新能源轻型货车运营激励方案》（以下简称《方案》），明确了北京市新能源轻型货车运营激励范围、激励标准、资金申领程序和时间等相关事项。《方案》指出，激励资金总额为 7 万元/车，分三期发放，分别给予 3 万元/车、2 万元/车和 2 万元/车激励资金。每期时长为 12 个自然月，自完成车辆定位监测数据上传的下一自然月 1 日起开始计算。期内车辆在京行驶载货总里程不少于 1 万公里，方可获得当期激励资金。对一次性报废或转出的汽柴油货车并更新为新能源货车 20 辆（含）以上的企业，在资金激励基础上，叠加给予城区货运通行证奖励。

《方案》的发布，一定程度上刺激了物流货运企业运输方式的转型升级，促进了淘汰或转出北京市汽柴油货车并更新为新能源轻型货车，降低了轻型货车的燃油消耗、污染物排放。

第四节　北京市物流发展技术环境分析

随着我国经济进入转型升级阶段，土地、人工等成本不断上升，靠低成本或规模效应获得利润的空间逐渐受限，物流自动化作为降本增效新的利润增长点，其战略地位日益凸显。通过技术创新驱动建设智能化和信息化的智慧物流，成为推动北京市物流产业发展的新方向。

一、主要物流技术

（一）包装单元技术

物流包装作为物料集装单元，在运输、搬运、装卸、储存、拣选、配送等诸多物流作业环节中，需保障相关信息的有效传递。因此，需要包装单元具备"会说话""会听话""会指挥"的能力。包装单元技术要求主要包括以下三类。

1. 包装单元标准化

对小件和通用物料进行单元化包装规划时通常会考虑使用料箱（欧标 D/H 箱）作为装载单元，并为每类物料制定相应的摆放规则，从而达到过目知数的目的。包装单元标准化技术不仅能提高物流和供应链的效率，还有助于促进环境的可持续发展。

2. 包装单元数字化

包装单元是信息传递的载体。通过在包装单元上加装智能感知与控制单元，实现对各工序间信息（物料信息、生产信息、品质信息、工位信息等）的采集、传递与追溯。

3. 包装单元智能化

包装单元智能化强调包装单元在设计与应用时，需满足与自动化物流设备对接的要求。比如，包装单元在料箱的设计与选择上，与扫描设备对接时，料箱四周需粘贴条码或嵌入 RFID，方便扫描设备能够快速采集信息，并向上位系统及时报告包装单元的运行状态；与穿梭车对接时，料箱的外形与凸台尺寸、加工精度、材质设计等需要满足穿梭车的搬运要求；与输送机对接时，需确保底部整体平整以减少输送噪声；与工位机器人对接时，需设计相应的隔衬或孔洞，方便机械手能够灵活、高效抓取。

（二）搬运技术

搬运技术可分为连续型搬运和离散型搬运两类。

1. 连续型搬运

连续型搬运指设备连续不断地搬运物料或产品。在工作过程中，连续作业的设备有输送线、分拣机、有轨（直线或环形）穿梭小车、地链、悬挂链、空中悬挂小车、垂直提升机等。连续型搬运主要在装卸点、自动化立体库前后端、仓库至工位间硬匹配连接、跨楼层等固定的场所运用较多。其优点是效率高、线体固定受外界环境影响较小、输送批量大、可在立体空间上拓展等；缺点是柔性较差，一次性投入大，后期移动需进行改造并可能会增加投入。

2. 离散型搬运

离散型搬运指在一定时间内只能进行一次搬运。在运行过程中有满和空两个阶段，如叉车、AGV 等设备。其特点为具有较强的机动性与柔性，一般在平面上进行运作与扩展。其优点是搬运柔性、设备投入时可根据业务量的变化灵活增减使用数量；缺点是受人为或环境影响较大，在相同场景条件下其搬运效率比连续型搬运要低。

（三）装卸货技术

物料卸货与成品装货两个环节的智能化升级相对较难，其难点主要为运作场景复杂、包装标准化程度低、运输车辆尺寸与样式（平板、厢式、高栏、低栏、飞翼等）较多、车辆所有权分类多、车辆改造难度大、对装载率有较高的诉求等。但是随着智能物流相关技术的发展与应用，物料或成品的装卸也找到了相对应的解决方案。

（四）储存技术

为满足实时响应、快速配送与交付、柔性化的生产需求，储存技术需具备库位灵活分配、库存快速识别和定位、库存数据精准、信息实时交互与可视、柔性化储存等特点。

自动化储存技术主要包括堆垛机立体库（托盘式、料箱式）、多层穿梭车系统、多层料箱机器人储存系统、自动货柜、Autostore、无货架式垂直立体库等。在实际应用中，需要根据物料或产品的特点、储存要求、应用场景等，选取不同的储存技术。典型的几种储存技术介绍如下。

1. 堆垛机立体库

主要是由高层立体货架、堆垛机、输送设备、信息采集设备及信息系统等组成，其特点为充分利用空间、效率高、成熟且稳定。堆垛机立体库根据场景及设备形式有多种分类，如按搬运包装单元分类可分为料箱式（miniload）与托盘式（AS/RS），按货架深度分类可分为单深位与双深位，按载货台数量分类可分为单工位与双工位等。

2. 多层穿梭车系统

主要是由立体货架、穿梭车、提升机、输送设备、信息采集设备、信息系统等组成。主要优点为柔性化程度高、灵活性强、可拓展性好；缺点为货架高度普遍不高、调度系统复杂。

3. 多层料箱机器人储存系统

主要由多层货架、多层料箱机器人、信息采集设备及信息系统等组成，可实现多个料箱的智能拣选、存取、搬运。主要优点为建设周期短、灵活性高、扩展性强，在智能工厂的线边库有较好的应用场景；缺点为效率相对较低、货架往往布置不超过 10 米、运作受环境或人员影响较大。

4. 自动货柜

主要包括水平旋转式货柜和垂直式货柜。自动货柜实现了"货到人"和智能化管理，充分利用了仓库空间高度，并且有相对封闭的存放环境，对于有恒温恒湿储存要求的物料，如电子盘料等较为适用。

5. Autostore

一种高密度的自动化料箱储存系统，料箱存放于立式货架内，从地面垂直向上堆叠，所有的存取动作都由货架顶端的多台机器人完成。机器人借助提升装置，可以向下抓取料箱；而货架既用于料箱储存，同时又是机器人运行的轨道。其特点是储存密度大、空间利用率高，但成本也相对较高。

6. 无货架式垂直立体库

通过在储存区上方安装高架龙门机械手，使其将料箱或物料直接从地面向上堆叠达到密集储存的目的。此种系统主要运用于 SKU 数量少、单 SKU 储存批量大的场景。

（五）拣选技术

按照拣选方式主要分为"人到货"拣选、分布式"人到货"拣选、"货到人"拣选、闭环"货到人"拣选等。拣选作业需要借助不同工具，按照拣选设备的不同，可以分为手持移动终端拣选、语音拣选、灯光拣选、AR 视觉拣选等类型。

1. "人到货"拣选

通过人工或者相应设备移动到分拣对象位置来拣取物料或产品，系统构成简单、柔性高，但劳动强度高、补货不方便。分拣作业策略主要分为顺序拣选、边拣边分、接力拣选、分区拣选等。

2. 分布式"人到货"拣选

作业区被输送机分开，拣出的物料或产品可以直接由拣货人员放至输送机上，并自动输送至集货点。其劳动强度相对较低、拣货效率相对较高，但柔性较差、补货不方便。

3. "货到人"拣选

分拣人员不动，分拣对象"移动"到指定的分拣人员面前，通过可视化看板提示进行拣取作业，拣出的物料或产品集中在集货点的容器中。此方法效率高、工作面紧凑、补货容易，但其分拣周期较长、柔性较差。

4. 闭环"货到人"拣选

物料容器放在固定位置，输送机将分拣单元送到拣选区；拣货人员根据拣货单拣取货架中的物料或产品，放到载货容器中；然后移动分拣单元，再由其他分拣人员拣选；最后通过另一台输送机将作业完成的分拣单元送回。优点：拣货路线短、拣选效率高、系统柔性好；缺点：作业时间长，出货和返回问题处理复杂。

（六）码垛技术

码垛技术应用于将同一品种或同一批次的产品按照提前在系统内设定好的垛型规则进行码垛。一般而言，自动码垛的产品生产批量大、码垛规则简单、码垛效率高。码垛技术主要分为机械手码垛系统、直角坐标机器人码垛系统、高位码垛系统等。对于智能工厂而言，客户需求往往呈现小批量、多样化的特点，对码垛技术提出了将多品种、多批次的产品进行混合码垛的要求。主要运行逻辑为：通过识别产品外箱的条码自动区分产品的品种与批次，对于同一订单产品分至不同道口，码垛机根据系统垛型设计规则，自动将不同产品码垛至相同托盘上。

（七）物流软技术

由于智能工厂中物流场景具有复杂化与柔性化、物流设备具有自动化与智能化的特点，传统物流相关软件（如 WMS、WCS 等）的功能已无满足智能工厂物流运行的需求。因此迫切需要一个能够满足多样化、柔性化、复杂化的场景需求，实现对厂内所有物料、在制品、产成品、容器具等进行统一管理，实现不同厂家、不同种类的物流设备之间多维度、立体化、多元化互联互通的物流软件或平台。

1. 多维监控及可视化技术

需要对物流运行过程、仓储管理、配送运输、物料或产品追溯等每一个步骤进行跟踪，并实现可视化，保证整个物流过程信息的流畅与准确。

2. 自动识别技术

自动识别技术是通过自动采集、识别、读取标识载体承载的标识信息，并自动上传至上位系统的技术。主要包括条码技术、语音识别技术、图像识别技术与射频技术等。

3. 物流系统仿真技术

物流仿真根据其应用场景主要分为以下三类：虚拟现实流程动画仿真、物流离散事件数据仿真、物流系统运营仿真。虚拟现实流程动画仿真主要展示物流系统的物理空间位置以及与生产线体等其他相关设施的相对关系、物流运作场景展示等。物流离散事件数据仿真主要是在多种约束条件下，计算物流系统的综合运行效率、物流设备关键节点的负荷情况等，在物流系统布局优化分析、物料全流程方案优化、作业排序与调度、物流设备负荷等方面有较多应用。物流系统运营仿真是建立在运作计划驱动下的物流系统仿真模型，通过对工厂生产全流程进行建模，以排程系统的运作计划为驱动，以生产制造执行系统的生产环境资源作为约束，并结合物流随机事件的动态调度策略，来运行整个生产物流系统仿真模型，并进行分析优化的过程。

（八）冷链技术

1. 冷链物流的特点

冷链物流与普通物流相比其特殊的地方主要表现在两个方面。第一，运送的对象具有一定特殊性。冷链物流所运输的对象是质量难保证、容易变质或大量耗损的生鲜类食品。第二，冷链物流的储运和操作环境必须为对应物品所要求的温度环境。综上所述，本书中冷链物流主要指利用相应技术手段，使生鲜、药品等对环境温度敏感的物品在物流的收集、中间加工、包装过程、仓库储存、流通运输及终端销售中，始终处于所要求的温度下，最大限度地保证物品质量和低损耗的一套设备和管理模式，这一由非常温环境下的各物流环节组成的物流体系称为冷链物流。

2. 冷链物流的构成

冷链物流主要由四部分构成，分别为加工、仓库储藏、流通运输及配送、终端销售。

（1）加工。

主要是在较低温度下进行降温作业，如对蔬菜的预先降温、对部分食物在低温环境下进行的加工等。本环节包含操作设备，如冷冻或速冻装置。

（2）仓库储藏。

主要是对物品保持在温度较低环境下的储藏。重点在于保证冷链物品在仓储或加工过程的温度，确保不超出或低于所需的温度范围，进而保证储存环节的产品质量。

从生产到消费者消费的整个过程中，所有冷藏和冷冻的食品至少要在冷库中保存一次。冷藏库通常将产品的温度保持在 −1 ~ 12℃，而冷冻库通常将产品的温度保持在 −18℃ 以下。冷库形式具有多样性，从容量为 10 ~ 20 立方米的小型冷库到数十万立方米的大型冷库。冷藏库中，温度的控制关乎食品安全，尽管冷库温度很低，食品品质仍会发生变化，因为在大多数情况下，食品被储存在其玻璃化转变温度之上。大多数食品的玻璃化转变温度低于 −30℃，而大多数冷冻库的运行温度介于 −22 ~ −18℃。

（3）流通运输及配送。

长途运输过程中运输温度要控制在所需的温度范围内，保证食品品质和低耗损率。商品沿冷链的各个环节进行移动，整个过程中涉及多种冷藏运输方式，但无论使用哪种运载工具，最好采用散装运输并将商品保持在同一种温度下，这样会降低冷藏运输的成本以及复杂性。

（4）终端销售。

主要保证冷链物品在终端销售各衔接环节也保持所需的低温。

二、北京市智慧物流企业

（一）北京烟草物流中心

北京烟草物流中心成立于 2004 年 7 月，隶属于北京市烟草专卖局（公司），负责全市 4 万个卷烟零售户（年销售 400 亿支卷烟）的仓储、分拣和配送工作。地址位于北京市通州区九棵树西路 198 号，占地面积 7.5 万平方米，总建筑面积 3.1 万平方米，总投资 1.98 亿元。北京烟草物流中心在商业物流自动化、智能化、商业化、柔性化方面取得诸多成就，并为应对市场新变化，不断探索新的解决方案。北京烟草物流中心围绕"技术领先、国内一流、工商一体、行业标杆"的目标，应用先进前沿技术，打造更高水平、更快服务、更强实力的烟草物流企业，并形成与卷烟结构变化相匹配的物流作业模式。在全面技术创新的过程中，踏上一条建设智慧物流之路。

1. 智能仓储

仓储，是北京烟草物流中心的第一个实体作业环节。日均需完成约 18000 件卷烟的入库和储存工作。物流中心的三个件烟库可同时卸货，系统自动扫描件烟上的一维条码，智能识别件烟品规；经称重检测，由滑靴式分合流系统将其输送至相应的码垛工位，由坐标机械手，进行自动码垛；进入环行穿梭车系统，通过整托盘入库口进行工商托盘联运卷烟入库，整托盘通过 RFID 扫码自动完成到货信息的录入，通过条码寻址技术准确定位，根据系统优化过的结果，将整托盘卷烟准确地运送至高架库巷道口，由巷道堆垛机接驳后放入库位。

为深化工商协同，北京烟草物流中心与北京卷烟厂共同探索同城工商共库新模式，在行业内首次采用了"一扫代三扫"的创新流程，由扫描北京卷烟厂的"工业出库条码"代替原有的"工业出库"以及北京烟草物流中心的"商业入库、商业出库"三次扫码，北京卷烟厂到货的卷烟可以直接上分拣线。

北京烟草物流中心拥有一台坐标机器人，实现多线、多品规共线运作，每年可以减少约占总销量的 10% 的同城烟入库储存。通过物流改造，物流中心将件烟库移至二楼西侧，一楼入库，二楼出库，将两项作业完全分离，彻底解决交叉作业导致相互干扰的问题，通过流程再造为分拣提速奠定基础。

2. 智能分拣

近年来，为满足消费者的多样化需求，各种类规格及包装形式的卷烟陆续问世，如细支烟、异型烟等。若采用异型烟分拣线进行非标准包装的条烟分拣，其作业效率已无法与增量匹配，并产生诸多问题，如分拣劳动强度大、灵活性差、效率低下等。

为解决这一问题，北京烟草物流中心与中国普天集团合作，在行业内首次彻底实现标准烟与细支烟共线全自动高速分拣。具体模式如下：件烟备货库由 224 条动力式自动备货道组成，采用件烟立式储存方式，与传统自滑式、穿梭车式备货相比，单位面积增加储量 15%~40%，储存总量达到 11200 件，件烟备货库采用与分拣线对应的预排序缓存系统，与分拣区之间采用"2+1"的主备用组合，连续提升输送系统，为后端高速分拣提供有力的供烟保障。4 条高速细标一体分拣线配备柔性自动开箱系统，采用激光划箱装置，最大限度避免损坏箱皮和条烟。通过智能条烟补货小车系统，实施双车双补，进而提高烟仓并行补烟能力和故障容错能力；实施边分边补，使其在满足补烟效率的同时节省空间。

物流中心实现卧式烟仓的密集布置，184 个卧式烟仓，通过智能调度信息技术支持柔性调整。实施预补策略进而压缩分拣前补货时间，为实现"即到即分"的实时分拣模式奠定基础。通过多线复合并行分拣模式提升分拣效率、多级在线核数功能提高下线准确率。

基于图像识别技术的精准打码系统，通过获取条烟一维条码和包装图案，在线快速识别条烟品规。在行业内，首次与一号工程系统实时联动，按识别结果精准发码，识别准确率可达 99.999%。同时，系统能够智能的发现多条、错条、少条等异常情况，自动在线纠错，辅助分拣准确率达到 100%。柔性包装系统，根据系统事先优化结果，灵活地对细支烟和标准烟进行分包和混包，各项新技术、新设备统筹配套，综合匹配，单线实际分拣效率可达每小时 3 万条。

新建的小规格分拣线末端采用蜘蛛手和叠烟机码垛，即使上线分拣的条烟包装尺寸差距大、无规律可循，也可经过数据分析、机器建模等过程，形成形态较好的烟包，分拣效率可达每小时 4000 条，整套分拣系统能够同步完成所有品规卷烟的分拣任务。

周转区域是顺利衔接分拣和配送作业的关键，为在准确时间内完成暂存卷烟的顺畅周转与准确定位，物流中心将整个周转区分为 A、B、C、D 四个区域、352 个空位，并进行编号。笼车是承载烟包的重要工具，基于 RFID 技术应用进行笼车全过程状态信息跟踪，全过程自动完成 RFID 信息绑定、空位分配、信息指引，分拣人员按照提示推送笼车入位，配送员按照提示寻找笼车，由信息智能取代人工思考，使出库配送更流畅、更准确。

3. 智能配送

北京烟草首创"一笼到底"的配送方式，对行业通用的笼车、站台和配送车辆进行创新性改造。根据配送车辆空间，合理设计笼车尺寸（长 1760mm、宽 940mm、高 1700mm），尽可能提高装载率。通过拆除笼车两侧栅网，在站台安装移动搭板，在配送车辆上安装限位装置后，配送员只需将笼车整体推送至配送车辆上并加以固定，配送过程无须二次装卸，因此，直配装车时间由 64 分钟减少到 10 分钟，接力单车卸货时间由 133 分钟缩短至 18.5 分钟。

物流中心同样将数据分析应用于数据线路优化，通过使用行业统一地图，配合 GPS、GIS 等技术应用，并根据当日订单，计算机系统通过录入车辆、客户、位置、工时等信息，结合一线人员实际经验，智能规划配送路径，打破行政区域规划限制，改变固定线路配送习惯，扩大直配区域范围。

目前已有大兴、门头沟、顺义、昌平的部分地区划入直配区域配送，下一步，北京烟草物流中心计划将成功经验逐步扩大到更多适用接力的区局，为支持"实时分拣，实时配送"奠定技术基础。

4. 智能零售与管控

零售客户在应用移动终端下单后，通过微信服务号的信息推送功能，实时跟踪订单从生成到配送完成的所有处理状态。每个烟包都贴有二维码标签，配送员和零售客户使用手机扫码，获得条烟信息、零售客户电子签名，配送员现场拍照记录，使清点和交接变得更为智能、便捷。借助智能设备随时可以获取零售客户对每次送货服务的满意度评价和意见反馈，作为改善、实施调整配送服务的重要依据，便于加强烟草与零售客户之间的双向感知，提升零售客户服务满意度。

北京烟草物流中心通过进行全方位全过程数据采集、存储和处理，致力构建一个智慧管控平台。在计算机房等重点部位，部署环境传感器，远程监控运行环境状况，用远程盘库代替人工驾驶堆垛机入库盘点，让智能机械取代人工进行高危作业。使用 ETC——自动识别技术、RFID——无线射频识别技术、面部识别——人员监控管理等技术，构建智慧园区管理系统，准确记录人员入园、出园、就餐、关键区域访问等各项重要行为信息。

通过对接国家局工商在途系统，将园区周边 500 米的工业送货车辆货物归入物流中心库存，便于灵活调货；通过对接营销系统，共享订单信息、零售客户信息、库存信息；通过对接国家局系统，进行各类指标数据报送；通过综合管控平台集中展示和监控关键数据指标；通过企业微信公众号，查询实时现场作业进度。未来，北京烟草物流中心将着力把技术创新应用于业务、环境、耗材管理各环节，在绿色物流、精益物流中取得更大成效。

在国家局关于建设现代化烟草经济体系的指引下，北京烟草物流已将智能设备、技术集成应用于业务流程，将数据分析应用于各级管理，产生多项科技成果。在迈向智慧物流的道路上，北京烟草物流中心积极探索商业物流水平提升的带动效应，向供应链上下游辐射，为推动行业高质量发展贡献力量。

（二）北京人福医药物流

北京人福医药物流隶属于北京人福医疗器械有限公司，成立于 2014 年，注册地为北京市大兴区中关村科技园区大兴生物医药基地，是北京巴瑞医疗器械有限公司的全资子公司。北京人福医药物流致力发展成为集体外诊断产品及生物试剂销售、生物医学转化、精准医疗检测、冷链物流配送于一体的科技型医疗服务企业。

北京人福医药物流可以为医疗器械生产、经营企业提供第三方的储存与配送服务，做到集中收货、集中储存、集中配送，使众多小型企业也能具备良好的产品追溯能力。公司于 2016 年投资 2000 多万元建设了一座近 7000 平方米的现代化库房，凭借现代化仓储环境、良好的设施设备、先进的信息化服务、专业的操作团队、严格的质量管控体系，获得了医疗器械行业内客户的广泛认同与药监局等主管部门的高度认可。

1. 智能仓储

北京人福医药物流有着先进的 WMS 物流管理系统。该系统的基础是 RFID 技术，利用条码编码仓库内托盘、货架和商品，并为条码赋予详细的信息，实现仓库的智能化管理。

北京人福医药物流通过对 RFID 技术的应用研究，将数据通过带有传感器的 RFID 传送至后台处理，利用程序对仓储环境数据进行检测和处理，实现对仓储温湿度等环境信息数据的自动化监测。利用无线传感器网络（WSN）和多传感器技术可以获得更多的感知信息，实现对仓储环境信息更加准确、可靠、高效的监控。

目前北京人福医药物流整个仓储流程（入库管理、出库管理、库存管理、盘点管理、流通加工）都在其先进的 WMS 系统下有条不紊地运行。

2. 智慧冷链运输

（1）冷链车智能监控。

冷链运输车辆智能监控使用冷链车专用监控仪来采集车辆行驶状态、位置信息和货箱内的温湿度数据，并通过 GPRS 网络实时上传至相应的云平台。相关工作人员可通过 Web 随时对车辆进行实时监控和历史数据分析。

（2）智能包装实时监控。

北京人福医药物流提供冷链包装的实时监控，利用 GPRS 智能保温箱和 GPRS 温度记录仪自动检测硬件，对包装的内部温度进行自动监控，并通过 GPRS 网络实时上传至相应的云平台。相关工作人员可通过 Web 随时对包装进行实时监控和历史数据分析。

（3）药品全程温度记录追溯。

北京人福医药物流将蓝牙温度记录仪作为冷链物流全程温度记录载体，蓝牙温度记录仪可从配送开始直至销售终端对温控药品进行温度跟踪记录。在药品的整个流转期间，各环节的接收人员均可通过互联网直接连接蓝牙温度记录仪读取温度数据，同时将数据同步至云端存储。该技术具有简单易用、快速读取、全程可视、报表专业、数据可存储至云端等特点。

（三）北京鸿链科技有限公司

北京鸿链科技有限公司成立于 2016 年 9 月，注册资本 1262.62 万元。北京鸿链科技有限公司是招商局集团和中国外运孵化的创新企业，公司以"物联世界，全程物流"为愿景，充分利用自身的技术优势和外运发展的业务优势，致力推动和发展基于互联网、物联网技术的全程供应链物流综合信息化平台的研发、运营和服务。服务于更多企业，建立智慧物流云平台。

公司主营产品"云链智慧物流平台"是基于供应链全局的物流管理和协作的云平台，提供基于供应链的全链条管理的数字化和可视化的软件运营服务（SaaS）平台，平台深度集成了物联网软硬件，是满足客户多种物流需求的一站式云平台。通过 SaaS 化的云仓、云车、园区管理、控制塔等系统，能满足物流公司、生产制造型企业、第三方仓储平台、货主、车队、物流资源业主等不同主体的业务需求。

"云链智慧物流平台"能够为供应链提供全局的物流管理和作业支持，通过以下三个方面为客户带来收益。

（1）通过实现复杂的供应链优化，使某企业原材料资金占压降低 72%。

（2）以 RFID 为代表的物联网技术植入物流操作环节，可使部分应用场景中的仓储物流操作效率提升 50%。

（3）依托云服务模式和"微服务"等先进的技术架构，连接需求和物流资源，帮助用户大幅降低物流系统使用成本和物流资源匹配成本。

（四）京东物流北京"亚洲一号"

京东物流北京"亚洲一号"是目前亚洲 B2C 行业内建筑规模最大、运营水平最高的自动化物流运营管理中心。在中心内，京东采用世界最新的以"无人仓"为载体的全新智能物流技术，融合数据感知、机器学习及算法指导等前沿科技，塑造了京东独创的世界领先的仓储物流管理模式。

京东物流北京"亚洲一号"共有三个仓库，占地面积是 12.8 万平方米，主体建筑由北至南分别为 1、2、3 号库，其中 1、2 号库为仓储库区，3 号库 2 楼为订单集中复核、包装区域，3 号库 1 楼为包裹分拣中心，整体园区设计主要用于 3C 数码类等小件商品，订单覆盖华北地区。北京仓库人机 CP 创新物流模式应用在货到人系统、智能 Shuttle 系统、大型分拣线、"黑灯仓库"等场景中，实现了人与机器混合作业的大范围应用。

仓库中拣货成本占总成本的比重很高，提高拣货效率一直都是京东仓储管理的核心。京东物流北京"亚洲一号"通过 5G、机器视觉等技术，可以实时感知仓内生产区资源分布及状态，进而优化调度，极大提高拣货效率。以智能仓储为例，"亚洲一号"北京 2 号仓的中控区，可以 360 度监测到 2 号仓的所有作业情况，如设备异常、防损、波峰波谷等。

"地狼区"即 AGV 区，AGV 搬运机器人按照路径规划路线，有秩序地执行系统作业流程，把货物送至人工拣选站。目前，有数百台机器人在 1 万多平方米的地狼仓区域运作，与之前传统的人工拣货最大区别是，它们把货物可以直接送到操作员的身边，是人工拣选效率的 2 倍；它们可以自动搬运整组货架，省去了人工拣货和搬运的麻烦，在行驶过程中，机器人可以自动规划路线、排队、躲避障碍物。

"天狼区"即 OSR 穿梭系统，在分拣区域有交叉带分拣机系统，占地 3800 平方米，19 层，4 个巷道，6 个拣选站，可储存 100 万件商品，日常出库 2 万件左右，高峰期可达 5 万~6 万件，效率相比传统作业高出 3~5 倍。OSR 穿梭系统包括货架、水平穿梭车、垂直提升机、输送系统、货到人分拣工位和订单处理系统 6 个主要组成部分。

储存在货架中的任何一个商品都可以被系统自动送到任何一个分拣工位，实现货到人拣选，每人每小时可抓取 500~1200 次，拣货效率高，劳动强度低。交叉带分拣机系统适用于中、小型的包裹分拣，配合全自动供包形式，最大化降低人员投入，提高分拣效率。此套设备环形交叉带共计 350 米，此线路的分拣速度对比传统人工分拣模式提升了 10 倍以上。

京东物流在包装耗材方面同样拥有一项创新技术，可以根据不同订单类型自动计算与商品最匹配的耗材型号，确保纸箱、手提袋的精确使用。数据显示，2019 年 3 月，北京某 3C 仓库，通过实施包装创新，其准确率在 96.5% 以上。

智能排产即由"智能大脑"统筹计算每个订单的生产和配送时间，对订单的处理进行优化组合，该功能将仓内自动组单的占比提升至73%，组单合理性和出库效率大幅度提升。据统计，智能排产的功能上线以来，京东物流的大促催单率同比下降8.2%，商品经济损失减少约6000万元。

京东物流北京"亚洲一号"5G物流园区正在探索和实践身份识别、智能调度、AR量方、车路协同、数字库存、无感安防、自动驾驶、实时追踪等十多个关键场景的应用和落地，涵盖智能园区、智能枢纽、智能仓储三大领域。这些场景的应用不仅将普及和推广到京东物流在其他城市的物流园区，也将基于开放平台LoMir（络谜），与全国乃至全球的合作伙伴共享。

三、北京市物流系统与技术重点实验室

1999年，北京市物流系统与技术重点实验室（以下简称"实验室"）成立，2001年被北京市教委和北京市科委联合评定为"北京市级重点实验室"，于2002年10月正式挂牌，是北京市首家以"物流"为特色的应用基础研究型实验室。

实验室以管理科学与工程学科为基础、以服务物流产业为特色，形成多学科、交叉跨界为特征的研究方向，包括管理科学与工程、物流设备工程、物流规划技术、冷链物流、供应链管理、物流信息管理与信息技术以及质量管理等。

实验室现下设三个研究中心，分别是冷链物流研究中心、智能设备与技术研究中心和数据资源与分析研究中心。

冷链物流研究中心主要基于产品的温度属性开展物流保障研究，以冷链规划设计、品质动态变化、温度探测及传感技术研究为主，依托机械制冷、食品农产品、材料科学、生物医药等学科，形成完整的冷链在线监控、产品品质分析、无线设备开发、动态模拟、货架期预测等核心技术。

智能设备与技术研究中心以自动化立体库规划、设计与开发，智能物流设备与系统开发（如多功能模块化AGV/RGV、叉车开发、巡检智能飞机开发）为主。在物流与供应链纵向整合/集成情形下，研究库存管理、生产管理、物流管理及需求预测所运用的数学建模、博弈论、仿真建模等方法，研究多级库存管理与控制策略以及路径优化问题；运用系统仿真理论，研究物流系统的规划设计，研究物流及区域物流系统中的牛鞭效应、协调、集成及信息共享等问题；对微观物流系统的建模和仿真，侧重于局部性的描述，如企业物流或企业的生产物流、供应物流、销售物流、回收物流、废弃物流等，从而反映企业整体运营状况，发现和预测生产、供应、销售、回收等各环节的瓶颈，优化各环节运营方案；运用机械及信息技术进行物流系统集成，构建物流操作流程中的关键节点及关键环节。

数据资源与分析研究中心依托物流资源原始数据，构建物流、供应链、仓储等相关

领域的数据资源库；针对数据资源采用数据挖掘、数据建模以及大数据的方式进行深度分析，利用现有国内外相关数据的关联性，探索物流数据之间的规律与相关机理，建立系统数据分析方法及配套软硬件，为政府机关及相关企事业单位开展业务指导提供技术支持。实验室研究内容如图1-3所示。

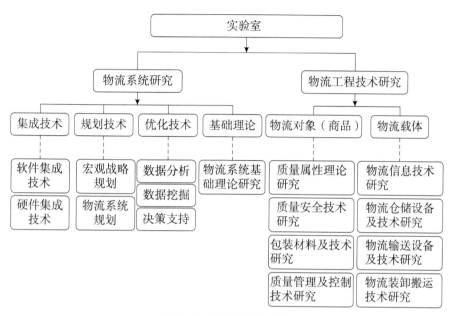

图1-3　实验室研究内容

2020年，实验室科研人员发表学术论文12篇，获得专利授权6项，共引进科研项目5项，横纵向项目到账金额合计50万元，出版专著2部。如表1-15、表1-16、表1-17、表1-18所示。

表1-15　　　　　　　　**实验室科研人员发表学术论文列表（2020年）**

序号	论文题目（中文）	发表刊物/论文集	第一作者
1	基于政府主导下BCM应急供应链体系研究——以我国新冠肺炎疫情下应急供应链为例	中国软科学	姜旭
2	基于组合赋权模型的物流企业绩效评价指标体系构建研究	管理评论	姜旭
3	基于演化博弈的航空物流基础设施建设奖惩机制设计	管理评论	姜旭
4	Effect of Mn doping on sintering characteristics, microstructure and electrical properties of lead-free potassium sodium niobate ceramics	*Optoelectronics and Advanced Materials - Rapid Communications*	褚东亮

序号	论文题目（中文）	发表刊物/论文集	第一作者
5	Design and Motion Analysis of Intelligent City Terminal Distribution Energy-Saving Logistics UAV	TEST Engineering and Management	褚东亮
6	生鲜肉类食品供应链碳排放测算及动态优化研究	中国农业大学学报	陈静
7	基于收益共享的双渠道供应链低碳协调研究	统计与决策	陈静
8	日本救灾应急物流体系	中国物流年鉴（2020）	姜旭
9	构建"业务持续管理"的应急物流体系	中国物流与采购	姜旭
10	基于大数据思维模式为培养目标的单片机控制课程教改探究	现代商贸工业	褚东亮
11	基于Flexsim自动化立体仓库的仿真研究	机械工程师	褚东亮
12	内燃叉车噪声污染及降噪技术研究	机械工程师	褚东亮

表1-16　　　　实验室获得专利授权列表（2020年）

序号	专利名称	类型
1	一种检测鱼中次黄嘌呤含量的方法	发明专利（2020-01-04）ZL 2017 1 0010208.7
2	一种宽度调节方便的物流转运小车	实用新型专利（2020-01-17）ZL 2019 2 0689055.6
3	一种防摇晃或倾倒的冷藏运输箱	实用新型专利（2020-03-10）ZL 2019 2 0861842.4
4	一种物流自动导引运输车	实用新型专利（2020-03-10）ZL 2019 2 0903599.8
5	一种冷冻食品监督指示包装装置	实用新型专利（2020-04-07）ZL 2019 2 1082110.1
6	一种快递收件柜	实用新型专利（2020-06-02）ZL 2020 2 0039171.6

表1-17　　　　实验室引进科研项目列表（2020年）

序号	项目名称	项目经费（万元）
1	满都拉口岸物流研究（2020—2030年）	15
2	闭环供应链视角下电子废弃物回收策略研究	15
3	新时期北京市商贸物流运行发展研究	9

序号	项目名称	项目经费（万元）
4	北京市商贸领域冷链物流发展研究	9
5	"智慧＋共享"视角下物流资源整合模式及治理机制研究	2
合计		50

表1-18　　　　　　　　实验室出版专著统计（2020年）

序号	著作题目	出版单位	第一作者
1	《日本供应链发展研究》	首都经济贸易大学出版社	姜旭
2	《铁路货物运输与国民经济发展——中国铁路运输70年》	经济管理出版社	姜旭

第五节　北京市物流发展面临的问题和挑战

迈入21世纪的第二个十年，本市仍处于重要战略机遇期。首都经济社会的快速发展和人民生活水平的不断提高，对物流服务能力和水平都将提出更高要求。2020年，物流业发展既面临着许多发展问题，也要应对新的挑战。

一、北京市物流业发展存在的主要问题

北京市物流业发展中的主要问题是成本高效率低。造成全市社会物流成本高效率低的原因有全国共性因素，也有北京自身特性因素。从共性因素角度来看，综合交通运输体系尚不完善、物流标准体系有待提升、企业小散弱现象突出、物流要素成本上升等因素并存，导致包括北京在内的我国社会物流总费用处于较高水平。从北京自身特性角度来看，主要有以下原因。

1. 道路货运企业外迁导致城市配送成本增加

非首都功能的疏解是2020年的重要工作任务，准入门槛较低、场地需求较大且属劳动密集型产业的道路货运企业成了全市产业疏解的主要对象之一，诸多道路货运企业已迁往距离主城区较远的五环以外地区。城市配送中经济合理的配送半径为50千米以内，超过70千米后成本增加约一倍，一些原在北京五环以内的物流枢纽被疏解到六环以外，城市配送平均距离增加约40千米，使得物流企业的运输成本出现了较大幅度增加。此外，仓储物流功能外迁，导致部分运输企业额外增加了租用经营场地、建设配套设施等费用，间接提升了运输成本。

2. 城市限货政策导致"最后一公里"运输成本偏高

北京市将限制货车进京作为治理城市道路拥堵和防治污染的城市发展策略之一，对

货车排放标准、限行区域和时间均有明确规定，货运市场运输能力随之受到一定程度的限制，对货运企业的运输成本和效率造成了一定影响。一是受限行时间影响，部分货车白天无法送货，车辆使用效率降低。二是部分运输企业为避免车型限制，常采用大车换小车的方式进行货物倒运，造成中转次数增加，导致"最后一公里"运输成本增加。三是全市不同行政区发放的货车通行证存在非通用情况，部分货运车辆在非限行时段的通行也会受到一定程度的限制。

3. 道路货运企业的各项成本较高于其他地区

北京市作为一线城市，物流环节的各项成本与当地经济发展水平呈正相关。一是仓储成本高于其他城市，导致送达天数对总物流成本的影响相对显著；二是人力成本和企业日常运营费用在全国排名靠前，道路运输行业人工成本按照年均5%的速率增长，导致物流总成本的升高。但同其他城市一样，全市道路运输行业充分市场化，市场竞争较为激烈，货运企业的效益难以得到充分保障，运价下调空间有限。

4. 超大型城市的消费特点导致城市配送频度较高

北京市作为超大型城市，消费结构趋于国际化，新兴产业对于消费习惯的渗透较其他地区更深。2019年，北京市限额以上批发零售企业实现网上零售额为3366.3亿元，占社会消费品零售总额的27%，高出全国水平7个百分点，较高的线上消费能力导致城市配送频度和配送强度增大。而全市较高的线下消费能力也使得大型超市的配货强度高于其他地区，据调查，北京一个大型超市每天的配货车辆可达200车次。城市物流配送车辆多频次、高强度使用，导致配送企业人员投入成本、燃油成本等相对其他地区更高。

5. 北京市物流企业运行效率低下

经过调研，北京市的物流企业在运行过程中往往要协调多个部门，而且要经常面对跨行业和地区的情况，这就要求物流企业必须具有综合协调的能力，去协调不同部门、不同行业和不同地区的运行模式，构建统一、高效的现代物流体系。但是在现实中，很多物流企业起步比较晚，建设和发展的速度比较慢，企业内部还处于条块管理的模式，外部没有形成部门之间、行业之间和地区之间的联合与互动，没有形成高效率的合作，严重影响了北京市物流企业的发展。

二、北京市物流业面临的风险与挑战

本市的土地资源、交通、人力等物流业发展的投入要素成本相对较高，影响到物流企业扩张发展的能力；本市服务型经济主导的产业结构调整，要求物流业加快转变发展方式，实现集约式发展，第三方物流、专业化物流服务能力需要进一步提高；公共物流区的设施、功能以及吸引集聚能力有待加强。

在《北京市"十三五"时期物流业发展规划》中针对北京市物流业面临的挑战指出，

"十三五"时期，有序疏解非首都功能是北京市的一项重要任务，其中涉及一般低端物流业态及配套物流设施的疏解转移，相关物流需求会相应收缩和下降。同时，作为特大型城市，由于受到空间资源、交通承载、能源环境的现实制约，客观上要求物流业调整发展战略，优化产业结构，创新商业模式，加强区域联动，实现集约式发展。

"十三五"时期，是全面建成小康社会的决胜阶段。经济社会发展的新常态，对我国物流业发展提出了新要求。

（一）全面建成小康社会和中高速增长的新要求

全面建成小康社会的奋斗目标，要求经济保持中高速增长，经济发展重心将从追求速度规模向质量效益转变。物流业作为新兴的服务产业，对于调整经济结构，转变发展方式具有重要意义。进一步降低物流成本，提高物流效率，将成为"十三五"时期物流业发展的总基调。

（二）新型工业化和产业转型的新要求

国务院发布《中国制造2025》国家行动纲领，提出力争用十年时间，迈入制造强国行列。我国逐步从工业化中后期向工业化后期过渡，突出特点是从传统资源密集型产业向知识和技术密集型产业转变，从产业链中低端向中高端延伸，而中高端的产业链需要中高端的物流服务相配套。

（三）新型城镇化和消费升级的新要求

我国城镇化仍将处于快速发展区间，将释放巨大的投资和消费潜力。消费升级对经济增长贡献度增加，也对物流服务的精细化、响应度和一体化水平有更高的要求。中投顾问发布的《2016—2020年中国物流行业投资分析及前景预测报告》（以下简称《报告》）显示，"十三五"时期，专业化、个性化、多样化的解决方案需求旺盛，城乡物流一体化、末端服务体验将成为竞争焦点。

（四）区域协调发展和产业转移的新要求

国家"三大战略"进入实质性推进阶段，新的区域经济布局和发展空间格局正在形成，将对物流设施、运输方式和交通网络的连通性提出更高的要求。区域物流大通道建设，战略性物流枢纽节点的布局调整，物流园区等基础设施互联互通，多式联运、甩挂运输服务体系的构建，是区域物流协调发展的必备条件。

（五）创新驱动和科技革命的新要求

国家提出大众创业、万众创新，打造发展新引擎。国务院出台"互联网＋"行动指导意见，云计算、大数据、物联网等信息技术与传统物流业态深度融合，带来物流领域的深刻变革。

（六）开放型经济和全球化的新要求

中国经济加快融入世界，从单纯"引进来"向"引进来"和"走出去"并重发展。特别是"一带一路"倡议的实施和跨境电商的兴起，对国际物流提出了更高要求，我国亟待补齐国际物流的"短板"，为国内企业"走出去"提供坚实的物流保障。

（七）生态文明建设和节能减排的新要求

社会各界对加强环境治理形成共识，国家生态文明建设步入快车道。物流业作为继工业和生活消费后的第三大能耗产业，也是温室气体排放的主要行业，加强物流领域的绿色环保和节能减排对生态文明建设具有重要意义。

（八）全面深化改革和创新政府治理的新要求

全面深化改革，完善市场经济体制和政府治理体制任务艰巨。《报告》指出，物流业作为重要的服务产业，涉及领域多、覆盖范围广、协调难度大，迫切需要建立统一开放、竞争有序的市场环境。当前，"互联网＋"产业快速发展，离不开"互联网＋"政务的配套跟进。没有国家政务的互联网化，将无法支撑产业与互联网的深度融合。进一步转变政府职能，建设服务型政府，着眼打造"互联网＋"政务新机制，创新管理方式，激发市场主体的活力，构建诚实守信、规范自律的行业治理环境，将是物流业管理体制改革的重要任务。

《报告》指出，"十三五"时期，我国物流业仍然处于大有可为的战略机遇期，但也面临一系列矛盾和问题的严峻挑战。预计行业增速将继续趋稳放缓，传统的依靠成本价格竞争的粗放式发展模式难以为继，行业进入以转型升级为主线的发展新阶段。

第六节　北京市物流发展对策及趋势分析

一、北京市物流发展对策

（一）发挥降本增效的引领示范作用

1. 协调北京铁路货运枢纽

积极发展公铁联运模式，切实提高运输组织水平，建议发展城市生产生活物资公铁联运，推进与北京东站、丰台西站、大红门站等市内铁路货运场站的协调工作，充分发挥铁路既有场站资源优势，完善升级货运配套设施，合理规划公铁转运和货物集散及仓储用地。建议鼓励市内物流企业积极联系铁路运输企业，打造"轨道＋仓储配送"的铁路城市物流配送新模式，组织开展城市生产生活物资公铁接驳配送试点，加快城市周边地区铁路外围集结转运中心和市内铁路场站设施改造，构建"外集内配、绿色联运"的公铁联运城市配送新体系。建议引导建立统一的公铁联运设备设施和服务管理标准，鼓励骨干龙头企业在运输装备研发、多式联运单证统一、数据信息交换共享等方面先行先试，充分发挥引领示范作用。

2. 完善城市物流园区布局

推广绿色城市配送模式，保障城市基础生产生活物资的及时运送，同时降低运输成本，建议于北京城区范围内合理规划适量干支衔接型物流园区、城市配送网络节点及配送车辆停靠装卸配套设施，缩短城市配送距离，提高货物运输和干支衔接效率，减少不必要且分散的倒运过程造成的资源浪费。建议基于城市物流园区规划建设绿色货运配送网络，鼓励货运企业创新统一配送、集中配送、共同配送、夜间配送等集约化运输组织模式。建议加快新能源和清洁能源车辆推广应用，结合城市配送需求制定新能源城市配送车辆便利通行政策和运营补贴机制，改善车辆通行条件，降低使用成本。

3. 合理放宽货车通行限制

为保障城市基本生产生活物资供应的便捷高效，降低城市配送成本，建议合理放宽货车通行限制，研究推行分时段放行机制，解决部分大型商场超市配送强度大、效率低的问题，满足"最后一公里"配送需求。建议完善通行证发放标准，制定灵活发放机制，尝试针对重点商超、农贸市场、汽车销售点等货物配送需求较大且会对居民生活产生直接影响的需求方发放定向通行证，保障为其供货的物流企业车辆能高效及时地完成配货服务。建议视情况统一各区县货车通行证，打通区域间通行障碍，保障居民基本生活物资的合理供应，提高城市配送企业运营效率。

（二）构建创新、共享型物流末端配送体系

为了保障物流网络的宏观合理性和科学性以及最大化实现资源的节约利用，末端物流的网络布局和基础设施配置应该由国家和地区统一设置，需要从上至下的规划和指导。末端物流网络体系是北京市城区构建"物流基地＋物流中心（园区）＋末端配送网点"三级商贸整体物流体系的重要组成部分。在末端物流环节，2020年北京建设全市共同配送网点达到100个，基本覆盖城六区和城市副中心，末端配送创新试点将建成约50个，每个试点的面积为1000～3000平方米，可由多家快递公司共同使用。无论是直营制还是加盟制的快递公司，都可以"共享"末端配送创新试点。鼓励对邮政设施、商业设施、

便民服务等现有物流服务设施等进行整合利用。探索使用多种配送服务模式保障老百姓消费及生活需求。构建形成布局合理、功能完善、智能规范的物流末端配送体系，保障北京市民享有高质量的末端物流服务。

（三）加强北京市物流企业的信息化建设

物流信息化是现代物流发展的中心环节，要将信息技术应用在物流的全面业务中。物流企业的发展与信息技术的应用紧密相关，北京市的物流企业要积极与政府部门合作，通过建立物流信息平台，借助政府的资源和能力，实现物流信息的整合、跨区域物流信息的共享和物流数字化通道的畅通。

二、北京市物流业未来发展趋势

对于未来发展趋势，《北京物流专项规划》提出以下几点。

（一）功能定位

北京物流业功能定位：与首都"四个中心"相匹配，以保障首都城市运行为基础、以提高居民生活品质为核心、以城市配送为主要形式的城市基本服务保障功能。

物流是保障和维系城市正常运转、服务城市居民日常生活、支撑城市发展的基础性功能，物流设施兼具基础设施和公共服务设施的属性。总体来说，北京物流业应该立足首都战略定位和自身需求，与首都"四个中心"相匹配，在北京市域范围内落实物流服务功能。

（二）预期目标——物流系统运作效率进一步改善

北京物流业总体发展目标是支撑城市高效运转、居民美好生活、国际交流融合、文化科技创新、商业贸易发达，以服务居民生活消费和高精尖经济发展为核心，形成服务完善优质、技术创新和管理先进、信息汇集共享和金融交汇融通的安全、高效、绿色、共享、智慧的现代物流组织体系。

2020 年：支撑非首都功能疏解、保障城市正常运行和居民良好生活品质。

2035 年：构建安全、高效、绿色、共享、智慧的物流体系，支撑建设"国际一流的和谐宜居之都"。

2050 年：打造引领全球物流智慧化发展和科技研发的物流创新领先城市。

到 2035 年，北京要进一步降低物流成本，社会物流总费用占 GDP 的比率要小于10%；城市流通领域标准化托盘普及率及规模以上连锁超市主要商品统一配送率分别要超过 90% 和 95%，以满足北京末端配送需求；第三方（包括第四方）物流企业比重超过

60%，重点发展培育第三方物流企业，激发市场活力；北京冷链流通率争取超过80%，达到一般发达国家水平。对比发达国家，北京物流发展应以保障城市运行为基础、提高生活性服务业品质为核心，一方面继续满足广大居民的日常生活需求，另一方面结合北京自身的特点发展高端、专业、个性化的物流服务，推进非首都功能疏解，加快物流业转型和结构调整，基本建成功能匹配、集约高效的现代物流服务体系，形成京津冀物流一体化格局。北京物流业发展主要指标评价表如表1-19所示。

表1-19　　　　　　　　　　　　北京物流业发展主要指标评价表

指标	2016年	2020年	2035年	2050年
社会物流总费用占GDP比率（%）	13.2	12	<10	<8
城市流通领域标准化托盘普及率（%）	—	>70	>90	>95
规模以上连锁超市主要商品统一配送率（%）	90	>95	>95	>95
大型商超及连锁便利店共同配送率（%）	—	>40	>85	>95
物流末端配送网点覆盖率（%）（中心城区/多点）（集中建设区按照服务1万~2万人设置）	—	>80/ >60	>95/ >80	>100/ >95
绿色能源物流车使用量或比率	6800辆	10000辆	>80%	>95%
城市内铁路运输占比（%）	3	>10	>15	>30
冷链流通率（%）	30	>50	>80	>95
第三方（包括第四方）物流企业占比（%）	30	>40	>60	>80

资料来源：《北京物流专项规划》。

（三）用地规模

考虑到北京城市建设用地的实际情况，结合北京物流发展定位和第三产业的产业结构，到2035年北京物流节点规划用地规模控制在40平方公里左右，与目前的49平方公里相比，规划到2035年总的物流节点用地有所减少。主要是因为随着物流设施科技化智能化水平越来越高，同样的物资需要的单位生产能力用地会减少，加上物流设施使用粗放，基本以单层库为主，未来要大幅度提高土地利用效率，多层库、立体库是必然趋势，因此规划总物流用地适当减少。

同时根据快递、城配、冷链等消费领域物流业态用地规模的分析预测，到2035年消费领域物流节点规划用地规模控制在25平方公里左右。

（四）物流节点的数量和规模

全市布局6个大型物流基地，在现有四大物流基地基础上新增西北（昌平南口）和西南（房山窦店）两个物流基地。物流基地在升级提质的同时，应保留部分空间作为战略留白，为将来调整留有余地。四大物流基地规划用地面积如表1-20所示。

表1-20 四大物流基地规划用地面积

物流基地	已规划物流仓储用地面积（公顷①）
顺义空港物流基地＋天竺综合保税区	300
通州马驹桥物流基地	240
大兴京南物流基地	230
平谷马坊物流基地	61

资料来源：《北京物流专项规划》。

全市现有的四大物流基地已规划物流仓储用地面积约8.3平方公里，原则上现有物流基地不再扩大规模，而是在现有基础上更加集约高效地使用，如确有发展需求，可结合各区的分区规划落实。新增的西北和西南大型物流基地，结合北京物流需求的同时参考国家标准规范和国内外已有物流园区的实际规模，每个物流基地的用地面积控制在100~150公顷，全市6个大型物流基地（包括现有四大物流基地）总的用地面积控制在12平方公里以内。

全市布局28个物流中心（包括16个日常综合服务型物流中心和12个专业类物流中心），结合国内外物流中心的规模和北京的实际情况，单个物流中心的用地规模控制在10~30公顷，全市物流中心总用地面积控制在9平方公里以内。

全市布局约46个配送中心（包括17个零售商业配送中心、17个生鲜冷链配送中心和12个快递二级分拨中心），单个零售商业配送中心和生鲜冷链配送中心的用地面积控制在2~3公顷，单个快递二级分拨中心的用地面积控制在3~5公顷，全市配送中心总的用地面积控制在1.7平方公里以内。

《北京城市总体规划（2016年—2035年）》要求，到2035年，北京全市城乡建设用地为2760平方公里，按照平均3平方公里城乡建设用地设置一个末端配送场所的标准，到2035年全市末端配送场所总量约900个。另外按照服务1万~2万常住人口的标准在全市设置末端营业网点，到2035年，北京全市常住人口为2300万人，2035年全市末端营业网点总量约2000个。同时在社区、写字楼、高校等人流集中区域加大智能快件箱等末端服务设施的配套建设。

---

① 1公顷=0.01平方公里。

第二章

北京市物流基地现状与对策

对北京市物流基地现状的概述分别从对北京市物流基地发展环境和北京市物流基地发展现状两个方面进行分析，在反映北京市经济环境、社会环境、法律政策环境和技术环境的同时，对北京市物流基地整体现状、资源要素现状、市场现状方面展开分析。

第一节　北京市物流基地发展环境

一、经济环境

（一）经济运行状况

北京市在"集聚资源求增长"向"疏解功能谋发展"转型政策大背景下，地区生产总值经过前几年的高速增长后，近几年稳步增长，增速有所放缓，2019年增速约为7.07%，2020年增速约为1.85%。

（二）产业结构分布

北京市的地区生产总值分产业来看，第二、第三产业增长速度较快，同时第三产业在国民生产总值中占据的比例不断提升。2020年，北京市第一产业实现增加值107.6亿元，下降8.5%；第二产业实现增加值5716.4亿元，增长2.1%；第三产业实现增加值30278.6亿元，增长1.0%。

北京市2009—2019年交通运输、仓储和邮政业生产总值及增长率如图2-1所示，其规模不断扩大。交通运输、仓储、邮政业作为国民经济中基础性和先导性行业，长期持续平稳健康发展，为支持物流业高质量发展、保障和改善民生做出了积极贡献。

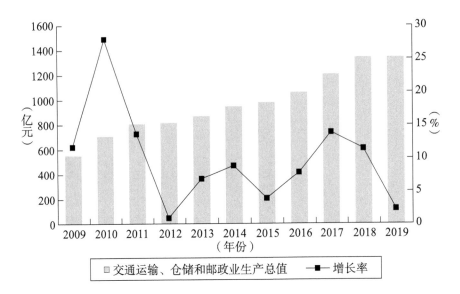

图 2 - 1 2009—2019 年交通运输、仓储和邮政业生产总值及增长率

资料来源：国家统计局。

二、社会环境

（一）城镇化水平

2020 年年末北京市的常住人口为 2189 万人，一般来看，影响常住人口数的因素包括就业、工资和生活成本。北京常住人口减少是北京市主动疏解非首都功能的结果，这既符合北京构建高精尖、高质量发展的产业结构的趋势，也符合北京作为政治中心、文化中心、国际交往中心、科技创新中心的功能定位。在这样的定位下，以北京动物园、大红门批发市场为代表的劳动密集型传统行业向外疏解，一定程度上影响了常住人口数量的变化。此外，北京过高的生活成本，如高房价等也是常住人口减少的经济原因之一。

北京的常住人口城乡分布中，城镇人口不断增加，乡村人口不断减少，城镇化率不断提高。

（二）居民消费支出

近年来，北京市人均消费支出不断增加，从 2013 年到 2019 年，北京市城镇居民人均消费支出、农村居民人均消费支出逐年增加，在 2020 年，全市居民人均消费支出 38903 元，同比下降 9.6%。

三、法律政策环境

物流政策是指国家或政府为实现全社会物流的高效运行与健康发展而制定的公共政策，以及政府对全社会物流活动的干预行为。它具体包括有关物流的法律、法规、规划、计划、措施（对策），以及政府对全社会物流活动的直接指导等。近年来，我国物流基地的政策法规体系已初步建立，国家相继颁布了许多支持物流基地的政策法规，物流基地快速发展的政策条件基本成熟，物流基地规划建设也越来越向智能化、绿色化、正规化方向发展。

四、技术环境

（一）区块链技术

21 世纪以来，全球科技创新进入空前密集活跃的时期，以区块链为代表的新一代信息技术得到广泛应用，区块链技术的发展和进步，最终落脚点都是场景应用，这才是区块链技术发展的真正意义和使命。长久以来，北京都在不遗余力地推进区块链技术的应用。从政务到企业，从司法到金融，从版权保护到食品溯源几乎全方位与区块链技术融合。

据统计，截至 2020 年，在我国各省区市区块链企业占比中，北京市的占比最高，达 25.14%，由此可见北京市区块链技术的发展已经相对成熟，在国内处于领先地位，这有利于北京市物流基地的发展。利用区块链技术，在物流的过程中实现实时追踪，能够让消费者、分销商、制造商、供应商在物流运输过程中，对物流活动进行指导和管理，同时给北京市物流基地的发展创造了良好的机会。

2019 年，智能合约形式化验证平台 CertiK 正式签约入驻 Neutrino 北京区块链协作社区，旨在打造安全可靠的区块链生态系统。2019 年 1 月，北京链安与 Banko 钱包就钱包安全技术检测达成深度合作，旨在为区块链生态提供全面的安全防护能力。2019 年 4 月，北京共识数信科技有限公司和北京航空航天大学联合成立的"北航—共识数信智能区块链实验室"举行签约仪式。双方表示，将共同培养区块链技术人才，在品牌建设、技术研发、推动区块链技术发展等方面协同合作。2019 年 5 月，北京链安与币橙网就区块链企业项目评级检测达成深度合作。同月又与虎符钱包就钱包安全技术检测达成深度合作。2019 年 12 月，英飞拓与比特大陆签署了战略合作协议，成立了"英飞拓—比特大陆区块链联合实验室"。双方重点围绕区块链技术的研发及在智慧城市、标准制定、核心技术研发等多个方面，积极展开合作。

2020 年 6 月，北京市人民政府办公厅印发的《北京市区块链创新发展行动计划

（2020—2022 年）》中指出，到 2022 年，把北京初步建设成为具有影响力的区块链科技创新高地、应用示范高地、产业发展高地、创新人才高地，率先形成区块链赋能经济社会发展的"北京方案"，建立区块链科技创新与产业发展融合互动的新体系，为北京经济高质量发展持续注入新动能新活力。

经过研究发现物流基地管理中的显著性问题可以通过建立基于区块链技术的信息管理系统予以应对，该信息系统可根据收到的数据信息进行预测以解决物流基地中物流管理的高度不确定问题，也可根据信息管理简化物流管理中的运作与实施过程。

（二）物联网技术

物联网技术是在互联网技术基础上延伸和扩展的一种网络技术，是通过 RFID、红外感应器、全球定位系统、激光扫描器等信息传感设备，按约定的协议，将任何物品与互联网相连接，进行信息交换和通信，以实现智能化识别、定位、追踪、监控和管理的一种网络技术。

物流领域是物联网技术应用的重要领域，物联网环境下的物流感知、网络传输和物流应用为提高物流的整体服务水平创造了基础条件。北京积累了物联网技术和产业发展的创新资源，聚集了清华北大等高校，以及中国科学院工程院等国家级研究机构，拥有北京邮电大学、北京科技大学等全国首屈一指的传感网产业研发优势资源，为物联网产业关键技术的攻克及技术标准制定提供科研保障，拥有同方股份、大唐电信、时代凌宇、长城经典等优秀企业。物流本身具有高不确定性和复杂性，运作方式对信息的依赖性强，信息来源广泛、信息跟踪跨度长、信息更新与维护困难，而物联网的出现为其发展提供了新的动力，能够破解北京市物流基地发展中的信息障碍，通过配送作业的智能化等提高配送效率与准确率。

第二节　新运营时代物流基地的发展现状

一、北京市四大物流基地现状

近十年，随着物流基础设施的完善和网络布局的不断优化，北京市物流基地总体规模不断扩大，目前已经建立了 4 个物流基地，分别是顺义空港物流基地＋天竺综合保税区、通州马驹桥物流基地、大兴京南物流基地、平谷马坊物流基地。

（一）顺义空港物流基地＋天竺综合保税区

北京顺义空港物流基地于 2002 年经北京市政府批准设立，是我市唯一的航空—公路国际货运枢纽型物流基地。北京顺义空港物流基地位于北京市高端产业功能区——临空经济区的核心区，是企业设立现代化物流中心、建设企业总部的最佳平台。基地高标准地完成了一期 1.55 平方公里范围内"八通一平"的市政基础设施建设；共引进包括 TNT、日本邮船、日本住友等 7 家世界 500 强企业以及中外运、近铁、宅急送等 70 家国内外知名物流企业。北京顺义空港物流基地位于北京东北方向，地处北京市规划的顺义新城区范围内，与首都机场"无缝对接"，地理位置优越，交通条件发达，距市中心 20 公里，距天津港 160 公里。得天独厚的地理位置和便利的交通满足了基地内各企业在交通方面的需求，为企业的高速发展奠定坚实的基础。

（二）通州马驹桥物流基地

北京通州马驹桥物流基地位于北京东南的通州区马驹桥镇，规划面积 5.04 平方公里，是北京市物流发展规划确定的四大物流基地之一。自 2003 年开工建设以来，基地始终坚持按照标准化建设、标准化招商、标准化服务的经营宗旨，采取国际通行的方法建设、运营物流基地，致力打造一流的投资发展平台。北京通州马驹桥物流基地已经有 300 多家公司入驻，其中有 24 家物流公司，包括苏宁、京东、顺丰等。

北京通州物流基地位于北京东南黄金通道上，距市中心 15.5 公里，距首都国际机场 30 公里，距天津塘沽新港 120 公里，京津塘高速公路与北京城市六环路在此交会，并与京沈、京哈、京开、京石等 11 条高速公路相连，是北京海、陆、空多式联运的最佳结合点。

（三）大兴京南物流基地

大兴京南物流基地是经北京市政府统一规划的综合物流园区项目，是大兴区重点建设的十大基地之一，规划占地总面积为 6.71 平方公里。大兴京南物流基地位于大兴新城南部，是京开高速公路、北京六环路、京九铁路交会点，与京开高速公路东侧的国家级科技园区生物制药产业基地相呼应，毗邻京哈、京九、京沪、京广等干线铁路。园区内拥有 26 条铁路专用线和行包专列处理场，整车零担亦可直达。规划区域内规划道路共计 21 条，东西向 9 条，南北向 12 条，是北京唯一具有公路转铁路运输的综合物流基地，区位优势得天独厚。大兴京南物流基地逐渐形成"物流基地"和"物流中心"的复合功能，实现进出北京货物的集散，制造商和分销商在北京周边地区的采购和分销。

（四）平谷马坊物流基地

平谷马坊物流基地位于平谷区马坊镇，是北京四大物流基地之一，具有口岸和保税功能。已形成口岸服务、冷链物流、流通加工、展示交易、电子商务、总部集聚、生活性服务、京东智慧电商运营八个功能区，已成为北京市服务贸易示范基地、中国（北京）跨境电子商务产业园、北京市服务业扩大开放综合试点示范园区。目前，入驻商贸流通、电子商务、现代物流、信息技术、金融服务类企业两千多家。

平谷马坊物流基地地理位置优越，交通发达，处于环首都经济圈及环渤海经济区之中。距首都机场 35 公里，距天津新港 135 公里，连接 101、102 国道的密三路纵穿南北、规划京平高速公路横贯东西。

基地集现代物流功能、内陆口岸功能、流通加工功能于一体，是适应首都现代化国际大都市发展要求的功能性基础设施，是辐射环渤海地区及全国的重要物流枢纽，为北京市进出货物的集散和大型厂商在环渤海地区以至全国采购和分销提供物流平台，定位于公路—海运国际货运枢纽型物流基地。基地不仅具有得天独厚的区位优势，更具备了物畅其流的区位交通条件和独一无二的运输优势，为北京市物流的发展创造了良好的条件。

二、市场环境现状

从物流需求来看，北京市物流业务主要集中在大型制造业和大型商业企业，如 IT 行业、医药行业、汽车制造业、大型连锁超市等；从产品来看，主要集中于高利润产品，包括电子产品、医药产品、汽车及其零部件等；从物流服务项目来看，北京地区的业务主要集中在运输和仓储上，占总物流服务市场的 70% 以上，而其他的信息服务、金融服务、咨询服务等延伸服务占比较少；从获利状况来看，高利润物流公司主要从事快递业务、航空运输、与保税相关的物流等；从地理分布来看，北京的物流业务集中在北京空港一带、东南部经济开发区一带、丰台火车站货场、良乡地区、中关村地区等地。

北京地区大部分物流企业是中小型企业，涵盖行业多、综合性强的物流公司较少。具有外资背景的物流公司占有一定市场份额，但是大都规模比较小。专注在特定行业的物流公司比较多，大宗货物的物流业务仍由传统的国有物流公司完成。

第三节　北京市物流基地发展相关政策和标准分析

一、中央政策及其主要内容

自"十一五"规划以来，我国对物流基础设施的建设愈加重视。物流基地快速发展的政策条件基本成熟，近年来国家相继颁布了与物流园区、物流基地发展相关的政策法规。

2019 年 5 月，国家发展改革委发布了《关于做好 2019 年降成本重点工作的通知》，通知中提到取消或降低一批公路、铁路、民航、港口收费。深化收费公路制度改革，降低过路过桥费用。全面推广高速公路差异化收费、货车使用非现金支付、客车 ETC 等优惠政策，优化通行费增值税发票开具。下浮铁路货物执行运价，将降低增值税税率的实惠传导至下游企业；进一步清理规范铁路货运杂费及铁路专用线等收费。减并港口收费项目，降低港口设施保安费、货物港务费等收费标准。降低民用机场收费。引导督促国际班轮公司降低码头操作费及单证类附加费。着力提高物流效率。深入推进多式联运示范工程，加强多式联运公共信息服务能力建设。全面推广无车承运人发展，促进模式创新和资源整合。推进城市绿色配送示范工程建设。继续降低一般工商业电价。运用降低增值税税率和降低国家重大水利工程建设基金征收标准产生的降价空间，以及通过延长电网企业固定资产平均折旧年限政策和扩大电力市场化交易等措施降电价，使一般工商业平均电价再降低 10%。降低企业用地综合成本。进一步优化工业用地供应管理政策，加快长期租赁、先租后让、租让结合、弹性年期等方式供应工业用地政策落地，支持各地以土地使用权作价出资或入股方式供应标准厂房用地。

2019 年 6 月，国务院发布了《国务院关于促进乡村产业振兴的指导意见》，并在意见中指出提升农产品加工流通业，支持粮食主产区和特色农产品优势区发展农产品加工业，建设一批农产品精深加工基地和加工强县。鼓励农民合作社和家庭农场发展农产品初加工，建设一批专业村镇。统筹农产品产地、集散地、销地批发市场建设，加强农产品物流骨干网络和冷链物流体系建设。发展乡村信息产业。深入推进"互联网＋"现代农业，加快重要农产品全产业链大数据建设，加强国家数字农业农村系统建设。全面推进信息进村入户，实施"互联网＋"农产品出村进城工程。推动农村电子商务公共服务中心和快递物流园区发展。

2020 年 6 月，国家发展改革委、交通运输部发布了《关于进一步降低物流成本的实施意见》，其中第二条"加强土地和资金保障，降低物流要素成本"中指出保障物流用地需求。对国家及有关部门、省（自治区、直辖市）确定的国家物流枢纽、铁路专用线、冷链物流设施等重大物流基础设施项目，在建设用地指标方面给予重点保障。支持利用铁路划拨用地等存量土地建设物流设施。指导地方按照有关规定利用集体经营性建设用地建设物流基础设施。完善物流用地考核。指导地方政府合理设置物流用地绩效考核指标。在符合规划、不改变用途的前提下，对提高自有工业用地或仓储用地利用率、容积率并用于仓储、分拨转运等物流设施建设的，不再增收土地价款。推进物流基础设施网络建设。研究制定 2021—2025 年国家物流枢纽网络建设实施方案，整合优化存量物流基础设施资源，构建"通道＋枢纽＋网络"的物流运作体系，系统性降低全程运输、仓储等物流成本。继续实施示范物流园区工程，示范带动骨干物流园区互联成网。布局建设一批国家骨干冷链物流基地，有针对性补齐城乡冷链物流设施短板，整合冷链物流以及农产品生产、流通资源，提高冷链物流规模化、集约化、组织化、网络化水平，降低冷链物流成本。加强县乡村共同配送基础设施建设，推广应用移动冷库等新型冷链物流设施设备。加强应急物流体系建设，完善应急物流基础设施网络，整合储备、运输、配送等各类存量基础设施资源，加快补齐特定区域、特定领域应急物流基础设施短板，提高紧急情况下应急物流保障能力。

2020 年 8 月，交通运输部发布《交通运输部关于推动交通运输领域新型基础设施建设的指导意见》，文件提出引导建设绿色智慧货运枢纽（物流园区）多式联运等设施，提供跨方式、跨区域的全程物流信息服务，推进枢纽间资源共享共用。推进货运枢纽（物流园区）智能化升级，鼓励开展仓储库存数字化管理、安全生产智能预警、车辆货物自动匹配、园区装备智能调度等应用，鼓励发展综合性智能物流服务平台，引导农村智慧物流网络建设。第五代移动通信技术（5G）等协同应用，结合 5G 商用部署，统筹利用物联网、车联网、光纤网等，推动交通基础设施与公共信息基础设施协调建设。逐步在高速公路和铁路重点路段、重要综合客运枢纽、港口和物流园区等实现固移结合、宽窄结合、公专结合的网络覆盖。协同建设车联网，推动重点地区、重点路段应用车用无线通信技术，支持车路协同、自动驾驶等。在重点桥梁、隧道、枢纽等应用适用可靠、经济耐久的通信技术，支撑设施远程监测、安全预警等应用。积极推动高速铁路 5G 技术应用，面向行业需求，结合国家卫星通信等设施部署情况和要求，研究应用具备全球宽带网络服务能力的卫星通信设施。

二、北京市政策及其主要内容

为贯彻落实国家在促进物流业发展方面的相关政策，北京市政府做出了积极响应。

2018 年 11 月，北京市商务局等印发《北京市流通领域现代供应链体系建设试点项目与资金管理办法》的通知，指出试点资金重点支持农产品、快速消费品、医药以及餐饮、冷链、电子商务等民生消费行业领域，加快推进现代供应链体系建设。具体包括以下内容。

（1）支持具有基础性、公益性的物流设施节点标准化建设与改造。

（2）支持标准化托盘（推广 1200mm×1000mm 平面尺寸）、包装箱（推广 600mm×400mm 包装模数系列）、周转箱（筐）、货运车辆、集装箱等标准化物流载具的推广应用，以及相关物流设施建设改造、物流设备购置。

（3）支持围绕打通供应链上下游信息流进行的信息化投入及系统研发改造、大数据应用、智能化建设改造等，支持商品信息和物流单元信息绑定，实现商流、物流、信息流、资金流"四流合一"。

（4）支持供应链绿色流程再造，支持绿色物流技术和设备的推广应用。

（5）支持其他事项，包括物流单元化载具质量标准认证费用、供应链专业培训、供应链相关标准的制定应用等。

2019 年 4 月，北京市商务局联合其他单位印发了《北京市提高商业服务业服务质量提升"北京服务"品质三年行动计划》的通知，通知中指出提升电子商务与快递物流服务水平，鼓励传统物流园区与电子商务等企业对接合作，实现资源共享和高效利用，进一步提升仓储、运输、配送、信息等综合管理和服务水平。完善市内快递配送服务设施，在服务需求集中区域合理规划建设区域分拨中心和快递末端综合服务场所。鼓励快递企业开展联收联投服务合作，发展共同配送模式，提高投递效率。引导电子商务、物流和快递等平台型企业健全平台服务协议、交易规则和信用评价制度，保护消费者权益。鼓励电子商务、快递物流等企业与连锁超市、便利店、物业开展合作，支持在社区、高等院校、商务中心、地铁站周边等末端节点布局设置智能快件箱，提供集约化配送、网订店取等多样化、个性化服务。2021 年年底前，累计新建 600 个左右末端配送服务网点。

2019 年 4 月发布的《关于加快道路货运行业转型升级促进高质量发展的意见》中第三条"推动新旧动能接续转换"提到：加快运输组织模式创新。深入推进多式联运示范工程、城乡交通运输一体化示范工程、城市绿色货运配送示范工程，推广应用先进运输组织模式。指导行业协会、企业联盟研究推广挂车互换标准协议，创新普通货车租赁、挂车共享、长途接驳甩挂、集装单元化等新模式。推进规模化、集约化发展。以冷链物流、零担货运、无车承运等为重点，加快培育道路货运龙头骨干示范企业，引导小微货运企业开展联盟合作，鼓励提供优质干线运力服务的大车队模式创新发展。已经取得道路运输经营许可的普通货运企业设立分支机构、增设经营网点无须再办理报备手续。

2019 年 12 月，北京市经济和信息化局印发《北京市机器人产业创新发展行动方案（2019—2022 年）》，该方案中指出，紧抓全国科技创新中心建设的重大机遇，依托一批创新实力强、产业基础好、市场成长快的骨干企业，培育形成以医疗健康机器人、特种机器人、协作机器人、仓储物流机器人四大整机加关键零部件为主导的"4＋1"发展格局，重点推广四大产业创新模式，激活三大应用服务市场，破解两大产业协同路径，构建具有北京乃至京津冀特色的机器人产业发展生态，打造具有全球影响力的机器人产业创新策源地和应用示范高地。面向智能制造、仓储物流等领域，发展拣选、搬运、货箱到人、复合型机器人，以及物流无人机、无人车、无人仓储、无人叉车等智能仓储物流技术产品。面向智慧城市，发展智慧停车 AGV、立体车库等产品和解决方案。加大工业领域推广应用力度。支持电子、汽车、装备等行业推广应用工业机器人、仓储物流机器人和系统解决方案。以小米 5G 智能工厂等重大项目为示范带动，鼓励机器人企业积极参与数字化车间、智能工厂等项目建设，融合 5G 等新一代信息技术，在实现生产线智能化、柔性化等方面发挥更大成效。

2020年3月，北京市商务局发布了《北京市商务局关于申报2020年度商业流通发展资金项目的通知》，该通知的"促进现代商贸物流发展项目申报指南"中指出符合首都城市战略定位，促进本市商贸物流降本增效、提升商贸物流服务保障的能力和水平、加快城市商贸物流的转型升级，推动首都城市商贸物流智慧、高效、绿色发展的现代商贸物流项目。支持流通领域供应链创新与发展示范项目。支持商贸物流信息化、智能化、标准化建设和改造，提高物流技术及设备应用水平，促进提升物流标准化水平，提高供应链运作效率。支持城市运行保障的商贸物流新模式示范项目。推进商贸物流企业转型升级，鼓励共同配送、统一配送、集中配送等先进模式的发展，提高配送效率。支持绿色物流技术和模式创新应用。支持冷链物流发展。支持冷链物流装备与技术升级，发展上下游高效衔接的全程冷链物流服务，鼓励冷链配送模式多元化创新发展。支持商贸物流领域公共信息平台建设。推动商贸物流信息高效交换和共享，推进信息平台建设，推动共享物流发展，有效降低空载率。

《北京市2020年物流发展规划》指出北京物流业将以科学发展为主题，以加快转变发展方式为主线，贯彻落实"人文北京、科技北京、绿色北京"战略，以服务中国特色世界城市建设为目标，按照"便民利民、促进发展，服务全国、辐射世界"的发展宗旨，加快推进物流业结构调整与创新，更加注重物流系统运行效率的提高和服务保障能力的增强，进一步完善高效、集约、低碳的城市物流体系，提升物流业发展的现代化、国际化水平，打造具有广泛国际影响力的物流中心城市。在第三章空间布局中指出围绕本市物流业发展的总体目标，2020年物流规划空间布局的基本原则是：

（1）有利于服务和保障首都城市发展和改善民生的现实需求；

（2）有利于服务首都各类功能区的产业集聚和发展环境优化；

（3）有利于加快首都经济圈建设和区域经济一体化发展；

（4）有利于提高首都经济发展的国际影响力和辐射力；

（5）统筹考虑与城市交通干道的衔接，以及与未来五年主要交通枢纽重点建设项目的协调配套。

2020年物流规划空间布局的思路是：继续完善"三环、五带、多中心"物流节点空间布局，发挥各物流节点的设施功能优势，引导物流资源在空间上的合理配置；适应未来五年物流业发展的实际需要，以加快物流业发展方式转变和服务水平提升为着力点，深化内涵、延伸发展，按照城市保障物流、专业物流、区域物流和国际物流的发展主线，强化本市物流业发展"广覆盖""多组团""立体化"的网络结构特征，进一步优化全市物流空间布局。

北京市应该继续加强在物流基础设施方面的投资力度，并从宏观入手，做好物流总体规划，以达到我国物流建设合理化和物流整体效益的最优化。政府需要及早制定出物流业发展的近期规划、中期规划和长期的战略规划，将有限的资金合理规划，投放到一些重点领域。

第四节　北京市物流基地现存问题

2020 年，北京市公布了《北京物流专项规划》，规划提出，到 2035 年，北京将构建安全、高效、绿色、共享、智慧的物流体系，支撑建设"国际一流的和谐宜居之都"。该专项规划开篇就提出，北京物流的功能定位是与首都"四个中心"相匹配，以保障首都城市运行为基础、以提高居民生活品质为核心、以城市配送为主要形式的城市基本服务保障功能。围绕这一功能定位，北京将着力打造"大型综合物流园区（物流基地）＋物流中心＋配送中心＋末端网点"的"3＋1"城市物流节点网络体系。目标是到 2035 年，北京要进一步降低物流成本，社会物流总费用占 GDP 比率要小于 10%；城市流通领域标准化托盘使用率及规模以上连锁超市主要商品统一配送率要分别超过 90% 和 95%，以满足北京末端配送需求；第三方（包括第四方）物流服务比重超过 60%；北京冷链流通率争取超过 80%，达到一般发达国家水平。这在很大程度上促进北京物流基地的发展，但综合来看目前北京市在发展物流和物流基地上仍存在一些问题。

一、考核过于强调经济功能，忽略公共服务功能

物流基地是城市功能的重要组成部分，它如同城市的公交系统、市政系统等公共事业一样，首要的是对城市经济社会的公共服务功能，其次才是经济功能。但目前有很多地区把物流基地等同于工业开发区，将之视为完全意义上的营利组织，而很少从公共事业层面来评价它的服务功能。受这种导向的影响，很多物流基地在招商引资过程中，过于强调入园企业的产值及利税等经济指标，过于强调对所在地的经济贡献。这种衡量标准大大提高了物流基地的准入门槛，使大批提供社会物流服务的企业被挡在了物流基地大门之外。据统计，在京的物流企业约有 4500 家，而进入政府规划基地项目的还不到 10%。结果使得很多物流企业只能在物流基地之外驻扎，在政府规划基地之外出现了自发形成的物流集聚区。

针对大多数物流企业平均利润率较低的特点，一方面进一步加大对物流基地入驻物流企业所给予的优惠政策，鼓励并扶持物流企业入驻，从税收、准入机制等方面进一步降低物流企业入驻门槛，重新调整和完善物流基地评价指标；另一方面加强对自发物流聚集区的规范和引导，将其纳入政府统一规划范畴，培养并增强物流基地的公共性。

二、二级物流节点定位不准确，公共性物流中心和配送中心群尚未形成

不仅物流基地公共服务性不强，二级物流节点也存在此类问题。在原规划中，二级

物流节点多为专业性较强的企业自营物流中心和配送中心，虽然通过物流基地、物流中心、配送中心构成了三级物流节点系统，但政府与企业节点规划最大的区别在于前者的规划更强调节点的公共服务性，而后者更强调专业性、独立性和封闭性。因此，二级物流节点若要满足社会物流服务功能的要求，在规划时就应侧重于物流中心群和配送中心群的建设，通过入驻企业整合、聚合物流需求，形成共同配送网络，达到城市物流服务低成本、高效率、绿色化的运行目标。

三、区域间、城市内、城市末端物流网络尚不健全

城市物流一般由区域间、城市内和城市末端物流三部分组成。经过多年的规划与建设，北京市在物流网络建设上取得了长足的进步，初步形成了物流节点与物流通道的有机结合。但目前的问题是虽然形成了物流的空间布局，但低成本、高效率、绿色化的城市物流系统尚未建成。北京是特大的消费型城市，生产生活所需的大多数物资都要从外地调入，如何打通进京方向主要通路的瓶颈，如何在北京城郊构建换装换载中心，如何保证进入城市中心区物资的无障碍通行等问题，成为北京城市物流系统亟待解决的重要问题。据统计，目前北京市货运量中有近一半的货物在四环路以内流动，但为了减少城区交通压力，配送车辆不能随意进城，结果进一步加剧了城市末端物流需求日益增长与车辆限行的矛盾，出现了大量无证车辆违规运行的现象。

四、物流行业技术设备和手段发展滞后

当前，北京市部分物流企业进行粗放式经营，以追求利润最大化为目标，对节能减排缺少足够的认识。在快递运输方面，传统的运输工具碳排放高，运输资源分配不均，效率低下；在快递仓储方面，物流中心缺少节能减排的整体规划和设计；在快递配送方面，配送设施由于缺少对快递吞吐量的规划，导致快递配送站点利用率低。在快递包装方面，包装使用不合理，包装材料不可降解，进一步加深了对环境的污染程度。

第五节　北京市物流基地发展目标与定位

一、北京市物流基地总体发展目标

目前，北京现有的物流基地共4个，分别是顺义空港物流基地＋天竺综合保税区、通州马驹桥物流基地、大兴京南物流基地、平谷马坊物流基地。北京将着力打造"大型综合物流园区（物流基地）＋物流中心＋配送中心＋末端网点"的"3＋1"城市物流节点网络体系。集中建设包括物流基地、综合物流区和专业物流区在内的公共物流区，立足

首都，辐射环渤海地区，满足国内外物流需求。与空港和产业基地的分布相结合，重点完善以空港、马驹桥等物流基地为主的物流体系的建设。

物流基地以保障城市运行为基础、以提高生活性服务业品质为核心、以服务首都城市战略定位为出发点，提升物流服务保障能力和水平、加快城市物流升级和转型，推动城市物流便利化、规范化、高效化、集约化、国际化发展，构建"功能匹配、布局合理、集约高效、绿色低碳"的现代城市物流服务体系，为首都全面建成小康社会提供坚实的物流服务保障。努力提高北京市物流基地的发展水平，鼓励北京市物流基地进行多元化发展和创新发展，从而带动京津冀地区协同发展，完善物流体系。政府需要加强对基地的政策支持与引导，加快推进物流基地结构调整和升级，引进高能级企业主体，强化物流基地对城市运行的服务保障功能，统筹发展规划，做到全面、绿色、创新、高效协同发展。

（一）向全面化发展

北京市作为首都，物流基地应该具体化、全面化发展。只有各个层次、各方全面参与其中，使物流基地发展水平提高，才能保证物流基地高质量发展，促进北京市物流全面发展。

（二）向绿色化发展

绿色发展理念成为现阶段的时代要求，绿色发展是保证可持续发展的前提和基础。建设资源节约型、环境友好型物流体系，推进物流基地运行模式创新发展，加快节能环保技术推广应用。鼓励采用低能耗、低排放的载运工具，推进城市绿色货运配送体系和物流标准化建设，提升物流的社会化与集约化水平，实现资源高效利用和城市绿色发展。规范引导物流基地新模式新业态，提高物流基地资源利用效率，降低资源耗用量，减少环境污染，为北京市全面加强生态环境保护、坚决打好污染防治攻坚战做出贡献。

（三）向创新化发展

发挥首都信息化水平高、科技人才资源丰富的优势，加快物流基地科技创新步伐，使物流基地整体水平得到提高，推广应用先进物流技术，结合北京市实际情况，对研发和推广创新应用的基地给予政策支持，提升高精尖产业的国内、国际竞争力。以科技创新物流服务，满足"互联网＋"、国内电商与跨境电商融合等所形成的物流新需求，推动北京市物流基地高速发展。

（四）向高效化发展

北京作为我国的首都，经济体量大、人口多、需求广。只有推动物流基地的高效化发展才能响应需求大、问题多的特性。需要合理地进行定位，把握技术、资金优势，提升物流基地的整体效率。

北京市作为首都，是国内其他城市物流行业发展的重要标杆，应发展适应北京市实际情况、符合北京城市定位、响应北京城市需求的物流体系，进一步完善和优化物流基地配送体系，体现便利、规范、高效、集约的北京城市物流特点，提升物流基地的服务功能和应急响应能力，着重强化物流对城市运行的保障作用。

二、北京市物流基地发展定位

物流基地是大型的、公共性的物流节点，是城市功能性基础设施，也是辐射全国乃至国际的重要物流枢纽，主要为本市进出货物的集散与大型厂商在全国及亚太地区采购和分销货物提供物流平台。其功能主要包括内陆口岸功能、交通换载和货物集散功能、流通加工功能以及信息服务和货物配送功能等。根据北京的城市性质和发展目标、经济特征及物流需求分析，北京物流基地发展的定位是立足首都，构建为现代国际城市生活、生产服务的城市末端物流和辐射环渤海经济区、面向全国乃至世界的开放型现代物流体系，重点突出"两条线"，即以配送为主导的都市物流和发展辐射型开放性的区域物流。物流基地未来的发展要加强先进技术应用，保障城市的运行服务；根据物流基地类型定位加强分类引导，强化特色功能，在满足北京市需求的同时，促进服务区域的协同发展。

顺义空港物流基地大力发展航空物流，重点以电子、医药等项目服务为主；通州马驹桥物流基地为北京市进出货物的集散和大型厂商在环渤海地区、全国采购和分销提供物流平台，定位于公路—海运国际货运枢纽型物流基地；大兴京南物流基地着力发挥京津冀区域联动，打造京津冀一体化的重要物流枢纽；平谷马坊物流基地提供内陆口岸、商品配送、流通加工、商品检验、物流信息服务等服务。它们服务北京市建设国际一流的和谐宜居之都目标，优化完善生活必需品配送体系，进一步夯实确保特大型城市正常运转与市民生活品质提升的物流保障。

各个物流基地要充分利用自己的优势，开创自己的特色功能，积极吸引物流企业入驻，强化特色功能发展。

第三章

北京市冷链物流现状与对策

在这次新冠疫情中冷链物流发挥了重要的作用，冷链物流行业在北京市物流业中占有重要位置，促进了北京市的经济发展，为北京市食品供应和食品安全提供了重要保障。

第一节 北京市冷链物流发展现状分析

一、北京市冷链物流需求情况分析

（一）北京市冷链物流需求量

北京市作为大型消费城市，其每年食品的消费量和流通量较大。随着我国经济的不断发展，人们的可支配收入不断提高，对于食品的消费水平也不断提高。据统计，2020年北京市农产品冷链物流需求量为636.8万吨，同比增长率为1.2%（见图3-1）。

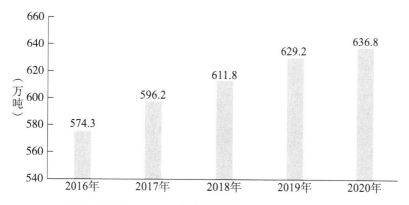

图 3-1 2016—2020 年北京市农产品冷链物流需求量

（二）北京市冷链物流需求总额

根据统计数据，2016—2020 年北京市农产品冷链物流需求总额由 2016 年的 383 亿元上升至 462 亿元，增长了近 80 亿元；从增速来看，2016—2020 年的平均增速约为 5%，北京市农产品冷链物流需求总额呈上升趋势，说明北京市农产品冷链物流的需求规模将持续增大。2016—2020 年北京市农产品冷链物流需求总额如图 3 - 2 所示。

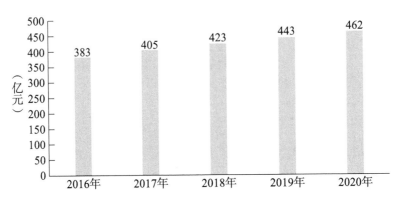

图 3 - 2　2016—2020 年北京市农产品冷链物流需求总额

（三）北京市冷链物流需求特点

1. 冷链食品需求主要依靠京外供应

北京是特大型商贸城市，人口众多。从 2016—2020 年北京市农产品产量来看（见表 3 - 1），北京市农产品产量总体呈下降趋势。主要由于北京市的常住人口不断增加，以及北京的地理位置、土地资源等外部限制，使得北京市不宜大规模种植农产品，在这些少量产出的农产品中，除去很少一部分农民留作自用外，其他农产品都会流通至各终端市场。北京市本地的食品产量远低于本地的食品的需求量。对北京市来说，要满足生鲜农产品的需求量，必须依靠外部的大量供应。通常，山东、河北、内蒙古、云南等地区甚至欧美等国家都成为生鲜农产品的来源地，冷链物流的服务需求大大提升。

表 3 - 1　　　　　　　　　　2016—2020 年北京市农产品产量

农产品产量	2016 年	2017 年	2018 年	2019 年	2020 年
蔬菜产量（万吨）	183.6	156.8	130.6	111.5	137.9
水果产量（万吨）	79.0	74.4	61.5	59.9	53.8
肉类产量（万吨）	30.4	26.4	17.5	5.1	3.5

农产品产量	2016 年	2017 年	2018 年	2019 年	2020 年
水产品产量（万吨）	5.4	4.5	3.0	2.3	1.8
奶类产量（万吨）	45.7	37.4	31.1	25.4	20.7

资料来源：中物联冷链委、北京市统计局、和讯网。

2. 冷链需求量和需求总额实现双增长

消费水平以及消费模式的改变，使得冷链配送模式需求量日益增加，北京作为首都，人口密集，其冷链物流需求量远高于其他城市。新冠疫情期间，餐饮行业萎靡，餐饮冷链物流需求下降，北京市冷链物流需求略微下降，但是生鲜宅配模式兴起，带动生鲜电商冷链物流需求量提高。北京市人口密集，人均消费水平高，对于生鲜宅配模式接受度高，加之我国疫情的有效控制，北京市冷链物流市场逐渐恢复，其冷链需求量和需求总额呈增长趋势。

二、北京市冷链物流供给情况分析

（一）北京市冷链物流企业发展现状

1. 北京市冷链物流企业分布

根据问卷调查和天眼查等资料整理统计，北京市冷链物流企业约 240 家，主要分布在通州、大兴、顺义等区。北京市主要区域冷链物流企业占比如图 3 - 3 所示。

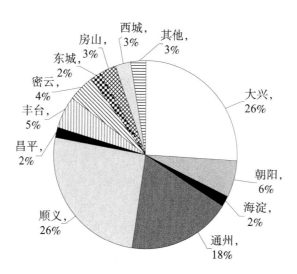

图 3 - 3　北京市主要区域冷链物流企业占比

2. 北京市冷链物流企业所有制类型

通过对问卷调查和天眼查等资料整理统计，2020 年至今北京市冷链物流企业根据其所有制类型可以分为国有企业、民营企业、外商独资企业、中外合资/合作企业、股份制企业和其他，其中以民营企业为主，国有企业次之，股份制企业位列第三。北京市冷链物流企业所有制类型占比如图 3－4 所示。

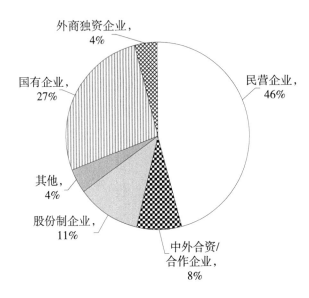

图 3－4　北京市冷链物流企业所有制类型占比

3. 北京市冷链物流企业业务性质

由于冷链物流涉及环节多，冷链物流企业涉及的业务范围广，根据其业务性质又可分为冷链区域配送企业、冷链运输服务企业、冷库运营企业、冷链综合性物流企业和其他。其中冷链综合性物流企业、冷链运输服务企业、冷库运营企业排名前三，分别占比65%、53%、47%。北京市冷链物流企业按业务性质的占比情况如图 3－5 所示。

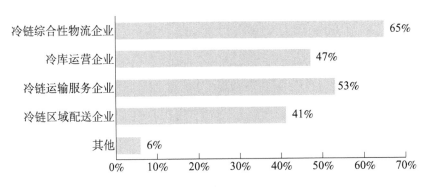

图 3－5　北京市冷链物流企业按业务性质的占比情况

4. 北京市冷链物流企业规模

到 2020 年，在北京市现有的冷链物流企业中，成立时间小于等于 2 年的企业数量最多，占总数的 40%，有 34% 的企业成立时间为 3～5 年，仅 6% 的企业成立时间大于等于 10 年（见图 3 - 6）。可以看出，近年冷链物流企业更新速度较快。

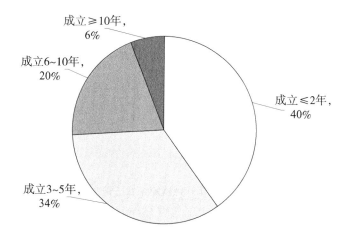

图 3 - 6　北京市冷链物流企业按成立时间的占比情况

　　针对不同注册资本下的北京市冷链物流企业数量及规模统计可以看出，中小规模企业（注册资本 500 万元及以下）占比 58%；较大规模企业占比 42%（见图 3 - 7）。这些都对保障北京市冷链物流服务起到了非常重要的作用。

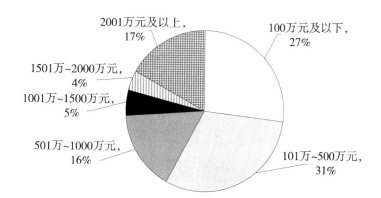

图 3 - 7　不同注册资本下北京市冷链物流企业数量占比

5. 北京市冷链物流企业业务范围及服务产品

　　北京市冷链物流企业的主营业务主要分为运输业务、仓储业务、配送业务和包装业务等，其中，运输业务占比 91%，是最主要的业务（见图 3 - 8）。

6. 北京市冷链物流企业的人力资源情况

　　根据调查数据显示，北京市有 50% 的冷链物流企业员工数量在 50 人以下，22% 的企业员工数量为 51 ~ 500 人，其中仅有 19% 的企业员工数量超过 1000 人（见图 3 - 9）。由此可见，从总体上看北京市冷链物流企业呈现出小而散的特点。

　　另外，从图 3 - 10 的数据可以看出，北京市冷链物流企业的从业人员教育程度偏低，

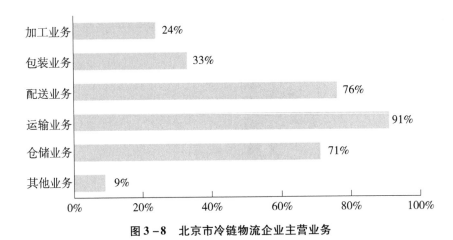

图3-8　北京市冷链物流企业主营业务

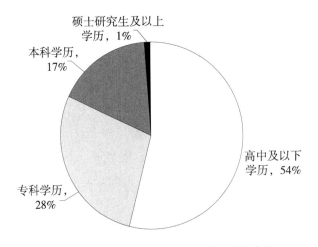

图3-9　北京市冷链物流企业员工数量分布

图3-10　北京市冷链物流企业员工学历占比

高素质、专业化的从业人员较少。其中在总从业人员中，高中及以下学历从业人员占总人数的54%，专科学历占28%，本科和硕士研究生及以上学历从业人员分别占17%和1%。

7. 北京市冷链物流企业信息化情况

应用信息化管理系统可以使企业在合理地规划内部资源的同时，整合其所具有的外部资源，实现供应链优化，达到提高物流运作效率，降低运输成本的目的。当前，在北京市的冷链物流企业中有78%的企业已上线信息化管理系统（见图3-11）。

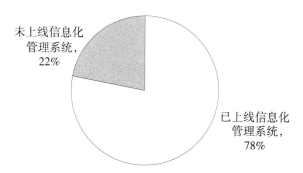

图3-11 北京市冷链物流企业上线信息化管理系统情况

企业中常用的信息化管理系统使用率如图3-12所示，在北京市冷链物流企业中，信息化管理系统使用率较高的是仓库管理系统、运输管理系统、GPS与GIS，使用率分别为85%、81%、74%；信息化管理系统使用率较低的是电子订货系统、货主识别系统、自动分拣系统，使用率分别为22%、22%、15%。使用信息化管理系统的企业中，有44%的企业使用部分外购的系统，41%的企业使用部分自行开发的系统，26%的企业使用部分委托定制的系统。北京市冷链物流企业总体信息化程度较高。

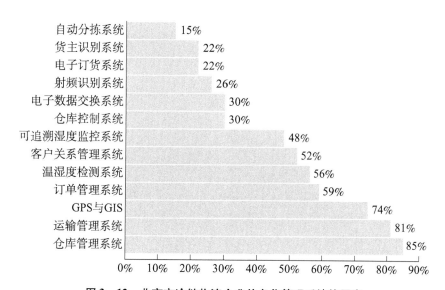

图3-12 北京市冷链物流企业信息化管理系统使用率

部分信息化管理系统未全面普及的企业中，未来计划使用率最高的系统是订单管理系统，达到48%，其次是自动分拣系统和运输管理系统，未来计划使用率均达到41%（见图3-13）。

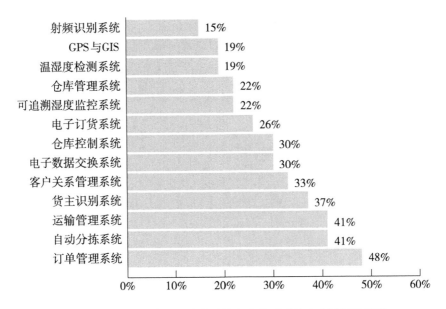

图 3 - 13　北京市冷链物流企业信息化管理系统未来计划使用率

8. 北京市冷链物流安全的影响因素

新冠疫情将冷链物流安全推到了风口浪尖，疫情防控期间国家严查冷链物流安全方面问题。由于冷链物流的特殊性，在冷链物流过程中存在着许多影响物流安全的因素，问卷调查数据显示，人员素质、设施设备配置、安全意识因素位列前三，被调研企业认为这三种是影响冷链物流安全的重要因素，分别占比89%、84%、83%（见图 3 - 14）。

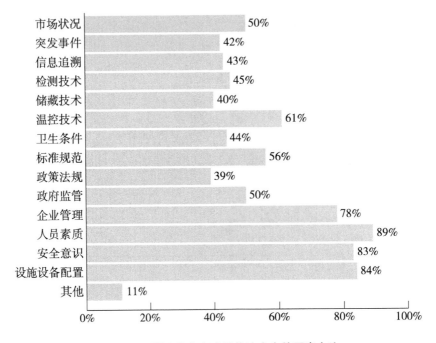

图 3 - 14　影响北京市冷链物流安全的因素占比

（二）北京市冷库情况分析

1. 北京市冷库容量及基本情况

据中冷联盟《全国冷链物流企业分布图》数据显示，2016—2020 年北京市冷库容量一直呈现增长趋势，如图 3 - 15、图 3 - 16 所示。其中，2020 年北京市冷库容量 199.9 万吨，人均冷库容量为 908.3 吨/万人。冷库容量与各地区的经济发展水平和消费能力呈正相关，但因为北京市的特殊性，冷库容量虽然仍旧在增长，但与山东、上海、江苏等省区市的冷库容量相比有一定差距。

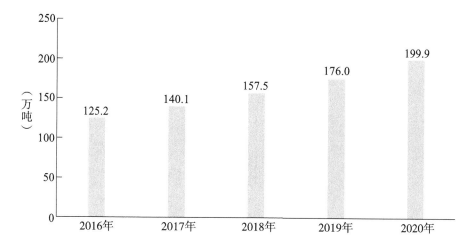

图 3 - 15　2016—2020 年北京市冷库容量

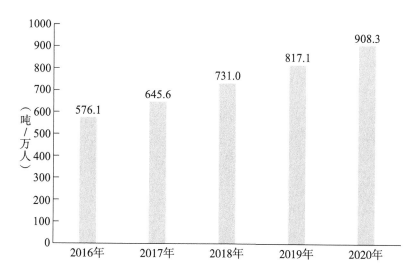

图 3 - 16　2016—2020 年北京市人均冷库容量

根据物联云仓在线冷库数据，2020 年全国冷库平均月租金为 85.27 元/平方米，

较 2019 年冷库平均月租金下降 6.46%，但北京市冷库月租金依旧很高，已达到 117
元/平方米，远远高出全国冷库平均月租金。另外，2020 年北京市冷库空置率为 4%，比
2019 年的 5.33% 有小幅度下降，说明北京市冷库资源依然十分紧缺。2020 年北京市的冷
库面积有了大幅的增长，从中物联冷链委了解到，随着一些新改造的冷库的投入使用和
京津冀一体化后一些客户迁移到北京市周边的冷库，未来北京市冷库的供求不均衡的情
况可以得到缓解，北京市冷库租金有望降低。

2. 北京市冷库分布情况

（1）北京市冷库分布情况。

根据调研及数据统计，北京市冷库主要分布在大兴、顺义、通州、朝阳四个区
域，其占比约 71%。从北京市冷库的规模上看，以库容在 1 万吨以下的中小型冷库
为主，约占冷库总数量的 48%；1 万 ~ 3 万吨的中型冷库占冷库总数量的 31%；3 万
吨以上的大型冷库占冷库总数量的 21%。北京市不同库容的冷库占比如图 3 - 17
所示。

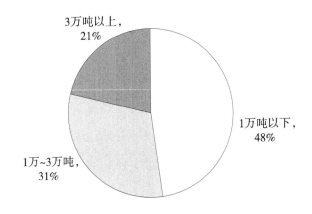

图 3 - 17　北京市不同库容的冷库占比

根据在链库网上进行的不完全统计，到 2020 年，北京市共有 161 个冷库，调研数据
显示，面积为 6000 ~ 12000 平方米的冷库数量最多，共有 42 个，占北京市冷库数量的
26%，面积为 1000 平方米以下的冷库数量最少，共有 22 个，占比 14%。北京市冷库在
其他面积区间的数量分布则较为平均。

（2）北京市冷库区域分布情况。

通过对北京市各区的冷库位置数据进行统计。可以看出，北京市冷库主要分布在如
京津高速、京沪高速、首都机场高速等高速公路附近和一些主要国道沿线，其冷库选址
都聚集在交通便利的地方，便于与从外省调入北京的生鲜农产品等需要冷藏的商品进行
对接。

如图 3 - 18 所示，北京市冷库主要集中在大兴、顺义、通州和朝阳这四个区。同时，

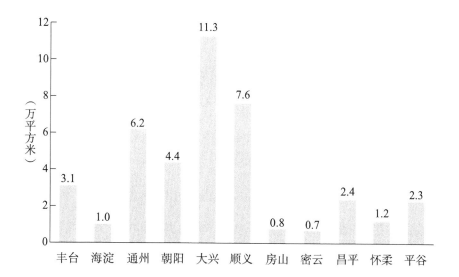

图 3 – 18　2020 年北京市各区冷库面积

据不完全统计北京市五环内冷库出租平均价格为 3.2 ~ 3.5 元/（吨·天）、五环外出租平均价格为 2.2 ~ 2.8 元/（吨·天），五环外的冷库容量约为 140.6 万吨，占比 70.3%，五环内的冷库容量仅有 59.4 万吨，占比 29.7%（见图 3 – 19）。

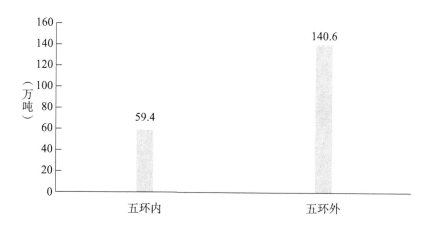

图 3 – 19　北京市五环内外冷库容量比较

3. 北京市冷库功能分布情况

北京市冷库温度类型包括冷藏库、冷冻库、恒温库、多温库以及气调库，各类型冷库占比如图 3 – 20 所示。其中，经营的温度类型包含冷藏库的冷库数量占冷库总数的 61.5%，包含冷冻库的冷库数量占冷库总数的 58.4%，包含恒温库的冷库数量占冷库总数的 22.4%，包含多温库的冷库数量占冷库总数的 8.1%，包含气调库的冷库数量占冷库总数的 5.0%。69% 的冷库包含至少两种温度类型。

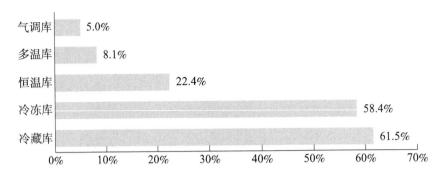

图 3 - 20　北京市不同温度类型冷库占比

冷库中商品的存放形式有货架存放和堆垛存放两种，其中 37.3% 的冷库使用货架存放的形式，21.7% 的冷库使用堆垛存放的形式，28.6% 的冷库两种商品存放形式均有采用。92.31% 的冷库拥有月台，其中 84% 为封闭式低温月台，16% 为常规开放月台。

根据企业调查结果，约有 50% 的北京冷链物流企业拥有自有仓库。其中，50% 的企业冷库用于储存商品，42.3% 的企业冷库用于中转配送，7.7% 的企业冷库用于商品的粗加工中转配送（见图 3 - 21）。

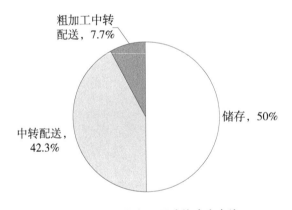

图 3 - 21　北京市不同功能冷库占比

（三）北京市冷链配送车辆现状

冷链运输是冷链物流的重点环节，也是北京市冷链物流企业最主要的业务，其冷链运输设施的配置对北京市冷链物流行业产生很大影响。我国冷链运输方式主要有公路、铁路、海运和航空四种，其中公路冷链运输占据 75%，而公路冷链运输主要依靠冷藏车。根据中物联冷链委发布的资料进行统计，2020 年，北京市冷藏车保有量为 9399 辆，较 2019 年增长 15.3%（见图 3 - 22）；2020 年，北京市每万人冷藏车保有量为 4.3 辆，较 2019 年增长 13.2%（见图 3 - 23），远低于全国 9.4 辆的平均水平。

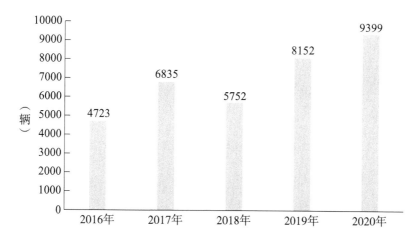

图 3 - 22　2016—2020 年北京市冷藏车保有量

资料来源：中冷联盟。

图 3 - 23　2016—2020 年北京市每万人冷藏车保有量

据问卷调查显示，北京市拥有冷藏车的冷链物流企业中，有 76.9% 的企业使用自有车辆，65.4% 的企业使用租赁车辆，19.2% 的企业使用共有车辆（见图 3 - 24）。有 96.2% 的企业冷藏车运输形式中包含拼车运输，57.7% 的企业包含零担运输，34.6% 的企业包含整车运输（见图 3 - 25）。可见，拼车运输是目前北京市最普遍的运输形式。

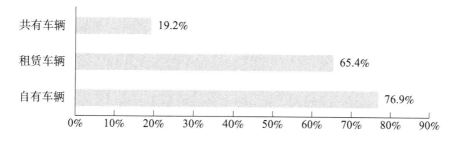

图 3 - 24　北京市冷链物流企业拥有冷藏车形式占比

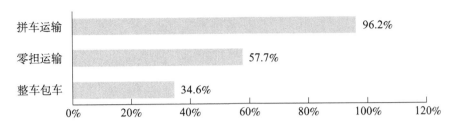

图 3 - 25　北京市冷链物流企业冷藏车运输形式占比

　　冷藏车的平均利用率仍有继续提升的空间。34.6% 的企业冷藏车平均利用率可达到 90% 以上，23.1% 的企业冷藏车平均利用率可达到 80% ~ 90%，23.1% 的企业冷藏车平均利用率可达到 70% ~ 80%（见图 3 - 26）。

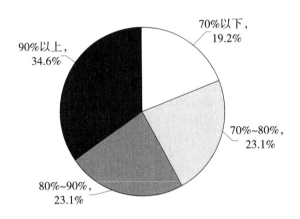

图 3 - 26　北京市冷藏车平均利用率占比

第二节　北京市冷链物流发展环境研究

一、政策引领冷链物流行业健康发展

（一）国家冷链物流发展政策

　　2019 年党中央发布了多项与冷链物流相关的政策，政策主要集中于农产品冷链物流网络建设，鼓励冷链企业标准化、规模化、创新化发展，冷链技术创新，冷链市场优化等方面的规定。2020 年我国全面进入小康社会，人民对生活水平的质量需求也逐渐提高。冷链物流在保障食品和药品质量方面发挥了重要作用。由于政府对冷链物流的高度重视，国家出台了各类冷链物流相关政策，从多个维度来引领冷链物流行业的健康发展。为弥补冷链物流设施的短板，国家发展改革委印发《关于做好 2020 年国家骨干冷链物流基地建设工作的通知》，公布 2020 年 17 个国家骨干冷链物流基地建设名单。其中，北京市平谷区也位列其中，平谷国家骨干冷链物流基地的落实，将为北京市冷链物流行业提供示范引领的作用，促进业务流程和经营模式的创新。2020年我国冷链物流相关政策如表 3 - 2 所示。

表 3 - 2   2020 年我国冷链物流相关政策

序号	发文时间	发文机关	文件名称	主要内容
1	2020 年 2 月	中共中央、国务院	《中共中央 国务院关于抓好"三农"领域重点工作确保如期实现全面小康的意见》	加强农产品冷链物流统筹规划、分级布局和标准制定。安排中央预算内投资，支持建设一批骨干冷链物流基地
2	2020 年 3 月	市场监管总局	《市场监管总局关于加强冷藏冷冻食品质量安全管理的公告》	加强冷藏冷冻食品在贮存运输过程中质量安全管理，具体提出了更加严格的管理要求
3	2020 年 6 月	国家发展改革委	《关于进一步优化发展环境促进生鲜农产品流通的实施意见》	加强政府公益性配套，着力补齐生鲜农产品流通设施短板，按照公益性设施给予一定比例的配套支持
4	2020 年 6 月	国家发展改革委、交通运输部	《关于进一步降低物流成本的实施意见》	进一步降低物流成本、提升物流效率，加快恢复生产生活秩序，并提出六个方面的意见
5	2020 年 6 月	农业农村部办公厅	《农业农村部办公厅关于进一步加强农产品仓储保鲜冷链设施建设工作的通知》	进一步推进农产品仓储保鲜冷链设施建设工作，规范过程管理，加大政策支持，注重监督管理，优化指导服务，最大限度发挥政策效益

（二）北京市冷链物流发展政策

《北京市"十三五"时期物流业发展规划》对北京市冷链行业提出了更高的要求，并伴随着"疏解非首都功能""京津冀一体化""减量发展"等重要政策方向，更好地推动北京市冷链物流发展。2019—2020 年北京市冷链物流相关政策如表 3 - 3 所示。

表 3-3   2019—2020 年北京市冷链物流相关政策

序号	发文时间	发文机关	文件名称	主要内容
1	2019 年 6 月	中共北京市委、北京市人民政府	《关于落实农业农村优先发展扎实推进乡村振兴战略实施的工作方案》	加强乡村流通现代化建设。打造线上线下相结合的乡村流通新模式。引导和支持品牌连锁企业将服务网点和服务功能向乡村延伸，提高农产品冷链流通率
2	2020 年 6 月	北京市卫生健康委员会	《2020 年北京市疾病预防控制工作要点》	完善北京市疫苗冷链储存管理、疫苗配送管理等各项疫苗管理制度
3	2020 年 7 月	北京市疾病预防控制中心	《进口冷链食品防疫指引》	加强冷链食品及储存运输环节的预防性消毒

除此之外，河北省商务厅、河北省质量技术监督局联合天津市商务委、天津市市场和质量监督管理委员会、北京市商务委、北京市质量技术监督局等共同组织制定 8 项京津冀冷链物流区域协同标准，于 2018 年 6 月 1 日起正式实施。该系列标准的实施将促进冷链物流规范化、标准化发展，标志着京津冀物流一体化取得新成就。标准包括《冷链物流冷库技术规范》《冷链物流运输车辆设备要求》《冷链物流温湿度要求与测量方法》《畜禽肉冷链物流操作规程》《果蔬冷链物流操作规程》《水产品冷链物流操作规程》《低温食品储运温控技术要求》《低温食品冷链物流履历追溯管理规范》。这是冷链物流储、运、销一体化的系列标准，体现了新的理念，具有超前性和可操作性，对促进冷链物流规范化、标准化发展起到重要作用。

二、社会环境激发冷链物流潜力

（一）城镇化水平

2020 年北京市的常住人口为 2189.3 万人，自 2017 年始北京市常住人口减少，常住人口增长率为负数。一般来看，影响常住人口变化的几个因素包括就业、工资和生活成本。北京常住人口减少是北京市主动疏解非首都功能的结果，这既符合北京构建"高精尖"高质量发展的产业结构的趋势，也符合北京作为全国政治中心、文化中心、国际交往中心、科技创新中心的功能定位。在这样的定位下，以北京动物园批发市场、大红门批发市场为代表的劳动密集型传统行业向外疏解，一定程度上影响了常住人口的变化。此外，北京过高的房价、物价也是常住人口减少的原因之一。

北京市的常住人口城乡分布中，城镇人口不断增加，乡村人口不断减少，城镇化率不断提高。国外冷链物流经验表明，城镇化水平的提高有利于冷链物流的加速发展，城镇化率的提高会带来消费结构的升级。由于北京特殊的政治经济地位，城镇化水平将在一段时间内继续提升，因而未来北京市冷链物流市场潜力巨大。

（二）居民消费支出

近年来人均可支配收入不断增加，人均消费支出也不断增加（见图 3 – 27）。在人均消费支出构成当中，食品烟酒支出位居第二，仅次于居住支出（见图 3 – 28），而居民在食品方面的消费支出为冷链物流市场提供了最基本的需求和动力。

图 3 – 27　2016—2020 年北京市人均可支配收入及增速

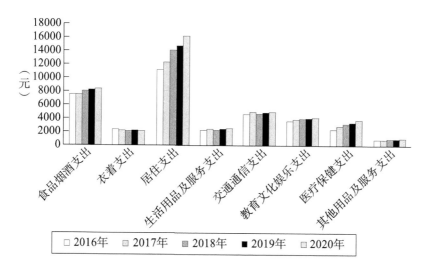

图 3 – 28　2016—2020 年北京市人均消费支出构成

三、技术助力冷链物流发展

北京市人口密集、人均消费水平高，其冷链市场具有相当大的发展潜力。冷链物流技术作为贯穿整个冷链物流流程的关键，其技术的种类、需求和操作难度都远比普通物流要求高。在冷链物流技术方面，我国还有着较大的进步空间，冷链物流技术的发展是北京市发展生鲜产业和医药产业的助力。新冠疫情的出现，可以看出冷链物流技术对于保障食品、药品安全的重要程度。

第三节　北京市冷链物流发展现存问题分析

一、缺乏冷链物流专业人员

受新冠疫情影响，各省区市地区交通管制，使得企业员工返岗难，加之人才流失季的到来，北京市不少冷链物流企业表示人员招聘较困难。此外，开设冷链物流专业的高校相对较少，从根本上不能满足大规模专业化人才的需求。

二、冷链物流信息化水平不高

与普通商品不同，农产品具备较强的季节性和地域性，因此在产销环节上必须保证相关信息的快速、高效流通，如此才能够保证冷链物流的经济效益。信息化技术应用不足是导致农产品信息传递不及时的最主要原因，因此影响农产品冷链物流效率的主要原因是缺乏较高水平的信息化技术。目前在北京市的冷链物流企业中仍有约四分之一的企业还未上线信息管理系统。此外，信息平台少、信息更新不及时、信息失真等现象仍然存在，北京市冷链物流信息化网络系统还有待完善。

三、冷链物流企业运营存在安全隐患

冷链物流企业运营的安全问题也会影响着北京市冷链物流的发展，目前北京市冷链物流企业存在的安全隐患问题主要有以下三点。

（一）员工安全意识淡薄

冷链物流企业运营中安全隐患的产生除了一些客观因素，还存在着人为因素，如违反安全操作规则和规章制度，员工不具备相关专业的知识和技术背景，企业对员工的安全宣传教育及培训不到位，员工的安全意识较低等问题。其次，由于冷链物流的特殊性，冷链物流运营过程中的一些岗位，对文化程度有一定的要求，如班组长或一些制冷机操作维修工等。文化程度不高会影响这些岗位职责的履行，安全信息沟通和交流的不及时、不通畅，也容易导致安全事故发生，人员素质也有待提高。

（二）冷链设施设备安全隐患较大

冷藏设备的日常维护是保证制冷安全的基础，一些企业冷链基础设施陈旧且没有对冷链设施设备进行定期的维护和保养，或冷链设施设备操作规范不明确，这些都是导致冷链设施设备出现安全隐患的原因。

（三）容易受到突发事件的影响

此次北京新发地新冠疫情的规模性暴发暴露了我国在冷链物流环节的诸多弊端，影响着企业运营的安全，如冷链不冷，"门到门"的封闭性不够等。同时气候、地震及其他自然灾害等不可抗力因素也对冷链企业运营的安全性存在着一定影响。

四、冷链物流要素供给难，获取成本高

（一）冷库供给量不足，租金高

北京市冷库近年来由于疏解非首都功能的政策实施，北京市对于土地与仓库的管理越来越严格，北京行政区域范围内的冷库需求量没有得到满足，特别是流通型冷库供给量不足，导致北京一库难求，尤其是具备相关手续资质的更是难以获取。这造成了北京市冷库供给短缺以及价格的快速上涨。北京市符合国家标准的物流园区和库房较少，这不仅限制了企业的发展，而且租赁价格据粗略统计也较三年之前翻了一番。从全国范围来看，北京市冷库的月租金明显偏高。

（二）交通方面限制严格

由于新冠疫情的大面积暴发，加之病毒人传人的特点，北京市在限制通行方面较其他城市更为严格。在这种情形下，北京市冷藏车平均保有量增加较难。对于运输行业来说，配送成本增加，货车限行区域扩大，也使得北京市冷链物流企业配送运输业务受到一定影响，配送难度增大，运输时效受到极大影响，冷链物流运输成本提高。

（三）人工成本高

北京市作为一线城市，人均工资远高于其他城市。与其他行业相比，在总体上我国物流行业招工情况一般，基层员工招聘较容易但专业化水平和员工素质参差不齐，高素质人才缺乏，由于冷链作业环境特殊，涉及过程较为烦琐，因此冷链物流从业人员流动性较大。

第四节　北京市冷链物流发展对策及建议

一、培养和引进冷链物流专业人才

一方面，应重视对直接参与冷链物流的公司职员、冷链管理人员、冷藏车货运司机等人员的培训。加强对冷链食品保鲜知识、设备维护和信息技术应用的培训，可以直接减少冷链食品的货损率，确保冷链食品的质量。另一方面，高等教育应加强冷链物流、食品储运、机械制冷、电子商务、包装印刷、化学工程和电子信息等领域的人才培养。此外，我们可以引进国内外知名专家为公司提供指导，并为各个领域的专业人员提供交流和学习的机会，促进冷链物流各方面人才的联系和交流。

二、提高北京市冷链物流企业信息化水平

相关企业应该在政府的指导下积极构建并完善冷链物流物流信息平台，要对冷链食品供应链上的各个环节进行信息监控和管理，政府或相关部门应积极推动冷链物流信息化发展，促进物流信息公开与共享。完善冷链物流追溯体系，要积极引入无线射频识别技术、卫星定位技术、条形码技术等，构建智慧物流体系，实现冷链食品"可追溯"，实时掌控冷链食品在冷链物流环节的状态，减少冷链食品的耗损率。同时提高北京市冷链物流管理的现代化水平，以保证冷链物流运转工作高质量落实。

三、培养安全价值观，强化安全防护

中物联冷链委提出了12条推动冷链物流产业成长的建议，其中提到，要借此机会强化对冷链物流过程中的安全防护，推动集约化管理，减少人与货物的接触；要提升企业的组织力和数字化能力，用科技推动行业完成全程可追溯、可视化的工作，更好地进行资源调度。由此可见，冷链物流企业的安全运营将促进北京市冷链物流的快速发展。

四、完善冷链物流相关政策，加大扶持力度

新冠疫情对于北京市冷链物流行业存在一定程度上的影响。北京市政府应充分了解和整合企业因受疫情、政策等方面影响造成的业务下滑和发展受限等情况，出台相关扶持政策，为企业提供更多政策福利，如实施租金减免、税务减免政策以及为仓储基地的

项目建设时提供土地、资金等方面的政策优惠。另外，由于北京市限行政策的限制，北京市冷链物流企业车辆通行证办理困难，政府应放开对冷链物流企业的一些政策限制，如增加特殊行业通行证的数量。

由于生鲜电商的快速发展，政府应加大市场监管力度，提高监管质量；提高相关企业冷链配送资质标准，严格要求食品、药品等的冷链配送业务由有冷链配送资质的企业完成，加大冷链配送安全性，保障食品和药品的安全。

第四章

北京市空港物流枢纽发展现状与对策

第一节　空港物流枢纽发展理论

一、空港物流枢纽经济的基本内涵

随着空港物流的发展，众多具有临空偏好的企业为缩短与机场的物理距离，选择在机场周边聚集，促进了空港物流枢纽经济的形成和发展。空港物流枢纽经济是指以航空运输为指向的产业在经济发展中形成具有自我增强机制的聚集效应，不断吸引周边产业的调整与趋同，这些产业在机场周边形成经济发展走廊、临空型制造业产业集群以及各类与航空运输相关的产业集群，进而形成以临空产业为主导、多种产业有机关联的独特经济发展模式。

空港物流枢纽经济区是由于航空运输产生的巨大效应，促使航空港相邻地区及空港走廊沿线地区出现生产、技术、资本、贸易、人口的聚集，从而形成的多功能经济区域。空港物流枢纽经济区以机场为地理中心，由交通沿线向外发散式扩张，它具体存在于一定的地理范围内（通常在以机场为中心，以 10 ~ 15 公里为半径的范围内）。因经济区邻近机场的特殊性，使其在空间结构、产业结构和组织形式等方面有不同于以往经济技术开发区、高新技术产业开发区等特殊经济区的显著特征。

（1）从空间结构来看，空港物流枢纽经济区内的居住区和商务办公区为避免机场的影响，往往在外圈层分布，形成围绕机场以圈层结构展开的环状经济带，而且在通向城市的交通经济沿线也会形成明显的空间分化。

（2）从产业结构来看，空港物流枢纽经济区是以航空物流业为主导产业，以其他配套服务业和对航空物流需求较高的临空产业为主要产业的综合经济区。

（3）从组织形式来看，空港物流枢纽经济区是以航空运输为核心产业的大量企业在机场邻近地区集聚并在企业间形成专业化分工协作的临空产业集群。机场这个特大型企业在临空产业集群中处于绝对的核心地位，大量航空运输业及相关产业的企业围绕机场分布并从事生产活动。

二、空港物流枢纽经济结构

（一）圈层结构

根据空港物流枢纽经济区内不同的经济单元与机场之间的联系紧密程度的不同，机场周边地区通常呈现同心圆式的圈层结构，但这种结构随着机场通往市区的交通干道及联系成本的大小出现不同程度的变形。以国际上机场的空间结构模式为基础，结合临空产业同机场、空港物流的关联度，并考虑空港物流枢纽经济与区域经济的辐射与融合作用，空港物流枢纽经济结构圈层可分为：空港运营圈、紧邻空港圈、空港相邻圈、外围融合圈和外围辐射圈（见图4-1）。

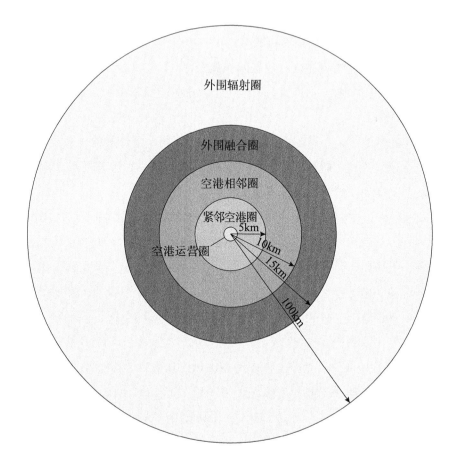

图4-1 临空经济圈层结构

83

1. 空港运营圈

空港运营圈是机场所在地区，其范围通常在机场周边的 1 公里内，主要布局航空产业。包括机场的基础设施和与空港运营相关的行业，如航空食品业、航空维修业、航油航材总部、航空培训中心、飞机后勤服务、旅客服务、航空货运站等，以及航空公司的办事机构，是直接服务于机场各方面的功能区。

2. 紧邻空港圈

紧邻空港圈的范围通常在机场周边的 1~5 公里内。紧邻空港圈主要是空港商业的活动地区，主要布局有空港工业园区、空港物流园区以及出口加工区等。空港物流业在紧邻空港圈内利用机场口岸以及机场周边物流基地的保税功能。另外，航空从业人员的住宅等生活服务设施也分布于这一区域，可发展健康娱乐休闲业。

3. 空港相邻圈

空港相邻圈的范围通常在机场周边的 5~10 公里内，或在空港交通走廊沿线 15 分钟车程范围内，主要发展国际商务会展业，设有航空公司总部、金融保险机构、高科技产业园、会展中心、跨国公司的总部等。

4. 外围融合圈

外围融合圈的范围通常在机场周边的 10~15 公里内。空港物流枢纽经济的影响在这一区间逐步衰减，但区域经济在这一区间影响则逐步增加。空港物流枢纽经济与区域经济在这一层进行融合，空港工业园的上下游配套企业在此圈层布局。

5. 外围辐射圈

外围辐射圈的范围通常在机场周边的 15~100 公里内。空港物流枢纽经济的影响在这一区间将逐步衰减收敛，而腹地经济在这一区间的影响较强，形成了腹地经济与空港物流枢纽经济双向互动的空港一小时经济圈。

新空港临空经济区主要分为核心区、聚集区和辐射区三个圈层。其中，周边 50 公里范围内视为核心区，包括廊坊、固安、永清、涿州和霸州。主要聚焦航空物流（航空物流、综合保税、电子商务）、科技创新（航空基础技术创新、航空器研发、通用航空配套产品研发）等产业。随着交通的便利，产业转移也给永清带来跨越式发展新机遇。河北省正式批复同意将永清工业园区和永清经济开发区整合，设立省级高新技术产业开发区，名称为"北京亦庄·永清高新技术产业开发区"，其定位将基于北京经济技术开发区已形成的"4+4"产业发展格局，充分发挥永清在区域发展上的产业优势，以科技进步为动力，大力培育发展高新技术产业和战略性新兴产业，努力建设成为京津冀合作共建的典范、协同创新的战略高地、实现创新驱动与科学发展的先行区。

随着新空港建设推进，空港对周围地区辐射能力不断扩大，以新空港为核心的又一个庞大的经济圈正在逐步形成。届时新空港区域将发展成为中国的"全球门户"、首都的

"世界客厅"、京津冀的"新增长极"。

（二）链式结构

空港物流枢纽经济在空间布局上呈圈层结构，其内部由于供需关系形成环环紧扣的链条。在供应链基本原理的基础上，对空港物流枢纽经济结构进行延伸分析，构建由产业结构链、采购分销链、物流服务链、金融链、信息链、经济增值链组成的空港物流枢纽经济，空港物流枢纽经济是"六链合一"发展的最终结果。

空港物流枢纽经济的六个子链之间环环相扣，形成不可分割的整体，通过"六链合一"增强空港物流枢纽经济的整体绩效。物流服务链、信息链、金融链是连接产业结构链、采购分销链的重要部分，五链互相作用最终推动经济增值链。

1. 产业结构链

在空港物流枢纽经济区内，分布着与机场联系紧密程度不同的临空产业，主要包括航空产业、空港物流业、临空高新技术产业和先进制造业以及临空知识和信息密集型产业。临空产业之间通过物流服务链、信息链、金融链形成前后向关联的产业结构链。产业结构链是临空系统链式结构中的基础平台，临空产业结构链是空港物流枢纽经济发展的重点，依托临空产业间的关联，其他各个子链才能发挥互动作用（见图 4 - 2）。

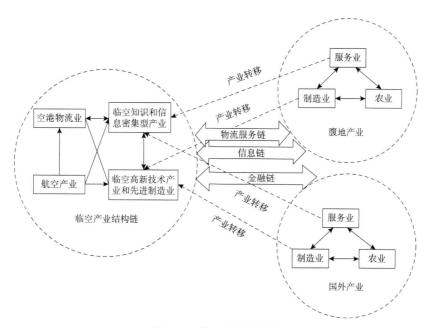

图 4 - 2　临空产业结构链

物流服务链、信息链、金融链连接临空产业与腹地产业，通过三链协同带动腹地的高新技术产业和先进制造业在空港物流枢纽经济区聚集，形成产业集群，降低交易费用，通过知识共享和知识溢出创造新经济增长极，同时优化区域产业结构。三链连接着临空产业和全球各国的产业，空港物流枢纽经济区的资源优势可促成国际产业转移，从而优化全球产业结构。

2. 采购分销链

采购和分销是供应链中非常重要的两个流通环节。采购分销链反映市场需求，其中包括空港物流枢纽经济区内需求、腹地需求和国际需求。随着供应链管理模式发展，企业目标转变为将整个供应链上所有环节的市场、采购活动、制造过程和分销网络联系起来，实现高水平服务与低成本运作。通过物流服务链、信息链、金融链整合空港物流枢纽经济区、腹地和国际的采购分销活动，使得空港物流枢纽经济区内企业采购分销链与腹地经济和全球经济快速对接，加快周转率，缩短产品周期，提高空港物流枢纽经济区内产业的竞争力。

3. 物流服务链、金融链和信息链

物流服务链是空港物流枢纽经济的重要组成部分，通过物流服务空港物流枢纽经济区、腹地与全球的物质实际交换获得价值，因此物流服务链在系统中起反映绩效的作用。信息链贯穿于产业链和采购分销链，同时也对物流服务链与金融链有重要的影响。空港物流枢纽经济以知识性、技术性、快速性为特点，信息链在空港物流枢纽经济中将起增强反馈的作用。金融链为产业结构链、采购分销链、物流服务链、信息链的运转提供资金服务，加快资金的周转和再生产的开展，优化资源配置。空港物流枢纽经济区是内贸与外贸非常频繁的地区之一，临空产业多为高新科技产业，其经营风险较高，空港物流运送货物多具有高附加值、高时效性，风险较大，因此金融链在空港物流枢纽经济中起分散风险的作用。物流、信息流和资金流的协同，是空港物流枢纽经济发展的动力。根据信息流及时调整物流策略，构成空港物流枢纽经济的竞争力，实现物流成本的降低、物流绩效的增强，占据高端物流市场。

4. 经济增值链

空港物流枢纽经济系统的增值是空港物流枢纽经济链的目标，空港物流枢纽经济增值是产业结构合理，采购制造分销顺畅，物流、信息流和资金流高度协同推动的结果，是系统整体的增值，而不是某环节的增值。空港物流枢纽经济增长极效应能带动区域经济系统的增值，包括拉动地区生产总值的增加、税收财政的增加、投资的扩大、就业的增长。经济增值链的动力机制如图4-3所示。

三、空港物流枢纽经济形成与发展的动力机制

（一）动力机制

空港物流枢纽经济发展的动力机制可以从微观、中观和宏观三个层次进行归纳。以机场的发展为原始动力、以空港物流和客流为载体，推动企业在空港周边聚集，旅客在

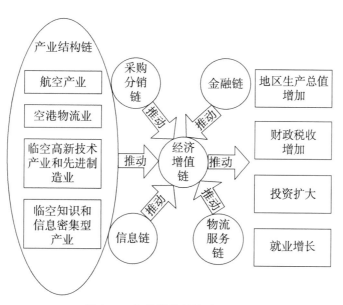

图 4 - 3　经济增值链的动力机制

空港周边区域消费。空港物流业随着机场货运量上升而形成并发展，具有临空偏好的高附加值制造企业依托空港物流业聚集为其提供快捷低成本的空港物流服务，在临空地区聚集形成了临空高附加值工业。旅客的增多推动机场附近服务业（如商贸、旅游、会展、金融等）的发展，形成临空服务业。在中观层面，临空高附加值工业、空港物流业、临空现代服务业是连通全球供应链的重要节点，推动临空经济的发展。在宏观层面，临空经济的发展能带动中高附加值产品的全球流通，带动全球智力要素流动与知识经济的进一步发展，以此拉动腹地区域经济的发展；而庞大的腹地经济总量、消费需求、生产需求、流通需求则为空港物流枢纽经济的发展提供总量支撑，两者互相提供发展的空间（见图4 - 4）。

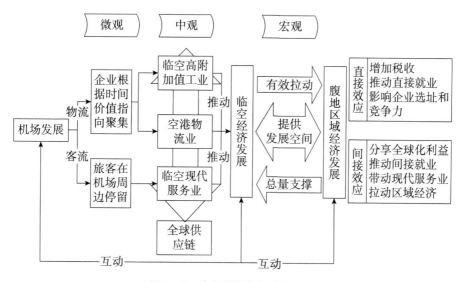

图 4 - 4　临空经济发展动力机制

一是从微观角度，随着全球经济一体化的深入，基于时间竞争使得某些企业的区位偏好发生改变，由原来的运费指向、供给指向、市场指向转变成时间价值指向，时间价值成为影响企业区位选择的重要因素。产品的生命周期较短，只有迅速占领市场，才能获得高额利润，因此产品对运输的要求也相对提高。而航空运输快速、安全的优势满足了企业的需求，企业的区位决策目标指向机场周边地区。这使得区域生产要素的聚集和扩散行为变得通达而迅捷，加速了区域能量流与物质流的流动。因此，在新的经济环境下产生的企业区位需求是空港物流枢纽经济产生动因之一。

二是从中观角度，空港及空港物流枢纽经济产业的物流、资金流和信息流规模扩大给机场提供了一种快速安全的交通方式和遍布全球的航空网络，这种资源是空港物流枢纽经济区所占有的独特资源，无法在区域之间流动，其他区域无法仿制，从而形成空港物流枢纽经济产业存在的独特性和垄断性。因此机场的产生和发展是空港物流枢纽经济产生的根本动因，缺少机场作用的经济模式不能界定为空港物流枢纽经济。但并不是所有的机场都能带动空港物流枢纽经济，中心机场的客流量和货流量必须达到一定的程度，这个地区才会形成空港物流枢纽经济。

三是从宏观角度，空港所在国家和城市的经济在较长一段时间内持续快速发展才能形成空港物流枢纽经济。进入后工业化时代空港物流枢纽经济才得到真正发展，空港物流枢纽经济的出现表明一个国家或地区的经济已达到较高的水平。只有进入工业化加速的时期，人民生活摆脱贫困、进入小康的时候才可以谈空港物流枢纽经济发展的社会、经济、文化条件，否则可能只有航空现象，但根本谈不上空港物流枢纽经济。2020 年北京市实现地区生产总值（GDP）3.59 万亿元，因此北京空港物流枢纽经济发展潜力巨大。

（二）空港物流枢纽经济与空港物流的互动关系

机场与空港物流推动空港物流枢纽经济的形成与发展，空港物流以其高时效性、全球可达性来提升产业价值链的整体价值。时效要求高、生产要素全球化分布、原材料和零部件与成品航空适运性强的企业在区位选择中为缩短与机场的物理距离，选择在机场周边布局并形成聚集效应，是空港物流枢纽经济形成的重要因素。

空港物流枢纽经济的发展以空港为核心，带动空港周边地区经济发展，继而向腹地经济辐射。根据空港物流枢纽经济发展历程，随着临空产业链条不断延伸、产业融合发展，空港物流枢纽经济区高端产业集聚能力将不断增强。空港物流枢纽经济集中了高知识性、高附加值、高技术的产业，是人流、物流、资金流和信息流的聚集区域，成为区域经济发展的增长极。在发展的初级阶段，极化效应是主要的，极化效应促成各种生产要素向空港物流枢纽经济增长极聚集。航空运输业吸引物流业聚集，物流业吸引先进制造业聚集，形成发展速度高于周边的区域经济的空港物流枢纽经济；当增长极发展到程度后，极化效应削弱，扩散效应加强，促成各种生产要素从增长极向周围不发达地区的扩散，当空港物流枢纽经济发展到成熟阶段，其人流、物流、信息流优势开始向区域扩散，从而带动区域经济整体水平的提升。

空港物流枢纽经济带动区域经济结构、产业结构的改变，又进一步影响物流需求。空港物流枢纽经济与区域经济的发展支撑空港物流量的增加，使空港物流形成专业化运作与规模经济，从而降低空港物流成本。广州航空物流业为广州经济提供了良好的服务，广州经济的增长为广州航空物流业的发展提供了基础，彼此互动发展形成正反馈。经济总量增加，一方面政府对空港物流的固定资产投资额增大，在刺激物流需求增长的同时，也扩大了空港物流供给能力，另一方面物流企业根据市场需求，对物流设施、设备、物流技术、物流管理等方面进行改进与整合，提高自身的服务能力，从而提高了空港物流供给能力。随着临空高新技术产业产值与产量的增加，对物流的需求有数量与结构的改变，高附加值、重量轻的物品空港物流需求增加，刺激航空货运量的增长。

四、空港物流枢纽发展促进区域产业结构优化的机理

（一）空港物流枢纽的扩散效应与区域产业结构优化

1. 加速产业优胜劣汰

根据区域经济发展增长极理论，在经济增长过程中，由于不同产业的增长速度不相同，空港物流枢纽周边的产业中增长较快的产业将发展成为主导产业和创新产业，这些主导产业及创新产业在空间上集聚，同时在产业园区内会形成优胜劣汰的机制，具有竞争力优势的企业逐渐被吸引至集群内，处于竞争劣势的企业将被淘汰。

2. 促进产业转型升级

随着空港物流枢纽的进一步发展，临空先导产业从传统的制造业向技术资本密集型的高新技术产业过渡，基础配套设施的完善，使得空港物流枢纽与空港物流枢纽经济区"港—产—城"融合密切。同时空港物流枢纽的特征使得高端要素加速集聚，要素之间的流动增多，产业转型加快。

总结来看，空港物流枢纽的扩散效应主要体现在其对辐射区的影响宽度与深度上。宽度即指空港物流枢纽会扩散到更多有关联性的产业门类，产业多元化特征明显，产业与其关联产业形成规模经济。深度即指区域经济嵌入机场后，航空运输服务业的快速发展带动高端要素的流动，促进产业的优化。空港物流枢纽通过扩散效应以及自身的发展带动其他产业和周围腹地的发展。

（二）空港物流枢纽的集聚效应与区域产业结构优化

1. 空港物流枢纽的规模效应

机场客流量、货运量的增长，航线、通航点的扩张，航站的改扩建、空港基础设施的改善，将形成巨大的规模效应，降低运输成本，提高货物的通行效率，进而推动更多的企业选择离空港型国家物流枢纽较近的地方布局。航空运输的发展为经济要素的高速流动提供了发展基础，其一是航空枢纽对周边产业结构有一定的选择性，根据影响力的强弱布局航空核心产业、航空关联产业、航空引致产业；其二是航空枢纽所在区域的产业结构优化是逐步完成的，航空运输能力的提升带来巨大的客货流量，信息汇聚，商业机会增多，金融机构、商务会展、企业总部等近港选址，推动高端商务活动的交流，打造空港品牌，进一步推进相关配套设施建设与服务业集群；其三是主导产业逐渐在近港区内形成，航空运输业是空港物流枢纽的核心产业，随着航空运力的增强，客货流的增多，与之有关联的航空服务业不断聚集，产业链逐渐延伸。

2. 主导产业的集聚效应

空港物流枢纽产业集群化发展主要依托主导产业，通过产业生态链的延伸和大量相关配套服务企业的空间集聚，实现产业集群化发展，加强枢纽产业集群内外部规模性，推进航空产业集聚发展，进而形成航空业全产业链。

（三）空港物流枢纽的网络效应与区域产业结构优化

空港物流枢纽的网络效应主要包含两方面的内容：一是以机场为核心的综合交通网络效应，二是以产业之间的相互关联形成产业内及产业间交织的产业网络效应。产业网络效应使产业链上下游及产业间与交通系统协调发展，使交通运输与各关联产业形成一个有机的生态整体，支撑着空港物流枢纽成为联系国际与国内市场的桥梁和纽带。

1. 以机场为核心的综合交通网络效应

综合交通网络的建成，有助于改善机场周围的交通情况，有效解决交通拥堵问题。多式联运立体化交通系统和机场的无缝连接，为实现"空空连接、空地连接、地地连接"提供了可能。对航空货运来说，提高了货物运输效率，缩短了产业链各环节之间的距离，从而为企业降低了时间成本、提高了产品竞争力；对航空客运来说，节省了乘客换乘的时间成本，提高了通关效率。综合交通网络的建设为航空物流的发展提供了完备的硬件条件，从基础设施的角度支持并提升空港物流枢纽经济区的核心竞争力。

2. 以产业之间的相互关联形成产业内及产业间交织的产业网络效应

产业链上下游及产业间形成的网络结构，包含了规模效应、技术溢出效应、产业梯度转移效应等。空港物流枢纽内主导产业集群的发展将带动产业链上游和下游相关联产业集聚，专业化程度加强，从而促进技术创新，提高劳动生产效率与企业管理效率，获得规模经济带来的益处，同时在产业间及外围配套产业中形成溢出效应。

第二节　空港物流枢纽发展实践

一、空港物流枢纽经济区的发展阶段

空港物流枢纽经济在发展中不断呈现高端化的特点。在空港物流与区域经济不断互动的过程中，空港经济的门户功能不断提升，由单一的客运转为客运为主、货运为辅，进一步发展成为客货运并重，并出现了以客货运为载体的信息流、资金流为目标的趋势。功能承载空间不断扩大，由最初以运输为主转变为空港与周边临空工业园的复合体，进一步发展成为综合的空港城，继而与城市功能融合程度逐渐增强，发展为空港都会区。基本上可以把空港物流枢纽经济的发展按空间形态、门户要素、联动区域、空港运营、产业发展、地面交通等要素划分为四个不同的阶段，如表 4 – 1 所示。

表 4 – 1　　　　　　　　　　　临空经济发展阶段和特征

发展阶段	空间形态	门户要素	联动区域	空港运营	产业发展	地面交通
第一阶段	空港	单一客运	空港所在城区	以客流集结疏散为主的单一功能空港	以航空服务业为主	机场与主城区之间点到点的单一公路交通联系
第二阶段	空港和周边临空工业园	客运为主，货运为辅	空港所在城区	形成客运、物流集结疏散的综合性空港	以航空服务业和临空制造业为主	机场和主城区及周边城市之间高速公路、快速路、地铁等多式联运网络
第三阶段	空港城	客运、货运并重	空港城所在城区	形成集客货流集结疏散、娱乐购物、休闲会客等功能于一体的多元化空港	空港物流业、高新技术与先进制造业成为带动型产业，生产性服务业功能不断增强	联系区域城市群的、以空港为枢纽的多式联运快捷交通网络
第四阶段	空港都会区	以客货为载体的信息流、资金流	以空港联系的全球重要经济区	衍生产业高度发达，并与都市其他产业融合发展	高端服务、研发创意和休闲竞技成为临空产业的主要环节	以机场为枢纽、城市中心区为节点，形成多式联运的区域性、智能型快捷交通网络

（一）起步阶段

在起步阶段，空港物流枢纽经济区开始形成与初步发展，由原来孤立的交通集散场所发展为有一定规模的产业集群。基础性动力（即机场的驱动作用）是此阶段空港物流枢纽经济区的主要发展动力，航空运输业本身具有一定的复杂性，需要多种上下游产业进行配套协同，因而吸引了一些相关产业在机场周边聚集。

这一阶段，产业以航空运输业本身的上下游产业为主，主要包括：机场运营相关产业（如空中管制机构、航空公司等），航空维护相关产业（如飞机燃料航材设备制造、飞机维修等），航空货运物流业（检验检疫、物流、仓储、配送等）和基本的航空客运服务业（商业商务服务、酒店餐饮等）。这些产业基于航空运输的实际需要而产生，一般位于空港运营区，以方便随时为航空运输和机场运营提供服务，这类产业空间结构相对简单，主要在小范围内集中式布局，机场的建设规模和客货吞吐量会直接影响到这些产业的用地规模。外围产业临空指向性较低，在机场周边零散分布，相互之间较为独立，缺乏关联。

在起步阶段，区域对空港物流枢纽经济区的影响大于空港物流枢纽经济区的反作用力，区域的发展带动了机场航线网络的建设与航空吞吐量的增长；空港物流枢纽经济区也开始反作用于区域，如航空运输相关产业会直接带来一定收益与就业岗位，机场作为一种基础设施，对城市产业发展起到了一定的支撑作用。起步阶段特征如表4-2所示。

表4-2　　　　　　　　　　空港物流枢纽经济区起步阶段特征

发展阶段	基于航空运输实际需要而形成产业集群的阶段	
主要发展动力	基础性动力（机场的驱动作用）	
主要产业类型	航空运输上下游产业	
产业空间布局	与区域的相互关系	
航空运输相关产业在空港运营区集中布局；其他产业在机场外围零散分布，相互独立	区域对空港物流枢纽经济区的影响大于空港物流枢纽经济区的反作用	
代表园区	我国绝大部分空港物流枢纽经济区处于此阶段，如天津滨海新区临空产业区、长沙黄花国际机场空港物流枢纽经济区	

（二）成长阶段

随着航空客货流量不断增长，航空网络的覆盖面进一步拓展，机场的集聚和扩散功能增强，此时，空港物流枢纽经济区开始显现出向外拓展的趋势，发展进入成长阶段。

机场的驱动力在此阶段仍起到重要作用，一些临空指向性产业基于时间成本选择在机场周边发展；而一些外源性动力的影响也逐步显现，如政府需要搭建更好的发展的平台，进行必要的制度安排，从而吸引企业入驻；同时内生性动力开始发挥作用，产业初步发展带来了一定的集聚效应，航空物流业发展带来了综合运输成本的下降，在此基础上，产业链不断延伸和拓展，各产业间的关联更加紧密，一些配套产业开始补充进驻，产业体系不断完善，产业集群逐步形成。

这一阶段，产业结构向价值链高端转移，产业以临空指向性较强的高新技术产业、现代制造业为主；其上下游的生产服务业如商务、金融、会展、总部经济等产业也迅速发展，成为重要组成部分。新增产业开始分布在紧邻空港区，逐步向空港相邻地区拓展，空港物流枢纽经济的圈层结构逐步形成。

空港物流枢纽经济区对区域经济发展的影响进一步加强，航空运输促进了人、物、资金和信息在区域间快速流动，提高了区域的开放程度，提升了对外投资的吸引力。空港物流枢纽经济区与其所在区域在功能上有共融的趋势，区域与空港物流枢纽经济区直接的相互影响达到一个相对平衡的状态。成长阶段特征如表 4 - 3 所示。

表 4 - 3 　　　　　　　　　　空港物流枢纽经济区成长阶段特征

发展阶段	临空指向性产业集群式发展阶段
主要发展动力	基础性动力、外源性动力、内生性动力共同作用
主要产业类型	高新技术产业、现代制造业及其相关服务业
产业空间布局	产业主要位于紧邻空港区、空港相邻区，产业集群逐步形成，圈层结构逐步形成
与区域的相互关系	区域与空港物流枢纽经济区之间的相互影响达到一个相对平衡的状态
代表园区	我国一些发展较好的空港物流枢纽经济区，如北京顺义空港物流枢纽经济区、广州花都空港经济区等

（三）成熟阶段

在多种动力机制的作用下，临空产业集群逐渐开始成熟，其内部要素与产业多样化发展到一定程度后，城市经济开始发展。机场驱动力在继续发挥作用，但是其影响程度在整体作用中的比重相对减弱，内生性动力开始发挥主导作用，创新成为空港物流枢纽经济区的核心竞争力。

在此阶段，群簇式产业集群开始形成，主要包括航空运输、高新技术、先进制造、现代物流、现代服务业等产业板块；空港物流枢纽经济区与市区之间的地面交通逐步完善，娱乐、购物、房地产、生活休闲、旅游文化等具有城市经济特点的生活配套设施进一步发展，形成了新的都市区。各产业集群及各圈层间产业形成了有效的互动关系，空港物流枢纽经济进入可持续发展阶段。新增产业主要分布在空港外围辐射区，其用地规模较大，机场就业人口和居住人口达到相当规模。

此阶段空港物流枢纽经济区的特点是功能多元化、产业集群化和空间城市化。空港物流枢纽经济区成为城市新的增长极，在为城市吸引外商投资、缓解主城区的交通拥堵情况、降低城市土地平均价格、带动城市经济发展、优化城市空间结构等方面起到很大作用。成熟阶段特征如表4-4所示。

表4-4　　　　　　　　　　　　空港物流枢纽经济区成熟阶段特征

发展阶段	知识创新型城市经济发展势态
主要发展动力	内生性动力（创新）
主要产业类型	多元化产业集群
产业空间布局	空港物流枢纽经济区内逐渐形成相互关联、网络化、城市化的产业簇群
与区域的相互关系	空港物流枢纽经济区成为区域新的增长极，与区域一体化发展
代表园区	孟菲斯航空城、法兰克福航空城、史基浦航空城、仁川机场空港城

二、空港物流枢纽的发展趋势

（一）园区规划向国家级航空枢纽方向发展

传统航空物流园区规划均以依托停机坪建设航空货运站为主，辅以层级布局的相应规模的货运代理库，形成站、库结合的物流建筑群。站、库分界清晰，功能清晰明确，相互之间不具备功能转换条件。物流作业必须由货运代理库出库，抵达航空货运站后，实施运单申报、安检查验，这一过程要进行两次装卸车作业，导致物流作业成本高、效率低。同时随着航空货运年吞吐量的增长，园区必须对航空货运站进行翻建、改建和扩建，从规划建设层面造成建造运维成本增加，从作业流程层面造成原有形成的作业流程与改扩建流程多点作业、匹配度不合理的冲突，形成了多家代理库对多个航空货运站交叉、交错的复杂流线局面，再次增大了物流运营和作业成本，降低了作业效率。

对标国家级物流枢纽基本要素及功能要求，将站、库的建筑要素通过内部封闭联络道进行物流专业整合，在不违反安防规范前提下，使站、库之间使用功能具备柔性转换条件，形成以高效物流作业为核心的物流建筑群，具备发展成一体化管理运营的航空货运航站楼条件。如在物流建筑群中嵌入具备集、疏、配、分、送等功能的多式联运场站，以卡车航班为纽带，即可实现在航空物流园区不落地的空、铁、水、陆多式联运及转运，对标并实现了国家级物流枢纽功能及要求，实现了一次规划分期实施，紧贴市场转换功能，流程流线科学合理，最大限度实现释放航空运输通达能力资源的目标。

（二）园区规划向土地集约化方向发展

随着土地资源供给紧张，航空货运基础设施向立体化、多层化方向发展是必然趋势。如果采用传统的双层、多层物流建筑，出入库作业必须依托首层开面要素，多层间的垂直运输既是效率瓶颈更是成本瓶颈，物流建筑的高峰吞吐能力被严重制约。而创新的双首层物流建筑，使出入库作业开面要素被按需放大，多层间的垂直运输变成灵活调配的辅助配套，物流作业流程更加灵活，物流建筑的高峰吞吐能力大幅提升。同时园区规划、建设及发展更加柔性化，大幅提高土地利用率，引领了航空物流园区规划向土地集约化、储存立体化、作业自动化和管理智能化方向发展。

（三）推动海关特殊监管区域的港、区、产、城一体化发展

针对海关监管场所及海关指定监管场地的规划设计，可以采用综合安防监管封闭联络道及海关综合性指定监管场地设计理念，将航空货运站口岸作业区与综合保税区、保税物流中心等海关综合性指定监管场地利用综合安防监管封闭联络道无缝联动，推动港区无缝联动，实现海关特殊监管区域向港、区、产、城一体化发展。

（四）航空货运向物流作业全过程信息化方向迈进

传统航空货运每票运单项下包含多件同种或不同种物品，其运单条码不能满足单件独立标识要求，不能实现每件物品的物流活动全程监测预警、实时跟踪查询；经常发生单件物品遗漏或错运，造成物流运营成本增加及运作低效。随着信息化技术的应用，每件物品实现唯一编码，运单信息与实物对应，使物流活动全过程具备管理、作业、监管、监控及查询条件，实现自动化、智能化作业。

（五）变更安检查验方式，推动航空物流高质量发展

传统机场航空货运站的安检方式为每票运单项下的物品集中在单一通道进行过机查验，现场本地盲点判读，不可分散过机，更不可交叉过机。安检一旦通过，物品无法实时追溯查找。按照创新理念建设的大兴国际机场航空货运站口岸作业区率先实现了安检一体化运营，集中远程同屏比对判读，实现了安检通道、判读人员、判读时段随机组配，提高了判读的安全性。由于判读时实物影像与运单物品品名、上位判读影像、外形尺寸、物品重量同时同屏显现，大大提高了一级在线判读效率及准确性；二级在线判读增强了布控性，配以现场集中人工介入查验作业，使安检查验更加准确、可靠、高效和安全。

远期将进一步扩大安检一体化运营、集中远程同屏比对判读的应用范围至整个货运区及综合保税区，推动职能部门之间的安检信息、查验信息共享互认，推动机场货运高质量发展。

（六）卡车航班直接交运引领空陆联运高效发展

卡车航班与航空货运站直接整货交运，对留住本地货源、吸引外地货源发挥着至关重要的作用。通过卡车航班，将枢纽机场航空货运与区域机场航空货运连接成空中网络群，再将航空口岸安检、集配功能前置到区域产业聚集园区内，进一步吸引区域货源的聚集、转运和联运，利用枢纽通达能力强、货源聚集能力大的优势，提升区域产业竞争力和高质量集群化发展能力。

未来空港物流枢纽还可能呈现综合服务枢纽化、多式联运网络化、信息系统统一平台化等发展趋势，也可能会在航空货运设施中无缝对接《国际公路运输公约》、加强联运转运衔接设施短板建设、物流公共数据互联互通和开放共享等方面进行更多的思考和尝试。

第三节　北京经济社会发展基本情况

北京是我国的首都、国家中心城市、超大型城市，全市下辖 16 个区，总面积16410.54 平方公里，建成区面积 1485 平方公里。

一、新时期北京发展面临新任务，减量与高质量协同推进

按照《中共中央 国务院关于对〈北京城市总体规划（2016 年—2035 年）〉的批复》要求，北京市将建设成为全国政治中心、文化中心、国际交往中心、科技创新中心。北京城市的规划发展建设要深刻把握好"都"与"城"、"舍"与"得"、疏解与提升、"一核"与"两翼"的关系，履行为中央党政军领导机关工作服务，为国家国际交往服务，为科技和教育发展服务，为改善人民群众生活服务的基本职责。要在《北京城市总体规划（2016 年—2035 年）》的指导下，明确首都发展要义，坚持首善标准，着力优化提升首都功能，有序疏解非首都功能，做到服务保障能力与城市战略定位相适应，人口资源环境与城市战略定位相协调，城市布局与城市战略定位相一致，建设伟大社会主义祖国的首都、迈向中华民族伟大复兴的大国首都、国际一流的和谐宜居之都。

按照上述要求，北京从集聚资源求增长到疏解功能谋发展，成为国内首个减量发展的超大型城市，减量发展、绿色发展、创新发展，成为首都追求高质量发展的鲜明特征。

二、北京市已制定完成新布局规划，提出顺义、大兴港城融合的新城建设模式

根据《北京城市总体规划（2016 年—2035 年）》要求，为落实城市战略定位、疏解非首都功能、促进京津冀协同发展，充分考虑延续古都历史格局、治理"大城市病"的现实需要和面向未来的可持续发展，着眼打造以首都为核心的世界级城市群，完善城市体系，在北京市域范围内形成"一核一主一副、两轴多点一区"的城市空间结构，着力改变单中心集聚的发展模式，构建北京新的城市发展格局。其中多点包括顺义、大兴、亦庄、昌平、房山新城，是承接中心城区适宜功能和人口疏解的重点地区，是推进京津冀协同发展的重要区域。根据上述规划要求，北京市对新城进行了具体规划设计。顺义区功能定位为强化首都发展提供支撑作用，提升新城综合承接能力，重点建设港城融合的国际航空中心核心区、创新引领的区域经济提升发展先行区、城乡协调的首都和谐宜居示范区。对应的发展目标与管控要求是要围绕首都功能，提高发展水平，具体是加强与中心城区、城市副中心的联动发展，积极承接发展与首都定位相适应的文化、科技、国际交往等功能，提升服务保障首都功能的能力，提高发展定位，高端培育增量，疏解和承接相结合，实现城市更高水平、更可持续发展。根据规划要求，北京市不同区域将紧密围绕首都功能，以"四个中心"建设为核心，形成不同空间区域协同发展的新局面，顺义区港城融合的区域发展将得到更多的政策支持。

根据北京市《大兴分区规划（国土空间规划）（2017 年—2035 年）》要求，大兴区的战略功能定位为：面向京津冀的协同发展示范区、科技创新引领区、首都国际交通新门户、城乡发展改革先行区，其中的重点是要建设高水平建设临空经济区，要按照"国际交往中心功能承载区、国家航空科技创新引领区、京津冀协同发展示范区"的发展定位，发挥北京大兴国际机场的新动力源作用，提升国际交往功能，辐射带动周边地区转型升级。同时要求建设首都国际交往新门户，牢牢把握北京大兴国际机场及临空经济区建设机遇，持续优化为国际交往服务的软硬件环境，不断拓展对外开放的广度和深度，增强国际合作竞争新优势。在南中轴及其延长线、交通廊道沿线的重要节点布局国家文化展示及国际交往功能，建设具有大国风范的国家门户。

三、北京市将成为高精尖产业集聚区，对未来物流需求将发生结构性转变

按照规划要求未来北京市要坚持生产空间集约高效，构建高精尖经济结构。未来大力疏解不符合城市战略定位的产业，压缩工业、仓储等用地比重，腾退低效集体产业用地，提高产业用地利用效率。到 2020 年城乡产业用地占城乡建设用地比重由 27% 下降到 25% 以内；到 2035 年下降到 20% 以内，产业用地的均产值、单位地区生产总值水耗和能

耗等指标达到国际先进水平；将注重转变发展方式，大幅提高劳动生产率，到 2020 年全社会劳动生产率将提高到约 23 万元/人。

未来北京市产业物流需求将发生结构性转变，临空产业发展将成为区域发挥的重要推动力。按照目前的产业发展要求，北京市将重点突出创新发展，依靠科技、金融、文化创意等服务业以及集成电路、新能源等高技术产业和新兴产业来支撑。这种产业结构将极大改变目前的物流需求结构，强化专业性物流服务，增强企业的供应链集成能力和反应速度。未来北京市的高新技术产业将会更多地在全球范围内构建供应链体系，需要更为强大的国际化物流网络作为支撑，对航空物流的需求将会进一步提升。同时航空服务、国际会展、跨境电商、医疗健康等临空产业集群将成为北京市现代服务业发展的新动力。2018 年，北京市首都机场临空经济示范区实现总收入 3749 亿元，实现属地税收 245 亿元，其中航空服务业达到两千亿级产业规模，实现总收入 2200 亿元，实现属地税收 170 亿元，预计到 2025 年，示范区高端临空产业体系发展成熟，实现总收入达到 7500 亿元，也将进一步推动航空枢纽的建设。

四、北京市高品质生活消费不断提升，明确提出高质量服务保障需要

北京是国内乃至世界重要的消费聚集区。2019 年，全市实现社会消费品零售总额 12270.1 亿元，较上年增长 4.4%。其中，限额以上批发零售企业实现网上零售额 3366.3 亿元，较上年增长 23.6%。基于强大的居民消费能力，北京市的商贸物流续期旺盛，每年持续增加。国际和国内两个市场中的商品，特别是高端消费品和鲜活农产品等的航空运输需求不断增强，商贸物流中航空运输所占的比重不断增加，仅天竺综保区保障首都空港口岸 2800 亿单进出口业务、1500 万件快件，实现进出口值 471.1 亿元，跨境电商进口 606.6 万票。

城市总体规划明确提出建设高标准物流设施满足高品质生活需要。本次规划中也明确提出要提高民生保障和服务水平，提高生活性服务业品质，应满足人民群众对生活性服务业的需求，着力解决供给、需求、质量方面存在的突出矛盾和问题，推动生活性服务业便利化、精细化、品质化发展，优化消费供给结构，提高消费供给水平，推动形成商品消费和服务消费双轮驱动的消费体系。规划同时强调推进批发零售、物流、住宿餐饮、旅游等行业服务设施发展，确保人民群众安全放心消费。

五、着力提升首都重大突发事件保障能力，强化应急保障基地建设

在 2020 年的疫情防控期间，北京市采取了多项有力举措，有效抑制了病毒扩散，取得了良好的效果，在整个过程中北京市的应急物流服务系统发挥了重要的作用，有效保障了整个城市的基本运行，其中首都国际机场起到了重要作用。新冠疫情暴发后，首都

航空积极响应国家号召，开通抗击新冠疫情援助物资运输绿色通道。对于境内外政府机构、红十字会、公益慈善社会组织、相关医疗机构和医疗器械生产企业等机构组织托运用于公益捐赠的救援物资，首都航空可提供通航点之间的免费航空运输服务及优先保障服务。疫情发生后，北京枢纽第一时间内就开始了国际援助物资的接收工作，2020 年 1 月 31 日，装载救助物资的韩亚航空 OZ331 航班于当地时间 8：44 从仁川机场出发，9：20 顺利抵达北京首都机场，成为国际物资援助重要的物流保障基地之一；后续我国接收的国际援助物资也主要是选择首都国际机场作为目的地，并利用空港物流枢纽完成物资周转工作。基于北京市特殊的区域优势，可以考虑构建更加稳定的供应保障体系，实现救助资源的全球化配置，充分利用国际物流运作资源丰富，特别是空运资源得天独厚的优势，配合建立基于海外资源的应急供应链服务体系。

第四节　北京物流基础设施发展情况分析

一、现有物流用地总体规模及分布

经过近二十年的发展，北京物流业已拥有了仓储、分拨、装卸、运输等物流基础设施，初步构建了以物流基地为支撑，以各类物流园区、配送中心为补充的多层次、专业化的物流节点布局网络。目前全市物流仓储用地总规模约 49 平方公里，其中消费领域服务居民日常生活和城市日常运转的物流仓储用地规模约 30 平方公里；用于米面粮油和各类应急保障物资储备的用地面积约 8 平方公里；储存危险化学品及特殊物品的仓储用地约 3 平方公里；钢材、煤炭等大宗物资储存用地约 8 平方公里。

全市现有物流园区绝大部分都分布在城市南部、东南部和东部地区。物流设施的分布明显表现出对高速路、机场等交通设施的追随性。在高速路及城市五环和六环的两公里范围内，集聚了大约 70% 的物流仓储用地。南部地区集聚度相对高，南五环周边、京开高速、京津唐高速、京津第二通道、京通高速周边大约集中了全市 50% 的物流仓储用地。北部地区的物流仓储用地则主要位于北六环首都机场周边。

二、物流设施空间布局模式

北京物流节点网络是在"十一五"物流发展规划的"三环、五带、多中心"空间格局基础上不断发展起来的，但原有规划布点的物流基地、综合物流区、专业物流区总体发展水平不一致，规划实施情况也不尽相同。除了市级层面的几大物流基地外，大部分规划的综合物流区和专业物流区都没有真正发展起来，反而是在企业和集体建设用地上，物流设施自发出现，逐渐形成了"广覆盖""组团式"的物流空间发展格局。同时，在

"组团式"格局基础上形成了双层级的网络结构，即以四大物流基地为一级物流节点、普通物流仓储设施为二级节点的双层级物流节点。物流基地作为一级节点，是构成北京物流总体空间布局发展框架的核心，主要承担首都对外以及城市内部物流的总体组织服务功能。按照北京自身的产业结构以及交通网络特点，现在已建设四大物流基地。另外现有大部分普通仓储设施承担着仓储、分拨、配送等二级节点的功能，这部分物流仓储设施绝大多数已经分布到四环路以外，但规模化、现代化、集约化的节点较少。

三、物流设施空间分布特点及变化趋势

从 2003 年到 2015 年，全市物流仓储用地从约 40.8 平方公里增长到约 53 平方公里，但从 2016 年到 2018 年，由于全市加大了违法建设拆除力度，目前北京全市物流仓储用地约 49 平方公里。同时，物流仓储用地逐步向五环外迁移，五环外物流仓储用地占比由 2003 年的 61% 增长到 2018 年的 79%。从统计数据来看，2006 年到 2016 年北京市交通运输、仓储和邮政业也逐渐向外围转移。

另外，现有物流设施中自发形成的物流集散区数量较多，主要位于城乡接合部地区的集体用地上，占全市总物流仓储用地的三分之一以上，其经营模式主要是租用村集体土地建设物流园区，采用对外出租的模式，以相对低的租金吸引物流企业。一方面城市集中建设区内物流仓储用地的利用集约程度在逐步提高，而另一方面集体用地上自发形成的物流仓储用地仍然有蔓延态势，目前这类物流仓储设施也是全市主要的拆除目标和对象。

全市物流仓储设施的总建筑规模约 3000 万平方米，消费领域服务型物流设施的建筑规模约 1900 万平方米，以经营性资产为主，其中，可用于市场出租的物流仓储设施的建筑规模约 1000 万平方米。市场供给主要集聚在大兴区、朝阳区和通州区，其次是顺义区和丰台区，上述五个地区物流仓储设施供给规模约占全市总供给的 95%。

四、主要物资集散区域现状

根据北京市交通委开展的北京城市货运需求特征的调查结果显示，2018 年全年货运量 25244.1 万吨，比上年增长 5.7%；货物周转量 780.7 亿吨公里，增长 11.5%。

目前现有物流集散地可分为需求型集散地和节点型集散地两类。其中，需求型集散地包括大型批发市场（新发地）、大型商圈（东直门）和产业（黄村）集群集散地；节点型集散地包括物流基地、货运场站和未审批自发形成的货运车辆集散地，涵盖四大物流基地、10 个货运枢纽和若干个仓储配送中心。

第五节　北京空港物流枢纽需求分析与预测

物流需求是指社会经济活动在物流的各个环节（如运输、仓储、配送、流通加工等）所提出的有支付能力的需要。目前我国物流统计指标相对单一，反映在统计年鉴上的只有社会物流总额及构成、物流业务收入、货运量和货物运输周转量等指标。由于目前的物流需求预测不能建立在系统的社会物流量基础统计资料之上，因此，只能通过货物运输量的变化趋势来衡量。由于物流需求预测过程中所依据的模型往往难以完全考虑城市经济发展的诸多复杂因素，因此在对城市物流节点数量和规模研究时，除对物流量进行定量分析外，还应结合定性分析的方法，综合考虑各方面的影响因素。

影响城市物流需求的因素主要有以下几个方面。

（1）城市战略定位。物流发展要符合城市整体定位，不同的城市定位对物流的需求会有很大的不同，同时要区分城市物流和区域物流，合理引导物流发展。

（2）城市经济发展水平。一般来说，GDP 总量越大、经济发展水平越高的国家和地区，对货物运输、仓储、配送、物流信息处理等物流服务的需求越大；经济增长越强劲，物流需求的增长也越强劲。

（3）产业结构。从各产业对物流的需求看，第二产业中的制造业、采掘业等提供的都是实物形态的产品，从生产到消费离不开运输仓储，其对运输仓储的需求较大，物流支出相对也较大。相反，第三产业的产值创造主要来自无形的服务，服务业对物流的依赖程度相对较小，物流投入也较低，与产值相比，物流成本只占很少的比例。

（4）人口发展。包括人口总量及规模、人口结构等，人口发展状况对城市消费水平和消费结构有重要影响，因而对物流的发展水平也有着重大影响。随着经济发展、人民收入及生活水平的提高，人们消费观念也在不断改变，消费支出不断增多，同时也产生了较大的物流需求。

随着北京第三产业的比重越来越大，以及人民收入及生活水平的提高，消费支出不断增多，未来北京全市生活性物流的总体需求将会呈现出高增长的特点，对物流需求的增长速度将呈现出逐步平稳的调整趋势。

目前，关于物流需求的表征指标体系并未建立，许多研究均采用货运量替代物流需求量，或者认为货运量就是物流需求。由于运输的完成过程及其服务方式与物流服务过程和方式存在较大差异，采用货运量表征物流需求在反映物流服务需求规模、内容的真实性上存在困难，但货运量又是反映物流服务规模的重要基础，因此，必须解决货运量与物流服务之间的关联关系，以及由此带来的物流作业规模的确定问题。本研究拟采取按照物流服务结构的方式进行指标确定，选择"物流作业总量"指标预测空港物流枢纽服务需求。

一、预测指标的选取

选择"物流作业总量"作为空港物流枢纽需求预测指标，空港物流枢纽作业总量的基本定义是指在空港物流枢纽进行的、与物流活动相关联的各类物流作业需求量总和，包括对运输、仓储、配送、加工等各种物流运作组织的需求量。为方便计算和分析，并利用该指标对未来的物流基础设施、产业布局等进行规划，将其划分为社会货物运输量、库存总量与配送总量之和，附加服务作业量因计算较为困难，且仅与物流企业的服务运作相关，暂不计入物流作业总量之中。预测基年为2019年，预测特征年选取为2025年、2030年、2035年。

二、预测方法

物流需求预测通常采用的方法大体分为两种，即定性预测法和定量预测法。常用的定性预测法主要有德尔菲法（专家预测法）、市场调查法、主观概率法和交叉影响法等；常用的定量预测法包括趋势外推法、最小方差法、回归分析法、马尔可夫预测法、灰色系统预测法、指数平滑法、移动平均法等。这些预测方法都是从不同角度来处理问题，各有其使用的前提和条件，每种预测方法和技术都有其局限性和优点，要做到预测合理，需要同时采用多种预测方法并进行对比分析后确定组合预测的权系数，给出组合预测值。

根据北京枢纽发展情况，结合腹地经济社会和物流发展的特点，本规划主要采用线性回归、趋势外推法和灰色预测等方法加以预测。考虑到不同预测方法的适用范围和特点各不相同，为使预测结果能够更加接近真实，课题组在预测时运用组合预测方法对预测结果加以修正（预测模型省略）。

三、预测结果

（一）空港物流枢纽货运总量预测

分别选用线性回归、趋势外推法和灰色预测三种方法，依次对北京枢纽货运量进行预测，预测结果如表4-5所示。

表4-5　　　　　　　　　　　　　北京枢纽货运量预测值

年份		2025	2030	2035
北京枢纽货运量（万吨）	线性回归	248.5	276.2	301.4
	趋势外推法	249.3	277.4	305.7
	灰色预测	258.7	300.5	339.6

注：预测结果做四舍五入处理，下表同。

对三种预测值取加权平均数，其中合成系数取值分别为 0.3、0.3 和 0.4，同时考虑北京大兴国际机场建成后的航空运力大幅度增长，解决了原北京首都国际机场空域资源严重不足而导致货运发展受限的瓶颈问题，会带来货运量的短期快速增长和未来的稳定增长，在综合考虑北京机场集团提供的业务增长值后，得出北京枢纽货运量综合组合预测值如表 4-6 所示。

表 4-6 　　　　　　　　　　北京枢纽货运量总规模预测值

年份	2025	2030	2035
货运量（万吨）	290	340	400

（二）腹地运输需求预测

腹地运输需求预测，是空港物流枢纽需求预测的重要基础。根据预测思路确定的腹地范围，空港物流枢纽腹地选择天津、河北、山西、山东、内蒙古等首都国际机场重点辐射的华北、西北区域进行计算。根据 2020 年区域货运量情况，结合北京市发展战略，以及"十三五"时期各市（行政区）发展规划提出的经济社会发展预期目标、交通运输发展设想等，并参考各市（行政区）相关产业发展规划中的相关取向和思路。通过采取相应的计量方法进行预测，得出 2025 年、2030 年北京枢纽腹地城市货运量，如表 4-7 所示。

表 4-7 　　　　　　　北京枢纽周边城市货运量预测值　　　　　（单位：万吨）

区域 年份	天津	河北	山西	山东	内蒙古
2025	65724.43	311985.81	305404.46	329686.24	348758.02
2030	76245.49	377023.67	410166.32	343647.60	476334.39

根据该腹地货运量预测可知，未来的北京周边地区的货运量会持续增加，建设空港物流枢纽具有极好的物流基础设施带动作用，形成良好的区域服务模式。

（三）北京枢纽重点货物运输需求预测

北京枢纽重点货物运输需求预测对北京枢纽增量物流需求的提升量预测具有重要价值。结合北京制造业、商贸业、农业产业情况分析，选择对北京枢纽增量物流需求的实现具有重要作用的货物作为重点货物，分别是快递、冷链（重点是鲜活农产品、医药需求）、航材等货物。根据北京市发展规划，并参考物流业与制造业、商贸业、农业联动发展典型地区的典型产业发展规律，对重点货物运输需求进行预测，通过采取相应的计量方法进行预测。

2018 年中国冷链物流需求总量同比增长 22.1%，冷链物流市场规模同比增长 19%，冷链物流产业在物流产业中的占比不断提高，在 2018 年占比达到 2% 左右，未来将会进一步提升。

以 2018 年北京市 25244.06 万吨的货运量为基点，按照冷链物流产业在整个物流产业中的占比为 2% 计算出冷链物流的总量为 504.88 万吨。由中游百强企业布局结构占比可知，农产品冷链物流占 51.1%，医药冷链物流占 11%。其中，航空冷链物流占农产品冷链物流 10%；而从生产地到一线城市的药品冷链运输的方式中，航空运输占 80%（见表 4 – 8）。

表 4 – 8　　　　　　　　　北京市 2012—2018 年冷链物流量　　　　　　　　（单位：万吨）

年份	货运量	冷链物流占比（%）	冷链物流量	医药冷链物流	航空冷链物流（医药）
2012	28649.71	1.20	343.80	37.82	30.25
2013	28293.89	1.30	367.82	40.46	32.37
2014	29517.88	1.50	442.77	48.70	38.96
2015	23236.29	1.80	418.25	46.01	36.81
2016	24098.53	1.90	457.87	50.37	40.29
2017	23879.22	1.92	458.48	50.43	40.35
2018	25244.06	2.00	504.88	55.54	44.43

资料来源：2011—2017 年《北京市统计年鉴》。

从 2019 年开始，国家对冷链物流的服务率要求提高，预计到 2035 年将会提升到 80% 以上。随着国内医药市场规模不断扩大，医药运输需求持续升级，医药冷链将成为航空物流市场的"新宠"，其服务率相应也会得到提升。2019 年服务率为 25%，以线性增长的趋势计算出 2020—2035 年农产品和医药冷链物流量，具体数据如表 4 – 9 所示。

表 4 – 9　　　　　　　　　北京枢纽重点货物运输量预测值　　　　　　　　（单位：万吨）

年份	服务水平（%）	农产品冷链物流	航空冷链物流（农产品）	医药冷链物流	航空冷链物流（医药）
2020	29	271.06	27.37	58.35	46.68
2021	32	277.83	28.19	59.81	47.85
2022	36	284.78	29.04	61.30	49.04
2023	39	291.90	29.91	62.83	50.27
2024	43	299.19	30.81	64.41	51.52
2025	46	306.67	31.73	66.02	52.81
2026	50	314.34	32.68	67.67	54.13

续表

年份	服务水平（%）	农产品冷链物流	航空冷链物流（农产品）	医药冷链物流	航空冷链物流（医药）
2027	53	322.20	33.66	69.36	55.49
2028	57	330.25	34.67	71.09	56.87
2029	60	338.51	35.71	72.87	58.30
2030	64	346.97	36.78	74.69	59.75
2031	67	355.65	37.89	76.56	61.25
2032	71	364.54	39.02	78.47	62.78
2033	74	373.65	40.19	80.43	64.35
2034	78	382.99	41.40	82.44	65.96
2035	81	392.57	42.64	84.51	67.60

第六节　北京空港物流枢纽空间布局分析

一、布局条件

（一）国际区位条件分析

1. 世界公认的国际化大都市，国家对外开放的窗口

近年来，北京在都市建设方面取得了巨大的进步，目前北京已经被世界权威机构GaWC 评为世界一线城市，成为世界公认的国际大都市。

随着北京国际化程度的不断提升，以商务服务、文化展出、科技研发、高端消费等为代表的跨境物流服务需求不断增加，同时服务的时效性、可靠度和专业化要求不断提高，产生了以首都为核心、京津冀城市群为基础的巨大的内生性国际化航空服务需求。

2. 北京枢纽是全球航线网络重要节点，具有广泛的全球、全国和全京津冀覆盖度

（1）全球航空网络主要枢纽地位不断加强。

由于北京特殊的政治、文化、科技地位，北京已经成为全球航空公司的重要网络布局点，目前已经有一百多家航空公司入驻首都国际机场，形成了全国领先的航空网络体系。目前北京有国际航点 133 个，已经成为世界重要的航空枢纽城市，航空网络覆盖度居全球领先地位，国际航空大通道作用明显。

（2）国内航空网络关键枢纽地位优势明显。

北京是祖国的首都，在政治、文化、科技、国际交往四个方面都具有一定的优

势。目前北京具有覆盖全国主要城市的航线布局，有国内（含地区）航点 160 个，一直处于全国领先水平，是国内的关键航空枢纽基地，国内航空大通道节点优势明显。

（3）京津冀区域航空网络核心枢纽地位不断增强。

京津冀协同发展条件下，首都国际机场将进一步提质增效。北京是京津冀世界级机场群的核心，目前整个京津冀世界级机场群一共是 9 个机场，在这 9 个机场当中，首都机场吞吐量在区域内占比将近 70%，未来加上大兴机场，北京市所占吞吐量的份额在中短期内还会进一步提升，会逐步实现整体协同发展。

根据 2017 年国家发展改革委、民航局印发的《推进京津冀民航协同发展实施意见》，要优化航路航线网络结构，核心是优化首都机场航线网络结构，与北京新机场形成优势互补的"双枢纽"航线网络格局，进一步扩大国际航线网络覆盖面和通达性，合理引导国内中小机场通过区域枢纽与北京"双枢纽"机场衔接，加快完善天津机场、石家庄机场区域枢纽航线网络布局，提升区域机场综合保障能力。

3. 北京是重要的临空需求聚集区，物流枢纽服务效应明显

在新的首都发展背景下，以现代智慧物流和供应链为基础的现代服务业产业群、以航空服务等为引领的临空经济产业群、以高端消费为主的跨境电商新兴业态群共同构建了巨大的临空需求聚集区，同时高速推进以北京为核心的京津冀协同发展。

整个协同发展区域面积约 21.6 万平方公里，占全国的 2.3%，2019 年年末常住人口 1.13 亿人，占全国的 8.1%，地区生产总值 8.4 万亿元，同比增长 6.1%。通过京津冀协同发展，将形成以首都为核心的世界级城市群、区域整体协同发展改革引领区、全国创新驱动经济增长新引擎。天津市是全国先进制造研发基地、北方国际航运核心区、金融创新运营示范区、改革开放先行区，河北省是全国现代商贸物流重要基地、产业转型升级试验区、新型城镇化与城乡统筹示范区、京津冀生态环境支撑区，这两个区域的发展也将为机场发挥作用起到良好的腹地支撑作用。

（二）对外物流通道

1. 国际物流通道

目前北京已经形成了以航空为主的国际物流主通道，形成以辐射北美、欧洲、日韩为主的 24 小时物流圈，北京到航程较远的纽约用时为 13 小时左右。北京是国内航空联系北美、欧洲、日韩地区的主要枢纽节点，每周有 600 余个航班飞上述国际区域。

相比目前航空货运量超过百万吨的上海、广州和深圳机场，北京机场具有更加优势的地理位置，距离主要的航点位置更近。表 4 - 10 列出北京、上海、广州的对比数据。

表 4-10			距离对比			（单位：公里）
到达地/出发地	东京	伦敦	纽约	首尔	法兰克福	迪拜
北京	2092.57	8120.65	10980.92	953.6	7773.78	5830.34
上海	1755.55	9178.52	11850.92	865.49	8815.13	6418.34
广州	2900.73	9474.51	12868.6	2070.06	9023.66	5833.21

经过长期的建设发展，目前首都北京面向国际的综合交通运输体系已经基本完善，形成了以航空为核心、以铁路和公路为辅助的多元化国际物流大通道体系。

2. 国内物流通道

目前北京是中国铁路网的核心节点，北京铁路枢纽地处华北平原，连通东北、西北、华北和中南地区，是全国较大的铁路枢纽之一。北京铁路枢纽由京沪、京广、京原、京包、京通、京哈等铁路干线组成，形成了大型、环形、放射型铁路枢纽。通过强大的铁路网络，北京可以与300余个地级市建立物流通道，形成覆盖全国的物流服务网络。

北京同时也是全国的公路交通中心，区域辐射作用处于国内领先水平。目前有国家级高速公路8条——京哈（G1）、京沪（G2）（京津塘）、京台（G3）、京港澳（G4）（京石）、京昆（G5）、京藏（G6）、京新（G7）、大广（G45）（京开、京承）高速公路等。

3. 京津冀区域物流通道

北京是京津冀交通协同发展的核心，将构建世界领先的综合交通体系，为物流服务提供良好的区域交通运输机遇。根据国家发展改革委和交通运输部联合制定的《京津冀协同发展交通一体化规划》，推进"单中心放射状"通道格局向"四纵四横一环"网络化格局转变，提升交通智能化水平，打造以首都为核心的世界级交通体系。2020年京津冀多节点、网格状的区域交通网络将基本形成，城际铁路主骨架基本建成，公路网络完善通畅，港口群、机场群整体服务水平、交通智能化程度、运营管理能力将达到国际先进水平。京津冀交通总体布局是以现有通道格局为基础，着眼打造区域城镇发展主轴，适应和引导产业及城镇空间布局调整，推进"单中心放射状"通道格局向"四纵四横一环"网络化格局转变。其中"四纵"即沿海通道、京沪通道、京雄通道、京承—京广通道；"四横"即秦承张通道、京秦—京张通道、津雄保通道和石衡沧通道；"一环"即首都地区环线通道，将形成京津保唐"1小时交通圈"，相邻城市间基本实现1.5小时通达。

（三）枢纽选址交通条件

北京市内区域经过长期发展已经形成了国内领先的综合交通体系，交通设施密度和服务能力均居全国领先。

北京铁路枢纽营业里程 1248 公里，以北京站、北京西站、北京南站为主要客运站；石景山南、良各庄、良乡、大台、周口店、大红门、巨各庄、燕落、沙河、通州、张辛、百子湾为主要货运站，担负货物运输任务。按照北京市近期制定的规划方案，将全面落实公转铁国家战略，通过打造开放共享的"智慧物流信息平台＋绿色集疏运网络"实现"天网＋地网"融合，建立"外集内配、绿色联运"的绿色物流新体系。

（四）北京临空产业基础分析

1. 北京已经形成了完善的对外开放体系

北京现有国务院批准的国家一类口岸 1 个——北京首都国际机场航空口岸，临时开放口岸 2 个——北京平谷口岸（平谷国际陆港）和北京西站铁路口岸。北京市人民政府批准开放的二类口岸（具有口岸功能的后续监管点）2 个——北京丰台货运口岸和北京朝阳口岸（将外移至通州马驹桥）。北京已形成以首都国际机场航空口岸为核心，以北京西站铁路口岸、朝阳口岸、丰台口岸、北京平谷国际陆港为重要补充，空间布局均衡，航空、铁路、公路口岸互补，客、货口岸功能配套，口岸与保税等功能区对接的口岸体系。

2. 顺义已经建成全国领先的临空经济示范区

利用顺义优越的区位交通条件和空港辐射带动强劲的优势，顺义区目前已经打造了全国领先的临空经济示范区。2019 年国家发展改革委、民航局共同批复了支持首都国际机场临空经济示范区建设的新规划，其规划面积 115.7 平方公里，根据区域功能、资源禀赋、产业基础等因素，空间布局为"一港四区"，即首都空港、航空物流与口岸贸易区、临空产业与城市综合服务区、临空商务与新兴产业区、生态功能区。根据批复，首都机场临空经济示范区（以下简称"示范区"）位于北京市主城区东北部、顺义区境内，规划范围北至机场北线、六环路，南至京平高速，东至六环路，西至高白路、榆阳路，规划面积为 115.7 平方公里。顺义区人民政府作为示范区规划建设管理主体。

根据规划，示范区下一步的发展目标为：到 2022 年，示范区航空枢纽功能得到进一步强化，港城一体化取得新突破，产业结构调整基本完成；到 2035 年，港城融合的国际航空中心核心区基本建成，在打造世界级机场群与城市群核心机场、支撑首都"四个中心"建设中发挥不可替代的重要作用。

目前顺义区已经充分发挥空港资源禀赋，形成了航空资源高度集聚的发展态势。示范区已经集聚了国航股份、机场集团、中航油、中航材、空中客车等航空企业 400 余家，航空业直接关联企业数量占北京地区航空企业总数的三分之二，航空资源和航空企业总部集聚度全国领先，并具有较强的航空资源竞争力和影响力，为示范区的建设提供了坚实基础，也为示范区与北京大兴国际机场临空经济区分工合作、协同发展提供了有利条件。

目前示范区已经成为北京市建设全国科技创新中心的重要组成部分，临空产业基础扎实，临空经济规模居全国前列，产业体系不断完善，航空服务、现代物流等产业稳步发展，现代服务业比重不断提升，已成为临空特色鲜明的重点高端产业功能区。

3. 北京大兴国际机场临空经济区将成为发展新动力源

依托"一市两场"双国际航空枢纽，北京市将努力建设 2 个国家级临空经济示范区，北京大兴国际机场临空经济示范区和首都国际机场临空经济示范区将合理分工、协调发展。

北京市和河北省已经正式批复《北京大兴国际机场临空经济区总体规划（2019—2035年)》，这标志着北京大兴国际机场临空经济区迈入实质性建设阶段，对疏解北京非首都功能、优化京津冀世界级城市群发展格局、促进区域全面协调可持续发展具有重要意义。

北京大兴国际机场临空经济区总体定位为国际交往中心功能承载区、国家航空科技创新引领区、京津冀协同发展示范区。到 2025 年，建成为大兴国际机场服务的生产生活配套设施，初步形成京津冀共建共管、经济社会稳定、产业高端、交通便捷、生态优美的现代化绿色临空经济区。

临空经济区坚持与雄安新区、首都机场临空经济区、中关村国家自主创新示范区、天津滨海新区等合理分工、互补错位、联动协同发展的原则，构建面向全球市场的临空指向性强、航空关联度高的高端高新产业集群，重点发展航空物流、航空科技创新、综合服务保障业，着力推动空港型综保区、跨境电商综合试验区、中国（河北）自由贸易试验区和自由贸易港建设，打造高水平开放基础平台。

二、布局选址研究

（一）北京枢纽选址分析

国家级物流枢纽的建设是一项规模大、投资额高、涉及面广的系统工程，因此在选址过程中应重点考虑适应性原则、协调性原则、战略性原则和经济性原则。

1. 适应性原则

物流枢纽选址须与国家以及省市的经济发展方针、政策相适应，与我国物流资源分布和需求分布相适应，与国民经济和社会发展相适应。枢纽的选址还应考虑国际航空物流网络的影响、国内航空枢纽建设的影响和京津冀区域协同发展的影响。

2. 协调性原则

物流枢纽的选址应协调区域发展、产业发展、企业发展，还要考虑城市的空间布局、物流产业地域空间分布、物流作业生产力、技术水平等。

3. 战略性原则

首都北京地区的物流设施选址，应具有国际化的战略前瞻性眼光，要考虑城市发展全局，按照国际标准和眼光看待问题，局部利益要服从全局利益，眼前利益要服从长远利益，既要考虑目前的实际需要，又要考虑日后的发展方向。

4. 经济性原则

航空枢纽的建设投资巨大，需要充分尊重经济规律，总体费用主要包括建设费用及经营费用两大部分，要科学规划、统筹整体，为后续的枢纽运行提供坚实的基础保障，便于企业集聚发展。

基于相关文件和规划要求，结合区域发展实际情况，在科学分析、统筹、优化各类发展要素资源的基础上，以北京市提出的"一市两场"战略为指导，充分考虑两个机场的双枢纽作用，提出北京市航空型物流枢纽在顺义区和大兴区进行优先选址，形成依托北京首都国际机场和北京大兴国际机场的顺义片区和大兴片区，其中顺义片区存量资源优势明显，具有世界级的航空枢纽发展基础，是目前国际航空物流的重要节点；大兴片区增量潜力巨大，具有极强的后发优势。

（二）顺义片区选址分析

该区域以首都国际机场为核心，以国家和北京市批复的天竺综合保税区和北京临空经济核心区空港物流基地为基础，以国家批复的北京市临空经济示范区为其功能拓展区，以服务首都"四个中心"建设为重点，以推动京津冀协同发展和"一带一路"建设为目标，加强其功能辐射区域范围。

1. 北京天竺综合保税区

北京天竺综合保税区于 2008 年 7 月获国务院批准设立，位于北京市东北部顺义区，与首都机场无缝连接，距离市中心 15 公里，距离天津港 160 公里，交通路网发达，是国内第一家依托空港的保税物流中心。

北京天竺综合保税区按照"统一规划、整体围网、分区管理、分期建设"的原则进行规划建设，整体分为两大功能区，分别为口岸操作区和保税功能区。其中口岸操作区包括一级货站、二级进口监管库、快件中心、出口拼装监管库四个部分。保税功能区由三个功能片区组成。其中保税功能一区是在保税物流中心（B 型）的基础上进行拓展，并与空港口岸实现"区港联动"，主要发展保税物流；保税功能二区发展综合性服务业，重点发展生物医药、航空维修，以及国际贸易、金融服务、文化创意、展览展示等；保税功能三区在保留深化出口加工功能的基础上，重点发展航空指向性强的电子信息、生物医药、环保节能、光机电一体化为主导的高新技术产业。

2. 北京临空经济核心区空港物流基地

北京临空经济核心区空港物流基地于 2002 年经北京市政府批准设立，是北京市唯一的航空—公路国际货运枢纽型物流基地。基地连续多年被列为市政府重点工程，先后被中国物流采购联合会命名为"中国物流实验基地""中国物流示范基地",按照顺义区整体规划,空港物流基地整体处于北京临空经济核心区规划范围内。

3. 顺义空港型物流枢纽总体布局

根据国家发展改革委文件中对布局的要求,国家物流枢纽培育发展要求各承载城市要遵循市场规律,尊重市场选择,以市场自发形成的物流枢纽设施和运行体系为基础,对照上述要求,选择基础条件成熟、市场需求旺盛、发展潜力较大的物流枢纽进行重点培育,并可根据市场和产业布局变化情况及交通基础设施发展情况等进行必要的调整。同时,通过规划引导和政策支持,加强公共服务产品供给,补齐设施短板,规范市场秩序,促进公平竞争。要加强国家物流枢纽与其他物流枢纽的分工协作和有效衔接,两者不排斥、不替代,通过国家物流枢纽的发展带动其他物流枢纽做大做强,打造以国家物流枢纽为骨干、以其他物流枢纽为补充的多层次、立体化、广覆盖的物流枢纽设施体系。

(三)大兴片区选址分析

北京大兴机场具有良好的未来发展前景,2019年10月北京市和河北省已经正式批复《北京大兴国际机场临空经济区总体规划(2019—2035年)》,这标志着北京大兴国际机场临空经济区迈入实质性建设阶段,对疏解北京非首都功能、优化京津冀世界级城市群发展格局、促进区域全面协调可持续发展具有重要意义。

未来可扩展的国家物流枢纽选址区域紧邻北京大兴国际机场,毗邻机场核心资源。可与综保区和口岸实现无缝对接,具有便捷的内部交通条件,可有效降低外部通道交通压力。

根据规划要求,本次空港物流枢纽选择服务口岸物流、保税物流、城市物流、区域物流为主的功能区域作为大兴片区选址区域,包括北京大兴国际机场周边的口岸功能区、保税功能区以及相关附属配套区域等共计4.3平方公里。

已建成国内一级货站16.4万平方米(国际一级货站12.4万平方米),集装箱堆场3000余平方米,综合办公区5万平方米,设置卡口、监控设施、海关查验区、检验检疫区等,关联作业区严格按国家关联标准规范设置,可承担货物的收运、交接、配载、中转等地面物流服务,拥有现代化的航空地面处理设施,可处理超大超重、冷冻冷藏、活体动物、贵重物品等多种类型的空运货物,实现货物全天候的信息化管理和自动化控制。国家物流枢纽秉承高质量发展原则,聚焦减量、绿色、创新发展,构筑以生命健康产业为引领、枢纽高端服务业和航空保障业为基底、新一代信息技术和智能装备为储备的"1+2+2"产业发展全景图。

三、设施布局

根据项目所处区域的实际发展情况,以北京首都机场和大兴机场为核心,科学统筹航空物流作业资源配置方式,构建环绕机场布局的口岸物流、保税物流、城市物流等主要的功能区域，并精准结合快件、医药等商品的具体属性，设置专业化作业区域、设施、设备、人员和技术，优化区域整体作业流程，形成多种物流资源要素高效协同联动的运作模式。

（一）顺义片区

顺义片区经过多年的建设发展，目前已经形成了以首都机场为核心的布局结构，按照空港物流枢纽功能要求，结合区域功能和道路交通分布情况主要分为三个主要的功能区域，其中第一个功能区域为目前的空港物流基地，重点是发展基于航空物流和国际物流服务的城市配送功能；第二个功能区域主要包括口岸作业区和规划的保税功能一区，该区域重点布局口岸作业功能，并配置相应的保税物流区、非保税物流区等功能区域；第三个功能区域主要是位于规划的保税功能二区，重点发展以文化物流、医药物流、鲜活农产品物流、航空企业配套物流等专业物流服务。

目前顺义片区经过多年发展，其功能分区不断优化调整，已经能够满足首都核心区的航空物流和国际物流发展需要，并可以通过战略发展预留区进行功能的进一步完善和补充。

（二）大兴片区

目前大兴片区按照预定规划开展建设工作，结合北京大兴国际机场的功能定位将该片区的功能主要分为三个功能区域，分别是口岸功能区、保税功能区和非保税功能区。

保税功能区包括物流分拨中心、加工制造中心、设计研发中心和配套服务中心等。其中物流分拨中心业务主要包括高端消费品物流、航材及通信产品保税仓储、医药及医疗器械保税仓储、供应链管理、跨境电商、冷链物流等；加工制造中心主要功能是保税商品的加工、制造，为进境生鲜等高端消费品和第三方贸易等产业提供服务；配套服务中心规划为综保区的展览展示中心和产品销售中心，利用综保区的保税备货功能开展商务活动。非保税功能区主要为电子商务服务区和城市快件配送区。

第七节　北京空港物流枢纽定位及发展思路

一、北京空港物流枢纽发展定位及功能

（一）发展功能研究

紧紧围绕首都"四个中心"功能建设，统筹推进"五位一体"总体布局和协调推进"四个全面"战略布局，坚持稳中求进工作总基调、坚持新发展理念、坚持推动高质量发展、坚持以国际一流的北京首都国际机场和北京大兴国际机场建设为依托，以北京市服

务业扩大开放为突破口，与京津冀机场群协同发展为导向，积极引导优质国际航空资源和高端服务功能聚集，全面增强国际航空枢纽功能，完善口岸开放功能，建设符合北京特色的临空产业经济集群，服务首都经济高质量发展；推动港产城融合协调发展，完善和丰富城市功能，全力构建功能优势突出、高端产业聚集、公共服务高效、国际氛围浓厚、绿色生态宜居，具有全球影响力的港产城融合的国际航空中心核心区，按照首善标准服务好、保障好、展示好"中国第一国门"功能，发挥国际航空港创新、示范、辐射作用，有力推动首都"四个中心"建设、京津冀区域协同发展、"一带一路"等重大国家战略及倡议实施。

1. 连接全球的国际一流空港型物流枢纽

首都国际机场是国内目前国际航线最多的机场，是中国与世界连接的重要窗口，通航 65 个国家，国际航点 133 个，拥有覆盖全球的服务能力，是国际公认的空港物流枢纽核心节点，拥有世界第二位的人流量和国内第二位的货运量。未来依托首都机场强大的航空网络优势，强化口岸物流服务能力，可实现全球主要城市国际物流服务一日达、国内主要服务区域 4 小时达、津冀主要服务区域 2 小时达、市内主要服务区域 1 小时达的服务网络，形成连接"中国—世界"的国际物流主通道，"空中丝绸之路"的核心枢纽，"国际+国内"的双向辐射节点枢纽，加快中国与世界之间的交流合作，实现中国与世界的互联互通，将首都的文化领域精品、科技创新产品与全球进行交互，共享中国特色文化、中国智慧成果和中国优秀品牌，满足首都国际交往中心的服务职能。

2. 首都特色临空产业供应链服务平台

支持国际航空枢纽服务链条延伸拓展，以北京临空经济示范区为核心，以北京市服务业扩大开放综合试点和自贸区大兴片区启动建设为契机，加快促进高端临空产业和新兴业态向临空经济示范区聚集，带动首都产业加快融入全球供应链、产业链和价值链，迈向全球供应链价值最高端，形成国际领先、富有首都特色的高端临空产业供应链服务平台。通过构建口岸经济物流集聚区，高标准强化国际航空物流服务，构建集国际贸易、国际快件、整车进口等于一体的口岸功能体系，提升口岸经济服务能力，积极构建国际领先、快速连接全球的一体化高增值物流服务产业链。基于航空枢纽打造国际领先的临空物流产业集聚区，全面升级临空物流产业集群，加速国际化企业总部聚集，推动临空经济产业融合发展，优化服务创新型产业和高精尖产业的供应链全流程服务机制，搭建跨境电商、展览展示、服务贸易、总部商务、产业金融、科技创新、航空服务等综合功能平台，依托政策优势，集聚首都独特的金融、科技资源进行产业发展赋能，构建以医药、航空、文化、商务服务、供应链金融、跨境电商、高端精密仪器等为主导优势的临空产业集群，并形成基于总部集聚、服务全球航空物流供应链体系的控制调度中枢、金融科技中心和商贸交流基地，构筑全球临空产业新高地和创新发展新引擎，输出中国空港物流枢纽新力量和新标准，打造具有全球临空供应链影响力的服务品牌。

3. 港城一体的新型区域发展示范区

按照北京市新总规要求，顺义区将打造港城一体的新型国际空港城，该空港城将是顺义新城的核心组团、是区域发展的核心动力，未来将积极探索以机场为枢纽带动综合交通发展、以航空枢纽建设带动区域产业发展、以物流枢纽为基础探索物流与城市融合发展的新路径。同时，北京枢纽将成为国内作为跨省域的空港物流枢纽，被赋予了京津冀跨区域发展协同试验区的历史使命，依托跨京冀两地的协同优势，将获得巨大的发展空间，大尺度拉开首都建设框架，解除困扰北京的物流产业用地瓶颈约束，拓展高增值物流产业发展路径，成为京津冀地区乃至全国发展的新动能，实现区域发展带动模式的重大创新，成为京津冀协同发展创新模式示范区。同时基于北京枢纽将探索服务首都高质量消费的创新服务模式，带动首都高端消费增长，探索跨境电商等服务民生的新产品、新业态和新模式，打造以物流枢纽为核心的新型都市区域发展示范区。

4. 重大活动、国内外重大危机事件物流服务保障基地

北京是国家最重要的政治活动中心、大型文体活动中心、世界上唯一的双奥城市，重大保障任务繁重；同时北京也是发生重大疫情等国内外重大危机事件时的国际物资应急物流保障基地，在此次新冠疫情中，很多国际援助方都把首都国际机场作为首选之地，依托北京枢纽形成了一个具备全球物流网络连接和服务能力的应急体系，并成为全球最重要的应急物资调配指挥中枢、分拨中心和保障基地。因此应以北京承办冬奥会、完成重大疫情保障任务等为契机，探索空港物流枢纽服务重大活动以及国内外重大危机事件的新机制、新模式和新方法，形成项目物流、应急物流运作的新模式、新技术、新标准，输出北京智慧和北京方案，提高我国战略性应急物资的保障能力，强化对全球应急供应链的控制力和影响力，提高响应时效和服务质量，并提升对大型活动的物流保障能力，对全国相关领域的工作起到示范和带动作用。

按照上述发展定位，将在首都国际机场建立"5＋1＋4"模式的"通道＋枢纽＋网络"物流设施空间布局体系。"5"通道是指通往国际的航空物流主通道、通往国内的航空大通道、京津冀综合交通多式联运通道、连接两个片区机场的专用货运通道和服务城市消费的配送通道；"1"枢纽是指北京枢纽，是该体系的核心物流节点；"4"网络则是指国际物流服务网络、国内物流服务网络、京津冀区域物流服务网络和首都城市配送网络，由此实现基于航空的口岸物流、保税物流、城市物流、区域物流的深层次融合发展，达到立足首都、服务京津冀、辐射国内、连接世界、引领全球的战略发展目标。

（二）北京空港枢纽发展功能

基于设定的北京枢纽发展定位，将强化、丰富、创新区域物流功能建设工作，使之具备更好承载国家物流枢纽的服务功能，重点以航空物流为核心，以口岸物流、保税物流、城市物流、区域物流的融合为基础，以服务首都建设、京津冀协同发展、"一带一路"建设为目标，多维度对物流枢纽功能进行综合统筹考量。其中既包括现代化的航空运输、空空转运、多式联运等基本服务功能；也具备服务首都需要的跨境电商、冷链物流、快件物流等特色城市配送服务功能；同时应具备医药物流、汽车物流、航材物流等专业物流服务功能，以及供应链优化服务、园区管理、特色金融等延伸功能。

1. 基本功能

航空干线运输功能。北京枢纽航空干线运输功能主要由首都国际机场先期承载，后期与大兴国际机场联动发展。利用北京国际枢纽全球领先的航空货运网络，形成"大体量全货机 + 高频次腹舱"的航空货运模式，充分发挥其连接全球的"国内 + 国际"双向辐射功能，以满足北京市产业发展、民生消费和重大活动为主，同时考虑京津冀协同发展需求，兼顾国内的华北、东北、西北等区域的航空物流服务需求，形成快速、高效、安全的航空干线运输功能，并以此为基础开展各类物流枢纽服务。

多式联运功能。北京枢纽机场及周边优质交通运输资源已经形成了综合型交通枢纽。考虑到航空运输工具的独特性，应立足航空特色，开展适合以现代航空运输为主的多式联运功能创新，重点以机场口岸通关作业区、国际航空货运作业区、国内航空货运作业区等为基础，优化货物转运单元形式，构建空空联运、空陆联运、空海联运等业务功能。目前首都国际机场已经与国际上 30 多个枢纽机场签署了合作协议，开展了多种标准形式的全球快速空空联运服务；同时联合郑州、无锡等地的物流枢纽开展了"卡车航班"等空陆联运服务。目前北京海关与天津海关积极推动首都机场口岸、天津新港口岸，以及其他高铁口岸的联动，依托临近天津港优势，为北京枢纽创造"出海口"，实现京津跨区域的多种形式的"海陆空联运"服务。北京枢纽基于两个机场"航空 + 高速 + 高铁"的枢纽作用，构建了满足现代航空物流需求的多式联运综合交通体系，以此为基础可以实现高效的区域集散和分拨功能，重点满足未来国际空空中转与国内空空中转之间的周转型航空物流作业需要，并兼顾京津冀地区的航空物流的集散和分拨作业需要。

城市物流仓储配送一体化服务功能。北京是国内重要的消费型市场，高端消费、个性化消费、跨国消费都处于国内甚至国际领先水平，基于航空物流可以有效地联系国际和国内两个市场，基于构建的空港物流枢纽可以提供跨国电子商务物流服务，提供面向北京市城区的共同配送服务，形成以周转服务为主的仓储配送一体化城市物流服务，为开展的航空干线业务提供更好的货源支撑，突出民生服务。物流枢纽发挥周边城市配送产业聚集组织化和北京市特大城市市场需求规模化的优势，以跨境商品、鲜活农产品、高端消费品等为主要服务对象，完善服务城市的配送功能。

国际物流服务功能。充分发挥北京枢纽机场的国际物流大通道作用，将口岸作业区、机场货站作业区等作为线下运作载体，大力发展国际货物运输代理、供应链管理、进出口货物监管等相关服务功能，形成国际物流全流程服务体系。大力发展基于国际运输的口岸物流服务、保税物流服务和跨境电商服务等，探索国际物流服务的新模式，打通国外与国内市场、机场内与机场外的空间联系，实现跨国商品快速、安全、高效的流通，形成国际物流服务的新标准、新流程和新模式。

专业物流服务功能。目前流通模式的转变和商业模式转型使得首都空港物流枢纽服务对象出现了多元化、专业化、个性化趋势，海量的国际快件、航空快件处理已经成为行业发展的新热点，以 UPS、联邦快递、DHL 为代表的国际巨头和以顺丰、邮政速递等为代表的国内领军企业都已经开展了专业化物流服务，在机场开展快递分拣、集配等多种形式的特殊运作，并成为空港型物流枢纽的主要业务。目前首都国际机场已经开辟了国际快件作业区，UPS、联邦快递、DHL、TNT 等企业都已经入驻，成为未来发展的重点。近年来关系民生的医药物流，引领高端消费的汽车整车进口等专业领域都需要机场枢纽提供更加专业的物流服务。

重大活动、国内重大危机事件服务保障功能。北京的城市功能特殊，其政治保障任务突出，既有政策优势，也有特殊规定、特殊时期对货运的特殊限制要求。国家赋予了首都国际机场特殊任务，在面临重大疫情的特殊时期，北京空港型物流枢纽需要建立特殊的运行响应预案，保障货运的"超常规"运行，形成各种应急机制；依托北京枢纽构建的国际物流网络体系要有能力保障应急物流供应链运行，降低医疗产品等重要战略性物资的国际化供应中断风险。此次疫情中首都国际机场是国内接收国际援助物资最早、种类最多的国际空港型物流枢纽，在通关方式、货运转运、快速分拨等领域的政策制定和运作方法等方面都进行了系统、科学、全面的探索，采取了积极有序的"超常规"运行，取得了良好的应急保障实施效果，形成了富有特色的北京方案。同时在奥运会、园博会、京交会等大型活动保障领域北京枢纽也积累了丰富经验，并形成了一整套的运作体系，研发了相关特种设备，具备了与之匹配的柔性化运作能力，实现了常态运营与特殊时段运行的高效协同。

2. 延伸功能

国际临空产业供应链组织服务功能。目前北京枢纽是全国航空产业总部聚集地，依托强大的总部经济，可以构建覆盖全球的临空产业供应链组织、调度和服务中心，将产业发展高端要素向北京枢纽聚集。同时利用枢纽内总部优势、智力优势和技术优势开展高增值的供应链组织服务。目前现代物流服务产业发展迅速，面向国际物流、航空物流、区域物流、城市物流的供应链组织和集成服务需求不断增加，单一功能的供应链服务已经不能满足企业的需要，以物流作业服务为基础，针对航空联运作业、转口贸易、国际中转、国际采购等业务进行集成设计，临空产业供应链组织服务越来越受到企业的重视，是未来物流服务的重点发展方向。目前枢纽内已经形成了以航港发展有限公司等为代表的相关供应链集成服务企业，并在配套区域中集聚了国际领先的供应链管理咨询企业，可以进一步提升相关产业的市场竞争力和辐射能级，实现优质管理输出，带来更多的物流枢纽服务增值业务。

展示交易功能。北京是目前国际文化产业发展的重要承载区，新型文化产业和展览展示产业不断发展。目前机场周边的文化产业，如国际版权贸易、文化遗产保护、文化创意等发展良好，相关产业中的文化创意产品、高档汽车、珠宝首饰、高档食材、高端化妆品、高档保健品等产品展览、展示和销售等都已经成为发展的热点。目前北京市枢纽内拥有亚洲艺术中心、国家对外文化贸易基地（北京）。目前该区域是国内规模领先的临空文创产业基地，是中国文化走向世界的窗口、世界文化汇聚中国的平台，拥有国内最完整的文物艺术品产业链，具有世界级影响力。枢纽内还设有全国唯一的空港型汽车整车进口口岸，年进口百万美元级豪华汽车峰值达600余辆，各类高价值商品展示销售业务也不断增多。随着枢纽内展示交易功能区需求的增加，特别是基于货物品类的专业化展示功能需要持续拓展，展示交易将是发挥枢纽品牌效应的重要保障，并将与周边的中国国际展览中心新馆形成规模化的协同发展效应。

供应链金融服务功能。北京是全国乃至全球领先的金融服务中心，目前正处于强化金融管理中心功能、服务国家金融改革开放和风险防范的重要阶段。物流枢纽区域内资本、货物高度集中且流转速度快，可以积极开展延伸产业链的供应链金融服务等相关业务，积极拓展融资租赁等专业化金融衍生相关的增值服务，并积极利用首都科技功能，进行科技与金融的融合创新。未来可以更多地开展面向合作对象的跨境贸易、跨境电商的跨境结算及离岸业务，并以航空服务等资本高密度需求的产业为重点，进一步拓展供应链金融服务功能，让金融工具更好地服务实体物流运作，将首都空港枢纽打造成面向全球的物流贸易结算中心、供应链金融服务中心和科技金融创新中心。

物流信息服务功能。信息服务是物流服务的基本功能之一，目前以现代信息技术应用为代表的智慧物流服务在不断发展。北京作为全国知名的信息服务中心，拥有包括国家主管机关政务服务、属地地方政府政务服务平台等公共资源，以首都机场集团为代表的大型企业集团和北京空港科技园区发展股份有限公司等为代表的企业业务服务平台，并通过与其他国家主要物流信息平台的对接服务，实现国内与国际、企业与政府、机场与产业之间的全渠道对接，形成全区域、全业务、全流程的信息平台互联互通，并以此为基础将信息服务功能作为国家物流枢纽网络建设的重要纽带，为开展多种类型的业务集成和组织提供有力支撑。目前以区块链技术等为代表的全流程追溯技术不断发展，5G技术也为其提供了新的发展契机，未来物流信息服务将会得到更大的发展。基于"5G +

区块链＋物联网"深度融合，将积极通过枢纽协同打造先进的区块链供应链金融与溯源中心，利用区块链技术打通关、汇、税、运、付五大环节，重点发展区块链＋供应链金融、区块链＋溯源，解决区内企业融资、保税单据防伪、产品质量溯源等问题或需求，全面提升物流枢纽信息化服务水平，进一步优化企业发展环境。

全流程冷链物流服务功能。随着医药、农产品物流快速发展，冷链物流服务不断增加，特别是首都北京作为全国最主要的医药物流服务区域，三甲医院数量和密度远高于全国平均水平，是全国最大的医疗器械使用区和进口药品消费区，特别是在某些特殊的药品领域居全国领先水平。目前以高端水产和鲜活农产品为代表的高端国际农产品物流服务业也呈现了同样的发展趋势。因此全流程的冷链物流组织、实施是未来枢纽物流发展的重要领域。目前首都机场周边已经聚集了国药、上药等代表性企业，医药产业值不断增长。

3. 北京首都国际机场与北京大兴国际机场物流功能协同

北京已经进入一市双场的新航空物流发展时期，两个机场都被确定为国际枢纽，根据国家规划的功能定位，北京大兴国际机场定位为大型国际航空枢纽、国家发展的新动力源、支撑雄安新区建设的京津冀区域综合交通枢纽；北京首都国际机场定位为大型国际航空枢纽、亚太地区重要复合枢纽、服务于首都核心功能，将在现有基础上缓解"拥堵"、提质增效。在发展目标上，"两场"将形成协调发展、适度竞争、具有国际一流竞争力的"双枢纽"机场格局，推动京津冀机场建设成为世界级机场群。

二、北京空港枢纽经济发展总体思路

以首都机场国际航空枢纽建设为依托，以服务业扩大开放为突破口，以与大兴国际机场临空经济区协同发展为导向，强化临空型总部经济功能聚集，营造高效率、低成本国际物流服务体系，吸引"2＋4"产业（"2"为科技和文化两大主导产业，"4"为航空服务、生物医药、商会会展、融资租赁四大高端临空产业）资源及相关产业在枢纽周边聚集，进一步增强国际航空枢纽功能，完善口岸开放功能，服务首都经济高质量发展，进一步优化营商环境、完善城市功能，推动港产城融合协调发展。以顺义机场和大兴机场为核心载体，利用空港枢纽的设施条件和业务基础，快速打造高效率、低成本的服务国内、辐射全球的国际空港物流服务网络，形成枢纽经济物流核心圈。同时，吸引各类临空产业要素在北京枢纽周边聚集，形成枢纽经济要素聚集圈层，并通过要素整合和资源的优化配置，为相关产业的聚集发展提供支撑，形成与北京枢纽具有紧密关联关系的临空产业发展圈层。

三、北京空港物流枢纽经济实施路径

为加快北京枢纽经济发展，将重点以北京空港枢纽为载体加快物流供应链环境的营造，通过物流成本和效率优势吸引临空产业要素的聚集，带动关联产业高质量发展，实现在北京空港枢纽带动下的枢纽经济扩张发展和枢纽经济区建设。

（一）加快依托空港枢纽的供应链等软环境营造

1. 加强组织领导

按照"统一协调、统一政策、统一规划、统一宣传"的原则，建立北京市政府牵头的首都枢纽临空经济空港物流发展建设领导小组，健全由空港物流枢纽属地相关部门和首都机场集团、中航集团等重点航空及相关企业共同参与建设的推进机制和管理体制，建立民航地区管理局、中航集团及首都机场集团等重点民航企业、行业协会、国际知名咨询研究机构等深入参与空港物流建设发展协同工作机制，实现园区共建、思路共商、资源共享。

2. 深化改革创新

建设航空物流改革创新试验区，构建与航空物流发展相适应的政策环境。研究制定符合航空货运特点的航空安保政策、技术支撑和运行机制。全面推进市场准入、航权配置、时刻分配、货代管理、货运价格等领域的改革。构建综合运输管理协调机制，完善空地联运法规标准及相关政策，促进空陆联运和空铁联运。推进机场海关、边防、公安等部门的工作机制创新，与机场构建更加紧密的战略协同关系。由北京市、民航局等统筹财政，安排奖励资金并研究完善补贴机制。按照市场化方式设立首都民航产业发展基金，加大对北京空港物流航空货运枢纽建设的支持力度。强化机场与航空港实验区在发展规划和工作机制等方面的战略协同，推进基础设施、综合交通、产业发展等方面的合作。

3. 优化营商环境

深化行政审批制度改革，优化、整合重大项目投资的前置审批及中介服务，搭建重大项目综合调度平台，制定企业服务规程，加快建立公平开放透明的市场规则和法治化营商环境。积极运用大数据、云计算、物联网等信息化手段，畅通沟通渠道，不断提升政府服务效能。加强政策保障，继续开展和全面推进北京市服务业扩大开放综合试点，取得更多可复制可推广的创新成功经验。

4. 构建物流供应链服务生态体系

以北京枢纽既有基础设施和物流业务为依托，加快整合口岸服务、商务服务，运用大数据、云计算、物联网等信息化手段，搭建功能完善的北京枢纽供应链云平台，为北京枢纽经济发展营造良好的物流环境。进一步加快北京枢纽周边土地的收储，完善周边区域的市政基础设施配套服务。

（二）打造北京枢纽经济区

北京枢纽供应链的环境营造和要素聚集，将促进枢纽周边的产业加快聚集，打造具有区域竞争力的临空产业集群。

1. 打造临空型总部经济集群

贯彻落实"四个中心"城市战略定位，依托空港物流临空产业体系，大力发展临空型总部经济，助力国际一流的和谐宜居之都建设。紧紧围绕北京市构建"高精尖"经济结构和推动高质量发展的要求，重点引进和培育一批与首都城市战略定位相匹配、具有国际竞争力的临空型总部企业。以深化服务业扩大开放综合试点空港物流建设为契机，吸引跨国公司地区总部、研发中心等项目入驻，鼓励临空总部企业"走出去"，增强对全球高端资源要素的配置力、控制力和话语权。

2. 巩固强化临空经济核心产业

不断拓展航空前端、中端、末端产业业态，打造航空全产业链。大力支持通用航空、公务包机、飞机托管与资产管理、基地运营服务等航空服务业发展，不断增强首都国际机场作为国际大型航空枢纽的功能地位。

3. 积极拓展临空经济关联产业

一是科技服务产业。充分利用机场优势，发展具有临空特色的科技服务业和高精尖产业。支持新型研发机构、高水平企业研发中心以及科技成果转化项目落地发展，促进区域主导产业转型升级。二是新兴金融产业。依托"后沙峪金融商务区"等金融服务平台，引进产业基金、融资租赁、商业保理等新兴金融业态。三是文化旅游产业。积极发展文化旅游产业，促进多元文化交流融合。大力发展艺术品贸易、影视贸易、文化装备贸易等产业形态，为国内外文化企业和机构提供展示体验、交流推广等国际化服务。

4. 加大物流产业新模式、新业态培育力度

针对现代物流产业发展新业态明显不足的问题，在跨境物流、航空物流、社区物流、城市配送等领域重点设立专项工程，培育未来能够引领现代供应链管理、现代服务业创新等方面的新企业，形成物流产业发展的新路径。

第五章

北京城市副中心公共交通与运行效率现状

通州作为北京城市副中心，是北京未来发展的中心，是国际一流和谐宜居之都示范区、新型城镇化示范区、京津冀区域协同发展示范区，因此需要将交通建设作为城市发展驱动力，优化提升城市副中心交通治理水平与交通运行效率。对于通州区公共交通系统而言，《北京城市总体规划（2016年—2035年）》《交通强国建设纲要》《北京城市副中心（通州区）"十四五"时期交通发展建设规划》的发布以及市级行政机关入驻，都对通州区交通发展提出更高要求。

2015年4月，中共中央政治局审议通过了《京津冀协同发展规划纲要》，提出加快规划建设北京市行政副中心。

2016年6月，北京市启动了城市副中心总体城市设计和重点地区详细城市设计的国际方案征集工作，同步开展了《北京市通州区总体规划（2016—2035）》和《通州区与廊坊北三县地区整合规划》等编制工作。该阶段，交通规划工作重点关注城市副中心内部交通系统的构建，主要体现在缝合重大交通廊道对城市的割裂、高标准建设"公交都市"、建设步行和自行车友好城市、构建基础设施服务环境等方面。

2017年，进一步完善了城市副中心详细规划，形成了《北京城市副中心控制性详细规划（街区层面）（2016年—2035年）》。

第一节　北京城市副中心交通发展总体状况与研究现状

副中心公共交通系统基础设施建设不断完善，公交优先发展战略持续推进，交通承载能力不断提高，交通运输行业稳步发展，交通服务质量和管理水平不断提高。

一、副中心公共交通发展总体状况

（一）道路交通网络

"十三五"期间，城市副中心路网建设有条不紊地持续推进，形成"六横四纵"骨干路网。同时建成水仙东路、将军府路等 11 条次支路。全区公路共有国省县道 61 条、乡道和村道 1134 条，副中心外公路里程达到 2128 公里，初步形成"八高速、十二横、七纵、多支线"的骨干路网格局。

（二）轨道交通网络

全区共有轨道线路 4 条，分别为 6 号线、7 号线、1 号线—八通线和亦庄线，共有轨道车站 23 座，运营长度 37.16 公里，副中心轨道交通线网密度已达 0.24 公里/平方公里。2019—2020 年，开通市郊铁路 2 条，分别是市郊铁路城市副中心线和通密线。轨道交通通过优化时刻表实现大小交路套跑，调节轨道不均衡客流，提高发车班次，提升 6 号线服务水平。

二、目前存在的问题

通州区公共交通运行发展不平衡不充分的矛盾仍然突出，发展过程中仍存在可提升的环节。

（一）公交线网仍需进一步优化

总体来看，公交线路重复度高，服务能力不均衡，公交服务水平有待提升。接驳设施如轨道、公交、慢行、出租设施等规划建设不到位，导致接驳换乘体验感较差，一定程度上降低了公共交通吸引力，因此亟须优化公交线路和场站布局。

（二）交通治理精细化水平仍需加强

从现状来看，重点区域、重要交通节点的通行能力仍需进一步提升，需要制定精准的交通运营管理方案及策略，提升精细管理和精准服务水平。

（三）区域交通发展的协同性有待加强

在京津冀协同发展新形势下，根据《北京市通州区与河北省三河、大厂、香河三县市协同发展规划》，副中心的公共交通体系建设需要考虑与北三县的一体化发展，推动区域交通设施的互联互通，加强与周边区域之间的交通联系。

综上所述，依据《北京城市副中心（通州区）"十四五"时期交通发展建设规划》要求，结合京津冀协同发展需求以及市级行政机关入驻新形势，不断提升公共交通运行效率，营造尊崇绿色出行的社会氛围，进行公共交通需求详细分析，为布局干线、普线、微循环线加定制公交的"3+1"线网层级体系提供基础数据。

三、发展趋势分析

（一）京津冀协同发展

京津冀协同发展，是习近平总书记亲自谋划、亲自部署、亲自推动的国家战略。交通一体化是推进京津冀协同发展的先行领域，通州区应聚焦京津冀协同发展桥头堡这一定位，做实做细与北三县的交通一体化建设工作，推动区域交通设施的互联互通，加强与周边区域之间的交通联系，构建统筹开放的交通网络，显著提升内外交通畅达能力，形成承载辐射功能突出的综合立体交通系统，实现首都功能在更大范围内优化布局。依托京唐（滨）城际铁路和城际铁路联络线，在京津冀地区构建与河北雄安新区、区域性中心城市及枢纽机场之间直连直通的城际铁路网络。未来副中心将会持续推动落实《北京市通州区与河北省三河、大厂、香河三县市协同发展规划》，加快区域轨道和道路网等交通基础设施建设。同时，未来北京东部各区与中心城区的单向联系将调整为多向联系，要充分发挥城市副中心的引领作用，激活带动顺义、平谷、大兴（亦庄）等东部各区联动发展，形成主次分明、分工有序的网络化城镇体系，加快构建综合、绿色、安全、智能、现代、立体的区域交通系统。

（二）枢纽功能加强

从现状区域整体角度看，通州区过境型交通及末端型交通特征突出。过境型交通特征一方面体现在东西方向北三县经由通燕高速和京哈高速等进入中心城；另一方面体现在南北方向周边省市货运交通利用东六环过境较多。末端型交通特征主要体现在轨道交通层面，通州区内轨道系统均为中心城区轨道延伸，包括轨道6号线、轨道1号线及八通线、轨道7号线及东延等。从发展阶段特征来看，副中心逐步向"枢纽型交通"转变，不断完善对中心城的交通反磁力，发挥副中心的聚集和辐射作用，推动交通发展由被动适应城市发展向主动引导城市发展转型。在建立城市副中心区域枢纽型交通的发展过程中，以不同层次的枢纽体系为载体，主动对接不同范围的多种交通需求，促进区域交通的转换、集散和融合，逐步形成综合交通运输体系。

（三）智慧交通进一步发展

未来以数字化、智能化技术为特征的新出行产业会迎来更快的发展和建设时期。需要构建实时感知、监测、预警、决策、管理和控制的智能交通体系框架，实现交通建设、运行、服务、监管全链条信息化和智能化。逐步实现人车路协同一体、实时交互和信息共享，保障交通安全，提升道路通行效率。充分考虑未来科技发展趋势，为智能驾驶、智能物流等新兴技术预留实施条件，逐步实现"出行即服务"，让居民出行更便捷，选择更多样，体验更舒适。

（四）交通需求个性化、多样化发展

副中心大量的流动人口也是交通系统服务的主要对象。在交通出行率相对稳定的前提下，全区交通出行总量将呈现快速增长态势。人民群众对交通出行品质的要求显著提高，交通出行需求也将呈现多元化趋势。信息技术的快速发展将为实现跨交通方式服务资源整合、出行需求实时动态响应以及更加灵活的交通调度组织提供可能。

第二节　干线交通沿线需求分析

面向副中心城市交通公交优先、绿色出行的建设理念，需要设计以区域协同为主导的多层次公交网络，充分考虑城市副中心与中心城区、廊坊北三县地区之间的互动关系，考虑地面公交与轨道交通多网融合、多点衔接功能，提高区域协同服务水平。基于此，下文基于历史公共交通大数据、多源地理大数据等，考虑与轨道交通、停车场、共享单车等换乘衔接，分析乘客多样化出行需求。

一、基于多源地理大数据的出行需求分析

地理大数据是表达地理空间中各种要素属性的数据，可以用来描述空间要素的客观存在，包括空间信息、属性特征、时域特征及空间关系。"多源"指的是获取空间数据具有多种渠道和方法，较常见的有传感器数据、电子地图数据、互联网数据、基站数据、问卷调查数据等。

电子地图中包含了海量与人们"衣食住行"密切相关的空间数据，其中与"行"相关的主要有路网数据及各类兴趣点（Point-of-Interest，POI）数据。通过对主流电子地图的数据完备性、可获取性、有序性等方面进行比较，最终选取高德地图和百度地图作为上述两种数据的来源。路网数据通过电子地图下载得到，是包括道路等级和长度等属性的矢量数据；各类POI数据通过电子地图的应用程序编程接口（Application Programming Interface，API）获取，主要获取的POI类型有居住小区、写字楼、政府、医院、学校、公交枢纽、停车场等。

互联网数据因其更新周期短、可获取性高、现势性好等特点而被广泛应用于各个领

域。此类数据既包括居住小区信息，又包括写字楼信息，其中居民小区信息主要有名称、房价、户数等属性，写字楼信息主要包括建筑面积、楼层、租金等属性。

城市交通数据主要包括地铁刷卡数据、公交刷卡数据和共享单车骑行数据等。地铁刷卡数据包括卡号、进出站编号及进出站时间，通过对地铁刷卡数据进行统计可得到站点的进出站量；公交刷卡数据包括卡号、上下车站编号及上下车时间，将地铁刷卡数据与公交刷卡数据通过卡号关联和统计，可得到公交乘降量及公交接驳量。

为研究公交线网优化问题，必然需要首先了解副中心内部重要公共交通干线周边相关需求分析，使得地面公交更好辅助轨道交通，为布局区域协同多层级公交线网奠定研究基础。

（一）北京地铁 6 号线（通州部分）沿线情况

北京地铁 6 号线（Beijing Subway Line6），起于金安桥站，途经石景山区、海淀区、西城区、东城区、朝阳区、通州区，止于潞城站，是连接主城区 CBD、金融街与北京城市副中心运河商务区、政务区的重要通道。

1. 区域业态分析

本书重点对 6 号线通州段沿线的周边（800 米）业态、人口分布、交通衔接进行分析，包括物资学院路、通州北关、北运河西、北运河东、郝家府、东夏园、潞城站。图 5-1 表示北京 6 号线沿线 POI 分布情况。

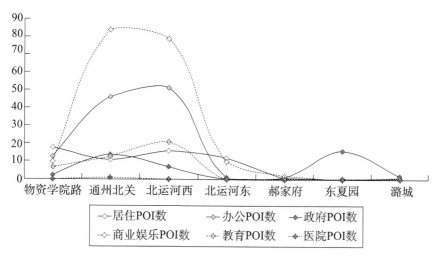

图 5-1　北京 6 号线沿线 POI 分布

从图 5-1 中可以发现，物资学院路站周边居住 POI 数量最多，通州北关、北运河西周边商业娱乐 POI、办公 POI 数量较多，东夏园周边主要是政府 POI。对站点周边信息进一步收集、分析，将 6 号线沿线车站周边分为以下几种类型。

（1）居住型。

物资学院路周边分布有大量房源，通过链家网数据显示，该地区周边房源多、租金便宜、交通便利，是许多在中心城区工作年轻人居住的热门区域之一。

（2）办公型，商业娱乐型。

通州北关、北运河西地处副中心运河商务区的核心地带，为北京城市副中心商务功能的主要承载地，聚集了富力、绿地、保利等集团开发的写字楼、商业中心项目，未来将会成为工作人口主要聚集地。

（3）政务型。

郝家府、东夏园毗邻通州核心政务区，承载政府办公功能，也是工作人口聚集区域。

（4）枢纽型。

潞城站周边POI数量较少，属于待开发地带，但潞城承接了远郊区乘客乘坐地铁6号线的接驳功能，周边配套大型停车场，也拥有较多的公交线路。北运河东目前POI数量也较少，仅拥有通运小学一个教育POI，以及紫运南里回迁房居住POI。但北运河东正在建设北京城市副中心最大的综合交通枢纽项目，未来将承接副中心与首都机场、大兴机场、北京朝阳站、北京南站、北京西站等互联互通的枢纽功能。

2. 人口分布

基于高德地图，分别对各个站点周边300米、500米范围的居住人口、工作人口数据进行采集，结果如下。

（1）居住人口分布。

从统计数据可以发现，物资学院路周边聚集了较多居住人口，半径500米范围内人口数量达1.5万人以上（见图5-2），与业态分析结果相一致。此外，北运河西500米范围内人口聚集较多，在9000人左右。

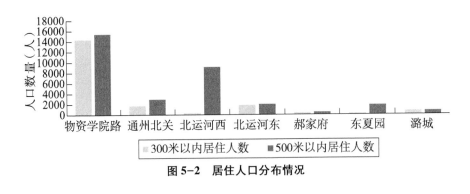

图5-2　居住人口分布情况

（2）工作人口分布。

可以发现，物资学院路居住人口虽然多，但工作人口较少。通州北关、北运河西作为运河商务区的核心地带，吸引了大量商业办公的人员，半径500米范围内工作人口分别为1.2万人、0.9万人以上。郝家府、东夏园由于毗邻副中心的主要政务区,也吸引了大量的工作人口(见图5-3)。

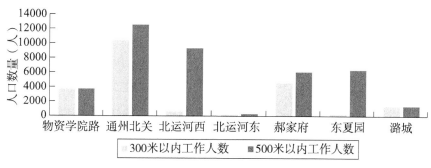

图5-3　工作人口分布情况

3. 交通方式接驳

本节主要分析轨道站点与地面公交的接驳情况,未来可以收集到更多数据,用以分析共享单车与地面公交的接驳情况。如图5-4所示。

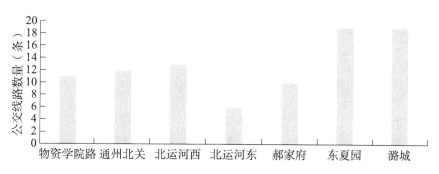

图5-4　轨道站点与地面公交接驳线路数量

从图5-4中可以发现,大部分地铁站周边都有10条以上的公交线路接驳,其中东夏园和潞城地铁站数量最多,能达到19条;北运河东公交线路最少,只有6条,接驳难度最大。

北京市公交系统中,公交编号1~99为市区线路,101~132多为电车线路,300~399多为市郊线路,401~499定位混乱,有的是市区穿行的线路,有的则是郊区线路,501~599为小区线路,601~753是线路较长且分段计价的线路,800~998是八方达运营远郊线路。"T"开头公交多为北京公交集团第五客运分公司在通州运营的线路。"通"开头公交多为北京公交集团城市副中心客运有限公司在通州运营的线路。"专"开头公交为微循环线路。

4. 客流分析

6号线是北京地铁全路网中东西走向的大客流干线。其开通后,为原来1号线减轻了压力，但随着副中心发展，6 号线客流压力剧增。如图 5-5、图 5-6 所示。

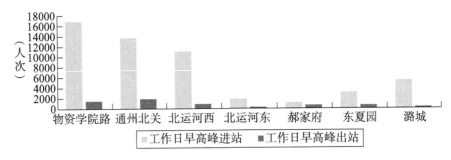

图 5-5　工作日早高峰进出站客流量

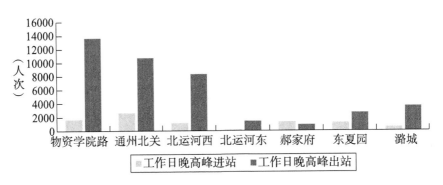

图 5-6　工作日晚高峰进出站客流量

从图 5-5 和图 5-6 中可以看出，早晚高峰期，6 号线客流的空间分布极不均衡。东段早高峰，大量客流从通州涌入 6 号线，客流主要集中在物资学院路、通州北关、北运河西，但在通州段出站的乘客并不多。而晚高峰与之相反，物资学院路、通州北关、北运河西出站量高。6 号线中草房、常营也是居住属性较高的地区，在与通州段共同作用下，导致 6 号线在青年路到呼家楼区间极度拥堵，容易出现安全隐患。

物资学院路早高峰时期进站量在 1.6 万人次以上，而经过居住人口分析，其周边人口在 1.5 万人以上，可以发现物资学院路客流主要为居住在站点周边较近范围内的人口；北运河西 500 米范围内居住人口也与早高峰客流相匹配；通州北关早高峰进站量约为 1.4 万人次，而 500 米以内居住人口不到 3000 人，在一定程度上说明其客流主要是居住在站点周边 500 米以外的人口，可以作为地面公交微循环的主要目标。未来可以扩大站点周边人口数据收集范围，进一步确定微循环公交的需求。

（二）北京地铁 1 号线（通州部分）沿线情况

北京地铁 1 号线呈东西走向，自西向东经石景山区、海淀区、西城区、东城区、朝阳区至通州区。该线在苹果园站封站期间西起古城站，东至环球度假区站。

1. 区域业态分析

本书重点对 1 号线通州段沿线业态进行分析，包括通州北苑、果园、九棵树、梨园、临河里、土桥、花庄、环球度假区。图 5-7 表示沿线 POI 分布情况。

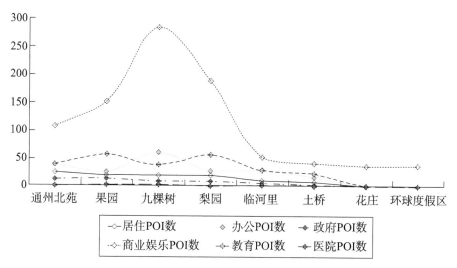

图 5-7　北京地铁 1 号线（通州段）沿线 POI 分布

通州北苑居住 POI 数相对其他几个站点是最多的，通州北苑、果园、九棵树、梨园的商业娱乐 POI 数较多，果园、梨园周边教育 POI 数也相对较多。果园、九棵树、梨园由于处在副中心老城区，发展较为成熟，相比于 6 号线其 POI 业态更为丰富，也更为复杂，并不能简单区分每个站点周边的业态类型。

2. 人口分布

基于高德地图，分别对各个站点周边 300 米、500 米范围的居住人口、工作人口数据进行采集，结果如下。

（1）居住人口分布。

从统计数据（见图 5-8）可以发现，通州北苑、果园、梨园聚集了较多居住人口，尤其是梨园 500 米半径范围内人口数量接近 3.5 万人，果园居住人口也接近 3 万人。通州

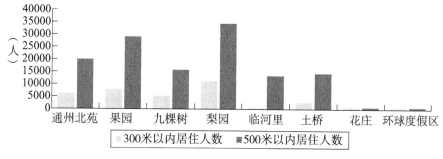

图 5-8　居住人口分布情况

北苑更接近朝阳区，在500米范围内居住人口也聚集较多，约为2万人。

（2）工作人口分布。

从图5-9可以发现，果园居住人口虽然多，但工作人口较少，不足1万人。通州北苑周边有万达广场、华联、国泰百货等大型商业中心，500米范围内工作人口在4万人以上。此外，九棵树、梨园由于位于通州发展成熟地区，也吸引了大量的工作人口。

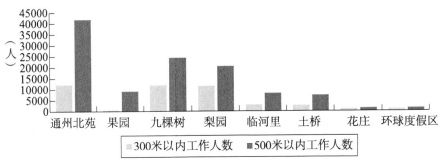

图5-9　工作人口分布情况

3. 客流分析

1号线也是北京地铁全路网中东西走向的大客流干线。连接主城区国贸、王府井、西单等主要商业区，且换乘站较多。

从图5-10和图5-11中可以看出，早晚高峰期，1号线客流的空间分布不均衡。东段早高峰，客流主要集中在通州北苑、果园、九棵树、梨园、土桥，但在通州段出站的乘客并不多，而晚高峰与之相反。

梨园高峰时期进站客流量约为1.1万人次，而经过居住人口分析，其周边居住人口约为3.5万人，工作人口约为2万人，有1.5万左右的居住人口前往北京市主城区工作。通州北苑在工作日早高峰出站量约为2000人次，居住人口有2万人，但工作人口却有4万人，说明通州北苑是办公聚集地区，但大部分工作人口并不是乘坐轨道交通出行。

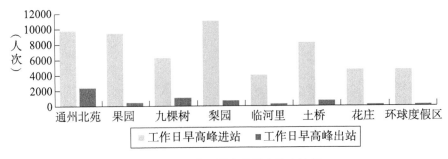

图5-10　工作日早高峰进出站客流量

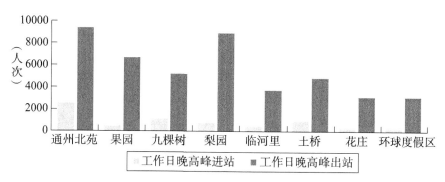

图 5-11 工作日晚高峰进出站客流量

（三）北京地铁 7 号线（通州部分）沿线情况

北京地铁 7 号线呈东西走向，线路西起丰台区北京西站，途经西城区广安门、东城区广渠门、朝阳区欢乐谷景区，东至通州区环球度假区站。

1. 区域业态分析

本项目对 7 号线通州段沿线业态进行分析，包括万盛西、万盛东、群芳、高楼金、花庄、环球度假区。图 5-12 表示北京地铁 7 号线（通州段）沿线 POI 分布情况。

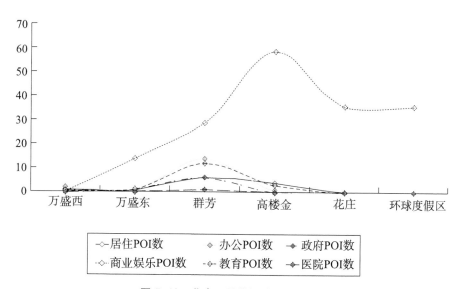

图 5-12 北京 7 号线沿线 POI 分布

从图 5-12 中可以看出，群芳、高楼金、花庄、环球度假区的商业娱乐 POI 数较多，群芳周边办公 POI 数、教育 POI 数也相对较多。环球影城是重要的旅游景点，周边配备了相应的民宿等业态。整体来看，7 号线属于通州三条公共交通干线当中最南端的一条东西干线，周边业态发展不成熟，还处于起步阶段。

2. 人口分布

基于高德地图，分别对各个站点周边 300 米、500 米范围的居住人口、工作人口数据进行采集，结果如下。

（1）居住人口分布。

从统计数据可以发现，只有高楼金周边聚集了较多居住人口，500 米半径范围内人口数量在 1.6 万人以上，其次是万盛东，约为 5000 人（见图 5-13）。

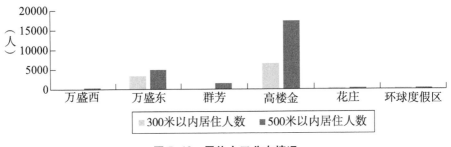

图 5-13　居住人口分布情况

（2）工作人口分布。

可以发现，高楼金居住人口虽然多，但工作人口较少，约为 2000 人。万盛东工作人口较多，在 3000 人以上（见图 5-14）。

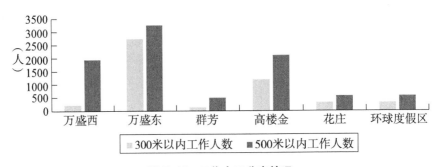

图 5-14　工作人口分布情况

3. 客流分析

7 号线也是北京地铁全路网中东西走向的大客流干线，且换乘站较多。

从图 5-15 和图 5-16 中可以看出，7 号线东段早晚高峰的客流主要集中在花庄、环球度假区，但周围居住人口并不多，可以推测以上站点主要是周边 500 米以外或更远郊区乘客作为换乘的公交枢纽。

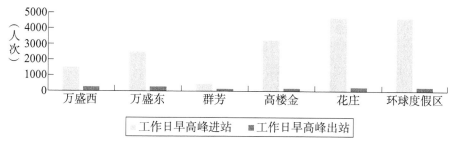

图 5-15　工作日早高峰进出站客流量

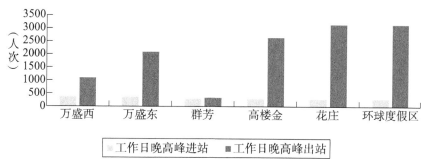

图 5-16　工作日晚高峰进出站客流量

（四）需求分析总结

1. 高峰时期轨道交通较为拥挤

从客流分析中可以看出，地铁 6 号线、1 号线早高峰进站客流量，通州整体区段都在 4 万~5 万人，对地铁运营带来极大的压力，整体出行十分拥挤，居民幸福感降低。

2. 微循环线路覆盖较少

微循环公交线路覆盖较少，每个车站仅有 1 条微循环线路，最多的车站也仅有 3 条线路，服务社区较少，远不能满足高峰时期出行需求。

3. 公共交通网络整体可达性较低

通州副中心由于其处于五河交汇之地，河道天然的切割了道路交通连通性；此外，通州毗邻燕郊、大厂、香河等地，承载北京市对外交通通道功能，通燕高速、京哈高速、京通快速等高速公路同样对通州内部交通产生一定影响。由于自然原因和过境交通的共同作用，使得副中心整体道路交通网络连通性较差，公共交通系统的可达性较低。

4. 地面公交可靠性不高

通过需求分析发现，居民外出乘坐的大部分公交线路存在绕行线路长、站点密集的情况，导致乘坐公交出行时间远高于采用自行车、出租车出行的时间，很难保证出行时间的可靠性。

二、多层级公交线路规划策略

（一）城市公交线路规划原则

城市公交线路规划时必须以方便城市居民出行为原则，同时还要考虑营运单位和城市交通系统的利益。因此在公交线网规划过程中应遵循以下几个原则。

（1）方便顾客出行原则。公交线路的走向大体与城市居民出行的流向一致，尽量满足居民的出行需求；尽量按 OD 对之间的最短路布设公交线路，以使全服务区的乘客的总出行时间最少；尽量使乘客能够直达，使其总换乘次数最少，方便居民的出行。

（2）提高公交企业效益的原则。尽量使得规划区公交线路网覆盖率大，使公交线路分布均匀，以减少公交空白区；尽量使公交线路负载均匀，发挥其运能，提高公交线路的利用率。

（3）维持城市交通可持续发展的原则。公交线路的布设不仅要满足当前的客流需要，而且要适应城市交通的发展，要能反映出城市未来的变化，与城市的长远规划相匹配。

（4）城市公交线网必须综合规划，组成一个整体，体现和贯彻以人为本、服务为本的思想，体现合理性和可操作性相结合的原则。

（5）市区公交线路、郊区公交线路和对外公交线路应紧密衔接，并协调各线路网的集散能力。

（6）要考虑公交发展历史和公交线路的延续性，兼顾和利用已有线路，综合协调新老公交线路之间的关系。

（7）公交线网还应对城市用地的发展具有较好的适应性，其布局应与城市用地布局相协调，与城市用地规划范围内主要客流的流向一致，促进城市发展。

（8）各主要客流集散点之间应有公共交通线路直接相连；主要客流的集散点应设置不同交通方式的换乘枢纽，方便乘客停车和换乘，以缩短乘客出行时间，扩大乘客活动可达范围。

（二）影响因素分析

公交线网规划主要考虑以下几个方面的影响因素。

（1）交通需求。城市公共交通出行需求包括出行数量、客流分布和出行路径的选择，是影响公交线网规划的首要因素。在保证一定的服务水平下，在客运需求较大的区域，设置客运能力较大的公交线网。理想的公交线网规划布局应该能够满足大多数交通出行需求，具有服务面积广、出行时间短、非直线系数小、可达性高、直达率高等特点。

（2）道路条件。如果没有城市道路网络，公交线路就无法布设。并非所有的城市道路都适合开行公交线路，还要考虑道路的几何形状、容量限制和路面条件等因素。

（3）场站条件。起（终）点站的选址可作为公交线网规划的约束条件之一，也可以在公交线网优化后，根据公交线路及车辆配置情况来确定起（终）点站的位置及其规模。

（4）车辆条件。影响公交线网规划的车辆条件包括公交的物理特征、载客指标、操作性能和车队大小等。根据车辆总数、车辆的载客能力和公交线路的配车数量可决定公交线路的总条数。而总的公交车辆数可以作为公交线网规划的限制条件之一，也可以先规划公交线网，再根据公交线路配置车辆，得到该线路所需的总车辆数，再在此基础上考虑车辆数量的限制。

（5）效率因素。效率因素是指公交线网规划的单位投入（如每班次、每公里等）所获得的服务效益。它不仅反映公交线路的运营情况，还反映公交线路所途经地区的公交出行需求量和公交线路对乘客的吸引力。

（6）政策因素。政策因素包括城市交通管理政策（如公交优先政策与车辆管制措施）、社会公平性保障政策（如照顾边缘和偏远地区居民的出行）和城市的土地发展政策（如公共交通为导向的开发，通过开辟部分公交线路诱导居民出行，促进沿途地区经济发展）等。

（三）多层级公交线网规划策略

1. 地面公交辅助干线交通运输
从客流分析中可以发现，地铁6号线、1号线早高峰进站客流量，通州整体区段都在4万~5万人，对地铁运营带来极大的压力。且物资学院路、通州北关一直是北京地铁的常态化限流车站，对于早高峰出行乘客，即使是快速、便利的到达车站仍然需要排队等候。因此针对高峰时期交通出行，部分公共交通需要为轨道交通起到"分流"作用，作为副中心连通北京主城区的一种补充的干线交通，如快速公交系统BRT。

2. 地面公交与干线公交接驳
一方面，地铁6号线、1号线、7号线作为三条同为东西走向的地铁线路，在通州地区缺少径向连接线路，导致三条线路连通性较差，相关纵向地铁线路（M101、M102）还在规划阶段，何时开通还没有确切时间。此时地面公交作为辅助手段，通过建设轨道交通的联络线，可以加强南北向交通联系，也为公共交通网络结构的可达性、合理性奠定基础。另一方面，地铁6号线、1号线客流量明显高于7号线，设置相应联络线，可以将6号线、1号线的去往南城（如亦庄、大兴等地）的客流疏导至客流密度较为稀疏的7号线。

3. 微循环公交解决居民"最后一公里"问题

微循环公交作为主干公交系统的有力补充方案，能够解决居民出行的"最后一公里"问题，减少步行距离，提高出行效率和便利度。但从目前调研情况来看，首先微循环公交线路覆盖较少，每个车站仅有1条微循环线路，最多的车站也仅有3条线路，远远满足不了需求。

第三节　关键区域的信控道路交通效率调查分析

通过制定分时段、分道路、分车种和分流向交通组织策略，科学合理配置时间、空间资源，让时间和空间资源在有限的情况下得到最大化利用，用以提升副中心重点区域、重要交通节点的通行能力，解决副中心新老城区交通拥堵问题。基于此，下文进行两方面分析：副中心拥堵路段数据采集与分析；选取典型交叉口，进行交叉口信道调查设计与分析。

一、副中心高峰时期拥堵区域交通流分析

（一）拥堵数据采集

调查日期是2020年9月20—24日，属于工作日，具有普遍性和代表性。从选取时段来看，既包含了车辆出行高峰时段，又包含了非高峰时段，能反映全天交通流量状况。在每个调查时段以5min为一个时间间隔将其划分为12个时间段。

本书选取了通州区内拥堵较为严重的交叉口以及相应路段，具体如表5-1所示。

表 5-1　　　　　　　　　　　　交叉口采集范围

序号	名称	经度	纬度	半径（米）
1	二道闸路口	116.667808	39.929349	500
2	潞河医院	116.664181	39.907072	500
3	物资学院	116.645561	39.933195	500
4	耿庄桥路口	116.693755	39.929917	500
5	白庙北检查站	116.781305	39.948389	500
6	土桥路口	116.701773	39.875555	500
7	果园环岛	116.663324	39.898587	500
8	玉桥中路	116.683178	39.906416	500
9	梨园路口	116.67394	39.891073	500

序号	名称	经度	纬度	半径（米）
10	北苑路口	116.642791	39.912292	500
11	通朝大街广渠路口	116.663331	39.898567	500
12	京哈高速台湖出口	116.629694	39.863795	500
13	友谊大桥	116.847797	39.863098	500
14	六环西侧路和京榆旧路路口	116.712251	39.942821	500
15	施园桥	116.688405	39.844603	500
16	万达广场	116.642754	39.912292	500
17	潞河中学	116.659817	39.90737	500
18	北投爱琴海	116.664022	39.914216	500
19	邓家窑桥	116.654727	39.935579	500

最终获得部分拥挤路况采集结果如表 5-2 所示。

表 5-2　　　　　　　　　拥挤路况采集结果示意

路口	整体	描述	路段	方向	长度（米）	速度（公里/小时）
施园桥	4	严重拥堵	东六环路	双向	0	FREE
施园桥	4	严重拥堵	唐施路	双向	0	FREE
施园桥	4	严重拥堵	大广高速	南向北，施园桥附近	1180	2
施园桥	4	严重拥堵	大高力庄路	双向	0	FREE
施园桥	4	严重拥堵	张台路	南向北，东六环路附近	610	5.49
施园桥	4	严重拥堵	施园桥	双向	0	FREE
…	…	…	…	…	…	…

（二）拥堵路段分析

以施园桥路口为例，主要拥堵路段为"大广高速"由南向北方向，拥堵级别为"严重拥堵"，拥堵长度为 1180 米，车流运行速度仅为 2 公里/小时。"张台路"由南向北方向，拥堵级别为"严重拥堵"，拥堵长度为 610 米，车流运行速度仅为 5.49 公里/小时。工作日晚高峰期间，该交叉口附近道路交通流量始终处于大流量状态，车流高峰与平峰时段区分十分明显。由此可以看出该交叉口是今后道路改造、交通管理规划的重点考虑区域。

二、拥堵区域交叉口信道调查分析

以"北京物资学院"路口为例进行交叉口信道调查的设计与分析。

（一）交叉口道路基本状况

调查的交叉口位于北京市通州区的富河大街与物资学院路交叉处。富河大街为东西走向，物资学院路为南北走向。

富河大街东进口由三条机动车道和一条非机动车组成，机动车道宽2.3~2.5米，为直行、左转、右转合用车道，该路段两侧非机动车道宽为2~2.5米，停车线距人行横道的长度为2~2.5米（见图5-17）。

图5-17 富河大街实况（物资学院路口东部）

其西进口由三条机动车道和一条非机动车道组成，机动车道宽为2.3~2.5米，为直行、左转、右转合用车道，该路段两侧非机动车道宽为2~2.5米，停车线距人行横道的长度为2~2.5米（见图5-18）。

图5-18 富河大街（物资学院路口西部）

物资学院路南进口有两条机动车道，一条非机动车道以及一条人行道（见图5-19），机动车道宽度为2.3~2.5米，该路段两侧非机动车道宽度为2~2.5米。

图5-19　物资学院路（物资学院路口南部）

物资学院路北进口有一条机动车道、一条非机动车道以及一条人行道，机动车道宽度为 2.5~3 米，非机动车道宽度为 1 米左右（见图 5-20）。

路口配备有人行横道信号灯、各机动车转向信号灯及交通标志牌等。

图5-20　物资学院路（物资学院路口北部）

（二）交叉口调查设计

关于交叉口运行效率的调查设计主要分三个方面，包括交叉口信号灯配时、信号灯相位调查、交通量调查（见表 5-3、表 5-4、表 5-5）。

表 5-3　　　　　　　　　　　　交叉口信号灯配时调查

路口位置	富河大街与物资学院路			时段	工作日早高峰	
方向	东进口					
信号灯	信号灯 1			信号灯 2		
类别	红灯	绿灯	黄灯	红灯	绿灯	黄灯
时间（s）						
方向	西进口					
信号灯	信号灯 1			信号灯 2		

续表

路口位置	富河大街与物资学院路			时段	工作日早高峰		
类别	红灯	绿灯	黄灯	红灯	绿灯	黄灯	
时间（s）							
方向	南进口						
信号灯	信号灯1			信号灯2			
类别	红灯	绿灯	黄灯	红灯	绿灯	黄灯	
时间（s）							
方向	北进口						
信号灯	信号灯1			信号灯2			
类别	红灯	绿灯	黄灯	红灯	绿灯	黄灯	
时间（s）							

表5-4　　　　　　　　　　　　交叉口信号灯相位调查

信号灯	相位差
东进口信号灯1	
东进口信号灯2	
南进口信号灯1	
南进口信号灯2	
西进口信号灯1	
西进口信号灯2	
北进口信号灯1	
北进口信号灯2	

（三）关键交叉口运行效率分析

通常表征交叉口运行状态的指标较多，但通行能力及延误是最为常用的两个指标。通行能力指标反映了交叉口的最大吞吐能力，而延误指标表征了交叉口交通流的时间损失。单独应用这两个指标难以综合衡量交叉口的实际运行状态。为了较为全面地分析交叉口运行状态，本书对交叉口的通行效率影响因素进行如下分析。

1. 交通流冲突

由于城市道路交叉口汇集了不同类型不同转向的交通流，其中某些交通流的运行轨迹

表 5-6

交通量调查

路口名																		日期						天气					
控制	灯控路口												进口	南进口						记录	多云								
流向	左转						直行						右转					
统计时段	小型车	中型车	大型车	非机动车	混合	当量	小型车	中型车	大型车	非机动车	混合	当量	小型车	中型车	大型车	非机动车	混合	当量
时间分区（分）																		
0~5																		
5~10																		
10~15																		
15~20																		
20~25																		
25~30																		
30~35																		
35~40																		
40~45																		
45~50																		
50~55																		
55~60																		
合计																		

注：换算为当量时，大型车取值 2.0，中型车取值 1.5，小型车取值 1.0。

不仅在空间上存在冲突点，时间上也极有可能存在冲突。在出现时间或空间冲突时，交通个体通常会采用减速、停止等待或占用其他车道的方式来避免发生交通事故。减速或停止等待导致其后面的交通个体速度下降，因此整个交叉口的交通冲突会向周围交通流扩散蔓延。

2. 路权分配

路权是交通参与者根据交通法规的规定，一定空间和时间内在道路上进行道路交通活动的权利。在交通拥堵等一系列交通问题日益突出的情况下，如何更好地分配不同交通参与者的用路权利，成为影响城市道路通行效率的因素之一。

3. 信号配时

设置信号灯是保障道路交叉口按照相应的指示依次通行的重要措施。交叉口信号灯配时应该是协同联动的，不合理的信号配时与相位差会令交叉口通行效率下降。

（四）提高城市道路通行效率采取的措施

1. 优化交通信号灯

交通信号灯是对交叉口进行实时的控制，使各种交通工具各行其道，实现对交叉口交通的渠化，提高交叉口的通行能力和保障交通安全。但是信号灯设置的形式不同，在一定程度上会影响交叉口的通行效率。

针对城市道路交叉口优化设计问题，国内相继出台了一系列设计指南和规范。上海市 2001 年编制了《城市道路平面交叉口规划与设计规程》，提出了交叉口设计"因地制宜、以人为本、公交优先"的原则。杨晓光编著了《城市道路交通设计指南》，该指南针对交通空间设计、交通控制方案设计、设计方案评价等给出了具体参考标准。华中科技大学编制了《城市道路交叉口规划规范》，适用于新建和改建城市道路交叉口设计。为科学合理地规划城市道路交叉口，我国于 2012 年实施国家标准《城市道路交叉口规划规范》，对平面交叉、立体交叉、道路与铁路交叉、行人与非机动车过街设施、公共交通设施等内容进行了规定。

2. 合理优化交叉口渠化

在设置右转交通岛时，要根据目前交叉口的右转车辆的情况合理推算出未来右转交通的需求，合理地设置右转交通岛的布局参数；与此同时，可以加强新建交叉口的优化力度，设置时要结合城市的发展特点和道路的性质，综合对交叉口进行设计。

（五）城市交叉口信道优化策略

1. 车流量特征提取

根据采集到的交通大数据（见表 5-2），提取城市交通的车辆密度（速度）与时段特征，为后续的交叉路口车流优化提供数据基础。由于百度地图并不直接提供路口车流量数据，但根据采集到的数据以及交通流理论，可以进行城市交通车辆流量特征提取与转换。车流密度一般可以通过道路拥挤情况、车道数量、拥堵路段的长度以及每辆车平均长度进行估算。

2. 交叉口优化步骤

步骤一：交叉口拥堵情况分析。

交叉口是城市道路网中的瓶颈，是制约道路通行能力的咽喉，决定着城市道路系统通行能力、行程时间、行车延误和营运效率及安全。在交叉口处，机动车、非机动车、行人之间的干扰较多。机动车之间的干扰，机动车与过马路的行人之间的干扰，尤其是机动车与非机动车之间的干扰，更容易导致交通流的混乱和事故的发生。因此，进行交叉口拥堵情况分析十分必要，为后续发现与解决交叉口存在的问题，提供了基础的数据支撑。

步骤二：问题分析与提出。

通过上一阶段的现状分析，需要发现目前交叉口存在的问题是什么，为后续解决问题奠定基础。

（1）灯控路口信号灯配时是否与人流、车流不合拍，存在时间、道路资源分配不均衡、不合理的问题；

（2）是否存在平峰配时合理而高峰不合理，或高峰合理而平峰不合理；

（3）配时设置是否存在直行、转弯厚此薄彼的问题；

（4）是否存在行人绿灯直行与转弯车辆冲突问题；

（5）是否存在给予行人过街的绿灯时间过短，行人在规定时间无法完成过街的问题；

（6）是否存在信号灯与标志标线不相匹配问题；

（7）是否存在信号灯、标志标线参与群众看不见、看不清、看不懂的问题；

（8）是否存在信号灯、标志标线设置考量管理方便的因素多于考量群众方便的因素，给通行车辆和行人带来不便的问题；

（9）是否存在不同车道交通流之间的干扰问题；

（10）各种标识如单向交通、变向交通、专用道、禁止左转等是否能够明确、有效地进行交通流疏导，分离不同交通流的行驶轨迹。

步骤三：明确交叉口信道设计与优化原则。

（1）信号灯配时优化原则。

①绿灯时间短：交通信号灯的每个相位都必须运行在一个安全时间内，一般情况下，交通灯信号控制需要在控制器上设置每个相位的最短绿灯时间。

②绿灯时间长：绿灯时间长是一个相位能持续绿灯的最长时间。每一个相位的最长

绿灯时间必须根据相关规定来确定，或应用满足交通部门要求的计算信号配时软件的结果。

③相位跳越时间：对于具有地面感应检测条件的控制器，一般情况下，某个相位如果在一个时间段内没有检测到车辆时，这个正在执行的相位能够提前结束，跳越到下一个相位。这种控制叫作低流量下的相位跳越。执行这种相位跳越的最长时间，称为相位跳越变换时间。在一般情况下，交通信号灯相位跳越变换时间短时，则交叉口的控制水平和效率较高。

④车辆清空时间：车辆清空时间是指在一个相位绿灯时段结束时，黄灯与红灯时间的总和。在这段时间内，允许驾驶者在绿灯结束的末尾，黄灯执行时间段，安全进入和通过交叉口（清空），或者在停车线位置能够安全地停车。

⑤行人清空时间：行人清空时间是指行人在步行间隔末尾进入人行横道直至到达安全地带或行人庇护地——安全岛或道路另一边的充裕时间。一般情况下，行人清空时间依赖于交叉口是否穿过行人庇护地、中央隔离带或分流岛。

（2）交叉口渠化设计原则。

①分离原则：渠化设计应尽可能减少不同交通流之间的干扰，通过交通标志标线引导交通参与者按照车道分离、机非分离、人车分离的通行方式，各行其道。

②疏导原则：明确不同交通流的行驶轨迹，通过单向交通、变向交通、专用道、禁止左转等措施疏导交通流。

步骤四：针对当前问题选择优化交叉口时间资源或空间资源。

精细化交叉口时间资源配置，根据道路入口的通道化情况，设置多时段信号控制方案，提高信号控制的智能化和适应性。精细化交叉口空间资源配置，主要是指通过对路口车道分布、交通标志、隔离设施和科技设施的精细化渠化设计，明确了四通八达的通行权，规范了四通八达的行车轨迹，使交叉路口范围内的冲突减少，规范路口交通秩序，提高路口交通效率。

三、城市公共交通水平现状评价体系

城市公共交通是城市重要的基础设施之一，是城市经济发展和人们生活所需的公益性事业。它不仅满足城市居民出行的需求，从某种意义上讲它对城市功能的正常发挥起到了一定的组织作用。因此，必须建立一套科学、实用的公共交通发展水平综合评价指标体系。美国交通研究委员会编制的道路通行能力手册提供了一套公路和街道设施服务质量的评价方法，评价适用对象包括城市主干道、交叉口、公共交通客运能力等，是目前业内较为权威的道路交通评价指南之一。国内一些学者基于我国道路实际情况对既有模型进行了一些修正，提出了更具实践性的通行系统评价方法。

（一）指标建立原则

评价指标体系的建立应遵循以下原则。

（1）整体完备性原则：应该从不同侧面反映公交发展的特征和状况。

（2）客观性原则：保证评价指标体系的客观公正，保证数据来源的可靠、准确，评估方法科学。

（3）科学性原则：指标的选择与指标权重的确定、数据的选取、计算与合成必须以公认的科学理论为依据。

（4）实用性原则：城市公共交通发展水平评价工作的意义在于分析现状，认清所处阶段和发展中存在的问题，更好地指导实际工作，因此，尽量选取日常统计指标或容易获得的指标，以便直观、简明说明问题。

（二）评价指标体系

评价指标可分为三大类：第一类为体现公共交通规划、建设水平的指标，分别从线网、场站、车辆、优先措施、投资计划等方面选取能反映城市公交建设规模、政策环境、发展基础及潜力的指标；第二类为体现公交服务水平的指标，从安全、方便、迅速、准点、舒适、经济、高效等多方面反映运营特征、管理水平，这是公交发展水平最直接的体现；第三类为体现公交系统综合效益的指标，从经济效益和社会效益两方面选取合适指标加以描述。

第六章

北京市中小物流企业信用评级与协调

第一节　北京市中小物流企业征信管理概况

一、北京市现代物流业主要构成主体

北京市现代物流业的行业分类主要包括交通运输业、储运业、通运业和配送业。交通运输业在北京现代物流业中的占比最大，主要代表性龙头企业有中国远洋海运集团有限公司等。储运业以储存为主体且兼有多种职能，既包含若干小行业，也包含某些和储存作业联系密切的运输业，主要代表企业有北京新石田储运有限责任公司、北京东业储运有限责任公司等。通运业是货主和运输业之外的第三方从事托运和货运委托人的行业，各种运输业除了直接办理承运手续以外，都由通运业通过委托、承办、代办等实现货主的运输要求，代表企业有北京市华宇通运物流有限公司等。配送业则是以配送为主体的行业，要求从事大量商流活动，是商流、物流一体化的行业，代表企业有北京祥泰物流配送有限公司等。

在北京市现代物流业的构成主体中虽然大型物流企业营业收入均超过了一亿元，但是数量只有几家，中小物流企业成为北京市现代物流业的主要组成部分。根据 2022 年 5 月中国物流与采购联合会发布的《中小微物流企业经营状况调查报告》显示，当前中小物流企业具有以下突出特征。

1. 以民营企业为主，经营业务单一

中小物流企业主要是民营企业，民营性质中小微企业占比高达 86.2%，国有性质企业次之，占比为 5.4%，集体性质和外资及合资性质企业占比较少，合计为 1.4%。

中小微物流企业主要经营业务集中在公路货运领域。其中，被调查企业从事公路货

运业务的占比为 70.3%,其次为仓储和综合物流业务,占比分别为 24.2%、23.2%,从事铁路、水路、航空货运的占比相对较少,尤其是航空货运占比仅为 0.9%。企业主要从事业务类型分布情况如图 6-1 所示。

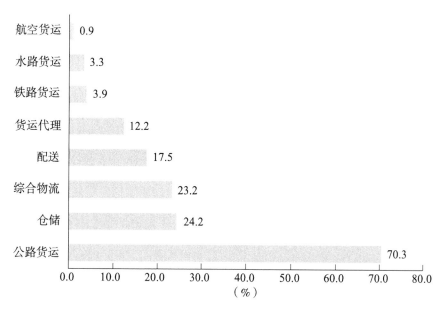

图 6-1　企业主要从事业务类型分布情况

企业收入规模较小,近三分之一的企业近三年平均主营业务收入规模在 100 万元以下,40.2% 的企业收入规模在 200 万元以下,属于微型企业,37.9% 的企业收入规模在 201 万~3000 万元,属于小型企业,17.0% 的企业收入规模在 3001 万~3 亿元,属于中型企业(见图 6-2)。

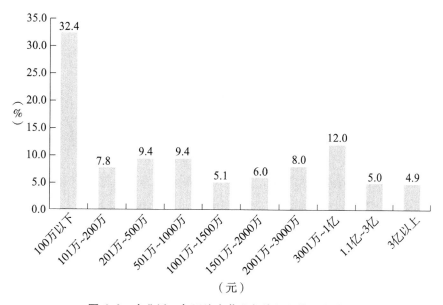

图 6-2　企业近三年平均主营业务收入规模分布情况

2. 中小微物流企业资金周转和融资压力大

调查数据显示，62.9%的企业反映账期垫资压力与上年相比有所增大。我国物流业特别是公路货运业普遍采取垫资运营，托运人在业务完成后一段时间再支付运费等服务费，而物流企业支付司机的运费需要现结或周结，资金压力无法传导。

由于物流企业融资需求主要是垫付应收账款，银行贷款因需要抵押物导致无法获取，应收账款保理等信用贷款又面临上游企业不愿意确权、银行征信难以保障等问题而无法获取。超过一半的企业反映借贷融资压力较上年有所增加，近四成的企业反映与上年基本持平，并且信用贷款还面临额度较小、利率偏高的问题。此外企业融资渠道较为单一，61.0%的企业主要通过银行来获取资金，11.9%的企业通过信用社获取资金，通过亲朋好友、民间融资以及信用卡等方式获取资金的合计约占三分之一，通过股权融资方式获取资金的占比仅为4.3%（见图6-3）。

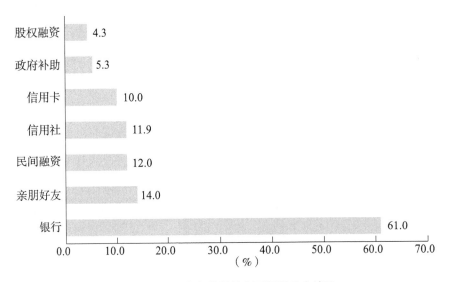

图6-3　企业资金获得的主要渠道分布情况

3. 物流从业人员素质不高且流动性强

目前，中小型物流企业普遍存在着从业人员文化素质不高的问题。中小型物流企业更依赖于人工，所以对劳动力的文化素质要求并不高，对电子信息技术并不熟悉。同时，中小物流企业作业人员的流动性相对较高，人员流失后为了维持正常运营，往往会增加新的人员，而新人员对物流从业运作不熟悉又会导致经济效益受损。

二、中小物流企业征信现状及现存问题

1. 征信分类、运营模式与技术

征信主要源于对诚信交易环境的需求，为社会、经济提供与信用相关的信息服务。

按照不同的分类标准，征信可以分为不同的种类。按业务特征，征信可分为企业征信和个人征信。按服务对象，征信可分为信贷征信、商业征信、雇佣征信以及其他征信。按征信范围，征信可分为区域征信、国内征信、跨国征信等。征信目的之一是信用查询，主要用于交易主体了解交易对象的信用情况，是交易主体选择交易对象的重要依据。同时，征信的另一个重要目的是甄选低风险市场个体。信用记录较好的企业或个人能够以更低的交易成本获得更多的市场机会，逐步形成"守信者受益、失信者受罚"的社会环境。从征信的应用范围来看，传统的征信业务主要服务于融资借贷活动，用于降低交易双方的信息不对称，并抑制信息不对称引致的逆向选择问题。

目前我国的征信运营模式是"政府+市场"双轮驱动的发展模式，构建了一个以公共征信为主导的多层次征信体系。第一层次是拥有大量基础信息的公共征信数据库和个人征信系统数据库的中国人民银行征信中心。第二层次是掌握经济信用信息的政府职能部门、投资金融机构和经济鉴证类中介机构等。第三层次是对信用信息进行收集、调查、加工并提供信用产品的专业征信机构。

2. 中小物流企业征信管理现状

2014年，中国人民银行开始在全国范围内开展企业征信机构备案工作，依据《征信业管理条例》《征信机构管理办法》《征信机构信息安全规范》《企业征信机构备案管理办法》等相关法律法规，对申报备案的企业征信机构进行资格审查。北京、上海、广东地区的企业征信机构数量占比超过一半，其中北京市数量最多，另外，黑龙江、宁夏、新疆、西藏四省（区）还没有备案的企业征信机构，征信机构地区分布严重失衡。

2014年11月，国家发展改革委、交通运输部等7部门印发《关于我国物流业信用体系建设的指导意见》。该意见中表示我国物流业虽已取得了长足发展，但组织化程度依然较低，市场主体"小、散、乱"现象较为突出，部分企业经营管理不规范，违法违规违约现象时有发生，破坏了公平、公正的市场竞争秩序，影响了物流业的健康可持续发展，社会对物流业诚信的认可度总体偏低。提出要建立健全物流业信用体系，约束和规范企业的经营行为，营造公平竞争、诚信经营的市场环境，促进物流业加快转型升级。并从加强物流信用服务机构培育和监管、推进信用记录建设和共享、积极推动信用记录应用、构建守信激励和失信惩戒机制等方面提出指导意见，为物流行业征信体系建设指明了发展方向。

3. 物流行业现有评级方法分析

本报告对目前物流行业现有开展信用评级工作的主体及相关工作进行了调研和梳理，其中代表性的主体单位有中华人民共和国交通运输部、中国物流与采购联合会，以及中国仓储与配送协会等，涉及的指标偏重定性因素。

我国物流企业信用评级工作最早可以追溯至2007年中国物流与采购联合会开始的首轮企业信用评级。上述代表性行业协会对评级指标的考量具有部分共性因素，如企业综合素质或基本素质、企业财务状况、企业竞争力指标、企业信用记录指标、企业管理指标等，二级指标主要涉及领导层素质、业务人员素质、公司盈利能力、运营能力、偿债能力等。

上述这些指标一定程度上可以充分考量物流及仓储企业的管理、运营及财务和信用状况。但部分指标之间存在较高相关度，且对于不同规模企业没有体现差异性，如中小微物流企业本身财务状况相关记录完备性有待提高，但上述指标对于财务状况指标考察占比超过30%，对于中小物流企业适用性不强。

此外，相关评级方法和工作思路主要侧重定性分析或应用简易评级模型。现有评级工作主要基于企业近三年的相关历史信息开展企业评级认定，缺乏对于企业历史数据中趋势信息的挖掘和判断，对于企业未来信用表现的参考性不足。

4. 中小物流企业征信管理问题分析

缺乏信用评价共识。在当前信用评价机制中，主要存在三类问题：一是还没有真正形成一套较全面、客观、公正且操作性强的中小物流企业信用评价体系；二是各征信机构之间没有形成共识，信用评价过程中没有统一行业准则；三是征信机构在中小物流企业信用评价过程中难以保持独立性，无法确保其评价公正性及客观性。

数据壁垒形成信息孤岛。传统中小物流企业征信体系以政府相关部门、大型互联网公司为主，具有较强的层级性和区域性，形成的数据壁垒导致多源数据难以实现交汇，进一步发展成为各征信机构之间的信息孤岛，如2017年顺丰与菜鸟网络的数据争端事件。信息孤岛的形成既是由于各机构为了自身利益不愿共享数据，也是由于技术架构难以实现机构间安全共享数据。因此，构建多源征信系统的首要任务就是打通数据壁垒，实现数据共享。

数据安全保障薄弱。数据安全主要是指数据存储及其使用过程中的安全，在传统中心化征信体系中，征信机构存储数据面临着被盗用和被篡改的风险。大数据背景下的征信业对数据安全提出了更高的要求，中国人民银行征信管理局明确指出要加强隐私保护，信息主体有权要求征信机构将其纳入拒绝营销范围内。因此，中小物流企业征信系统在数据来源、存储、使用和价值体现过程中都需要有安全的技术环境。

单一维度静态征信。中小物流企业完备的信用评级画像需要多维动态信用数据支撑，而当前征信数据以中小物流企业自身数据为主，忽视在供应链上下游的信用表现，且整个征信过程较多采用历史数据，难以对中小物流企业未来信用状态进行动态评价。随着企业竞争逐渐向供应链竞争转变，仅从中小物流企业自身获取的静态孤立数据难以准确刻画企业多维动态信用画像。

数据真实性难以保证。传统中小物流企业征信所需信息来源于中小物流企业及征信机构。其中，中小物流企业所提供的信息以财务数据为主，但由于其信用意识淡薄，财务管理上普遍存在账目不清、内控制度不严、财务信息失真等问题。同时，征信机构对中小物流企业信用信息的采集也存在真实性难以保障的问题。

第二节　基于区块链的中小物流企业多源征信系统设计

一、中小物流企业多源征信系统构建原则

1. 独立性原则

独立性原则是指征信系统在征信过程中要保持独立性，不能受征信对象及其他外部因素影响。因此，征信系统架构应以政府组织主导，行业协会、金融机构、供应链上下游企业等多主体协同共治，确保征信系统以第三方立场提供中小物流企业历史信用记录和信用报告。

2. 共享性原则

共享性原则是指在信用数据确权的基础上，实现征信系统各参与主体间的多维信息共享。目前，多个信息主体之间难以形成有效信息沟通渠道，无法全面刻画中小物流企业信用风险状况。因此，多源征信系统应打破传统征信过程中的信息孤岛问题，促成信息共享。

3. 完备性原则

完备性原则是指征信系统具有完备的功能结构，既具有基础征信和信用风险评价两项主要征信业务功能，又可以为系统内各主体之间的商业契约执行提供功能模块支撑，丰富征信系统应用场景。因此，在完善基础征信业务中"多维度、多层次、多渠道"信息采集功能的基础上，要充分考虑各参与主体的角色特征，基于智能合约围绕中小物流企业构造不同功能模块。

4. 广泛性原则

广泛性原则是指征信系统中的基础征信功能要做到多层次、多渠道和多维度的企业信用数据积累。中小物流企业处于一个开放性的经济环境中，企业内外部信息及供应链上下游交易信息都与中小物流企业信用风险具有密切关联，直接或间接地在不同程度上影响着中小物流企业信用风险状态。

5. 真实性原则

真实性原则是指在征信过程中，征信系统应保证所采集信用信息的可信度，这是征信工作最重要的原则。只有信息准确无误，才能正确反映中小物流企业信用风险状况，保证征信系统的公平性。真实性原则要求征信系统做到以下两点。一是对信息提供方的监管协调。信用信息需经过多源交叉验证后方可存入征信系统中，确保信息来源的真实性。二是对信息使用方的监管协调。确保征信信息在流转使用过程中不被篡改，且可实

时追溯信息流转过程，确保信息的真实性。

二、中小物流企业多源征信系统设计思路

1. 系统框架设计

针对传统征信过程中无法有效记录中小物流企业信用数据与合理反映中小物流企业信用现状的问题，本研究结合多源征信系统构建原则提出一种基于区块链技术的中小物流企业征信数据共享框架，进一步完善和发展传统征信思路。基于区块链技术的中小物流企业征信框架由政府组织、行业协会、金融机构和以中小物流企业为核心的三级供应链构成（见图6-4）。其中，中小物流企业为征信主体，政府组织包括工商、税务、公安等部门，承担监管者角色；行业协会负责行业内部管理，充当规制者角色；金融机构主要由基金管理公司、商业银行、信托投资机构组成，履行服务者角色；供应链成员包括上游服务商和下游客户，是参与者角色。该框架中的任意节点之间可直接进行点对点信息交互，实现系统内多源交叉验证、多维信息共享、多方协同共治。

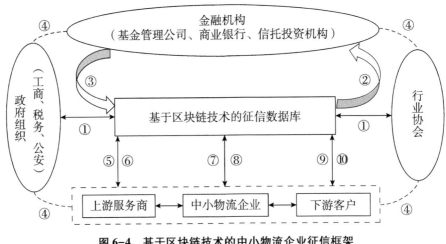

图6-4 基于区块链技术的中小物流企业征信框架

来自政府组织、行业协会、金融机构和供应链成员的多源异构数据通过区块链技术交汇于征信数据库中，形成多维动态信用数据集。图6-4中流程具体含义如下。①为政府组织输出工商、税务以及守法情况等数据，数据经加密验证后被征信数据库调用，并对征信数据的收集和使用进行监管。行业协会输入行业内部评估等信息，并且从征信数据库中调用其他数据对行业内部进行反向调整。②⑤⑦⑨为数据库向金融机构、上游服务商、中小物流企业和下游客户发出数据调用请求，获取各节点中物流企业关联数据。③⑥⑧⑩为金融机构输出中小物流企业及其上下游企业贷款记录、逾期记录等资金流数据，上游服务商输出关联交易记录等商流数据，中小物流企业输出企业经营管理数据，

下游客户输出中小物流企业服务水平等数据，这些数据经加密验证后被调用。④为各节点同步确认区块链中数据，数据需在链条上经广播验证后才可记录于区块链中。本框架进一步结合智能合约技术，把监管条例直接写入区块链代码，动态监管供应链中商流、物流与资金流，将传统的政府单一监管转变为政府组织、金融机构、行业协会和供应链上下游主体的协同监管，有效健全征信管理体制。

2. 技术架构搭建

技术架构模型由数据层、网络层、共识层、合约层、应用层以及可信数据六个部分组成（见图6-5）。数据层是区块链式存储结构及企业用户数字身份的确认，各节点企业信用数据在交叉验证后存储于区块中，为智能合约执行提供数据支持。网络层由各节点共同组成分布式网络，各节点之间以点对点的方式连接，链上信用数据对各节点公开。共识层根据多源征信追溯系统特点采用DPOS共识机制，由授权可信节点进行区块记账和区块验证。合约层由脚本代码、跨链交互以及多种智能合约组成。应用层封装了区块链应用场景，为金融等应用场景预设接入接口，是实现多源征信追溯系统的载体，基于跨链交互的分布式联盟链辅助数据部署调用，并通过区块链浏览器实现信用追溯及数据可视化。可信数据包括数据的验证、上链、存储、更新以及共享，基于共识机制验证数据，可信数据经全网播报确认后存储于区块中，进而消除数据壁垒，促成多源信息共享。

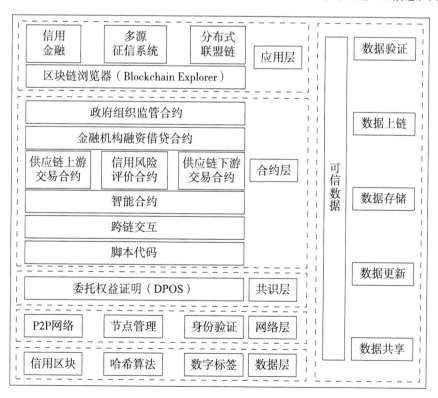

图6-5　技术架构模型

3. 智能合约设计

基于区块链征信框架中各参与组织角色的不同特征，嵌入智能合约进一步规范系统内信用协调机制，使征信系统更加完备，形成以物流网络为主干的信用体系。系统内各组织将拟定好的信用合约条款以代码形式嵌入系统，系统内所有组织共同监督智能合约执行情况，结合区块链中真实信用数据，自动履行相关合约承诺。同时，各参与主体基于信用共识形成信用风险评价模型，根据中小物流企业当前信用行为实时更新信用风险状态，克服传统征信中由于信息突变造成评价结果失真的问题。征信系统可嵌入智能合约类型如表6-1所示。

表6-1 可嵌入智能合约类型

合约主体	合约类型	合约内容
中小物流企业（征信主体）	信用风险评价合约	将中小物流企业信用风险评价模型以代码形式嵌入系统，并根据其实时信用数据对其进行动态评级
	信用名单合约	根据中小物流企业在一定时期内的信用行为，将其划分为黑、灰、白、绿四类名单
政府组织（监管者）	财务审计合约	根据供应链内财务流转情况，监管企业财务状况是否属实，若出现虚假报表，则根据合约代码自动执行处罚条例
	违规监管合约	监管企业在经营过程中是否存在违法情况，若出现违章违规，则对其依法惩处，并在区块链中进行实时记录
金融机构（服务者）	融资借贷合约	在区块链中形成仓单质押、应收账款等金融凭证，以此凭证可向金融机构借贷融资，并基于中小物流企业信用风险状态形成融资规则，通过智能合约自动执行借贷合同
	商业保险合约	可在智能合约中签订保单合同，在触发理赔机制时，自动根据保单合同进行理赔，提高理赔处理效率
行业协会（规制者）	行业认证合约	合约中嵌入行业职业技能鉴定和质量体系认证、评定等细则，对企业自动进行行业水平认证
供应链成员（参与者）	智能采购合约	将企业采购过程中所涉及的利润共享、数量折扣、货到付款等合同嵌入智能合约中，自动协调供需双方利益
	物流控制合约	通过代码规定物流服务水平，对物流服务过程中不达标情况自动触发惩罚机制
	商业合同合约	将供应链内各节点企业之间商业合同代码化，根据合同履行状况自动执行合同条款
	服务反馈合约	实时反馈企业服务水平，并产生相应的服务评价

第三节　中小物流企业信用评级模型构建

一、中小物流企业信用评级指标体系设计

1. 信用风险影响因素分析

中小物流企业信用风险的主要表现形式为物流企业没有意愿或没有能力履行合同承诺而构成违约，致使银行、投资者或交易方遭受损失。基于指标类型研究，分别从企业内外部和供应链上下游视角分析中小物流企业在履行合同时，影响中小物流企业信用风险的因素，主要包括以下 4 个方面。

（1）企业内部发展风险。企业内部发展风险直接影响到中小物流企业信用履行能力，可以反映企业信用风险状态。良好的内部经营和发展状况，可以帮助企业具有较好的长期抗风险能力。内部发展风险主要从企业运营信息、交易信息等方面考虑，包括管理者素质、员工素质、企业发展理念等非财务指标和应收账款周转率、销售净利率、速动比率、资产负债率等财务指标，综合描述企业内部发展风险。

（2）外部环境风险。外部环境风险主要指中小物流企业作为市场经济的参与者，其所处的外部宏观发展环境会对企业信用风险产生的影响。良好的外部发展环境可以规避部分外在风险，帮助中小物流企业稳定成长。外部环境风险从政府监管信息、行业评价信息等方面考虑，主要包括经济环境、法治环境、行业环境等。

（3）物流服务水平。物流服务水平是中小物流企业业内竞争力的直接表现，也是体现中小物流企业独特性的关键因素。中小物流企业物流服务水平主要从服务评价信息、企业运营信息等方面考虑，包括物流技术与设备、信息化服务水平、客户满意率等指标。

（4）供应链风险。供应链风险是指处于供应链环境中的中小物流企业受到上下游企业信用风险影响，造成的信用断链危机。随着企业与企业之间的竞争逐渐转变为供应链与供应链之间的竞争，中小物流企业作为上下游企业重要衔接主体，更易受到上下游企业信用风险影响。且由于中小物流企业抗风险能力较弱，更需注意上下游企业信用风险状态。供应链风险主要从银行信贷信息、交易信息等方面考虑，包括上下游企业合作稳定性、供应商信誉度、客户信誉度等指标。

2. 信用评级指标体系构建原则

（1）全面性原则。处于供应链环境中的中小物流企业状态受到诸多因素的影响，所构建信用特征指标体系应当全面综合反映中小物流企业信用风险状态影响因素。既要全面考虑现有研究中的相关指标体系，也要充分结合中小物流企业自身信用环境，

从多层次、多维度视角构建科学合理的信用评级指标体系。同时，不局限于传统财务层面指标所反映的企业硬实力，还要从非财务层面考虑企业发展软实力，将定量和定性指标充分结合，并基于供应链管理思维从供应链运营状况和核心企业等方面完善指标体系。

（2）科学性原则。科学性是构建指标体系必须遵循的基本原则，客观合理的科学性指标设置要求各指标之间不能产生矛盾，既要避免相似变量，又要充分保证独立变量的合理性，做到各指标有机结合。同时，还要将共性与个性相结合，所选指标既要具有一定普适性，还要能反映被评价对象的独特性。并且要充分结合征信系统中实际流转信用信息类型，与实际信用信息流转情况相一致。同时要求各指标数据易于获取和处理，确保评价体系具有良好操作性和合理性。

（3）针对性原则。指标体系构建要明确评价对象和评价目的，充分反映"中小""物流""信用风险"等特点，紧紧围绕信用风险评价的目标。中小企业因其规模较小和财务数据不透明等问题，需要与传统大型企业评价体系相区别，充分考虑企业发展能力。同时，要凸显"物流"特点，在供应链视角下，从纵向角度考虑企业上下游合作能力，从横向角度考虑企业物流服务能力。进一步结合信用风险所具有的传染性等特点，充分考虑中小物流企业上下游企业信用风险环境。

3. 中小物流企业信用评级指标构建

根据上述对指标体系构建原则和信用风险影响因素的阐述，本节从企业微观到外部宏观视角层层切入，并结合中小物流企业自身独特性和信用风险特点，充分考虑发展能力、物流服务能力、供应链上下游企业信用风险状态，完善中小物流企业信用评级指标体系。从个体角度切入，中小物流企业是独立经营的市场主体；从物流行业角度切入，中小物流企业是物流行业中的竞争者；从供应链管理角度切入，中小物流企业是衔接上下游企业的重要主体；从宏观层面切入，中小物流企业是市场经济的参与者，企业发展受到整体环境的影响。因此，从企业发展能力、企业竞争能力、企业合作能力和信用辅助指标四个角度构建中小物流企业信用评级指标体系（见表6-2）。企业发展能力、企业竞争能力、企业合作能力和信用辅助指标状态越好，说明中小物流企业履约能力和履约意识越强，信用风险状态越安全。

表6-2　　　　　　　　　　中小物流企业信用评级指标体系

准则层	子准则层	指标层	指标描述
企业发展能力	运营能力	应收账款周转率 x_1	反映企业应收账款流动程度
		流动资产周转率 x_2	反映企业资产利用水平
		总资产周转率 x_3	反映企业资产投资规模与业务水平之间配比情况

续表

准则层	子准则层	指标层	指标描述
企业发展能力	盈利能力	销售净利率 x_4	反映企业在一定时期内业务收入获取能力
		主营业务收入增长率 x_5	反映企业主营业务所处生命周期及企业发展阶段
		总资产净利率 x_6	反映企业管理水平
		总资产增长率 x_7	反映企业资本积累能力和发展能力
	偿债能力	速动比率 x_8	反映企业资产流动性
		现金比率 x_9	反映企业短期偿债能力
		资产负债率 x_{10}	反映企业债务运营能力及债权人发放贷款的安全程度
		资本固定化比率 x_{11}	反映企业自有资本的固定化程度
企业竞争能力	物流设备与信息技术	物流技术与设备 x_{12}	反映企业物流技术与设备（仓储、运输、装卸等）配套情况
		信息化服务能力 x_{13}	反映企业内部信息管理水平和外部信息沟通能力
	服务能力	服务效率 x_{14}	反映企业服务资源分配效率
		客户满意率 x_{15}	反映企业物流服务水平
		业务服务区域范围 x_{16}	反映物流企业业务服务区域的广度
	素质与文化	管理层素质水平 x_{17}	反映企业管理层文化素质水平
		员工从业经验与技能 x_{18}	反映企业员工物流服务技能与文化水平
		企业文化与战略 x_{19}	反映企业价值文化和战略管理能力
企业合作能力	供应链上游合作	合作稳定性 x_{20}	反映企业与供应商合作稳定性
		主要供应商行业地位 x_{21}	反映企业上游供应链服务质量
		主要供应商信誉度 x_{22}	反映企业上游供应链信誉水平
	供应链下游合作	合作稳定性 x_{23}	反映企业与客户合作稳定性
		主要客户行业地位 x_{24}	反映企业供应链内物流服务能力
		主要客户信誉度 x_{25}	反映企业下游客户信誉水平
信用辅助指标	信用环境	法治环境 x_{26}	反映企业经营所处的外部法治环境
		经济环境 x_{27}	反映企业主要业务地区经济发展状况
		行业环境 x_{28}	反映企业经营所处的物流行业发展环境
	信用记录	诉讼情况 x_{29}	反映企业在经营过程中的商业纠纷情况
		业务履约率 x_{30}	反映企业的业务执行情况及能力

二、信用评级指标权重确定

1. 考虑横向信息的 CRITIC 赋权法

CRITIC 赋权法综合指标内对比强度与指标间冲突性对各指标客观赋权，指标内对比强度表示同一指标各个评价方案观测值差异情况，以标准化差的大小表明在同一指标内各方案观测值差异的大小，标准差越大各方案观测值差异越大。指标间冲突性是以指标之间的相关性为基础，如两个指标之间具有较强的正相关，说明两个指标冲突性较低。该方法将 c 定义为评价系统中指标的信息量，第 j 个指标的信息量为

$$c_j = \sigma_j(t) \sum_{i=1}^{m} (1 - r_{ij}), \ j = 1, \ 2, \ \cdots, \ n$$

其中，$\sigma_j(t) = \sqrt{\dfrac{\sum\limits_{i=1}^{m} \left(x_{ij}(t) - \dfrac{1}{n} \sum\limits_{i=1}^{m} x_{ij}(t) \right)^2}{n-1}}$ 为指标 x_{ij} 在 t 时刻的标准差，度量指标内

对比强度；r_{ij} 为指标 x_i 和指标 x_j 之间的相关系数；$\sum\limits_{i=1}^{m} (1 - r_{ij})$ 度量指标间冲突性。当 c_j 越大时，表明第 j 个指标所包含的信息越多，对应的权重就越高。所以，第 j 个指标的客观权重系数 w_j 为

$$w_j = c_j \Big/ \sum_{j=1}^{n} c_j, \ j = 1, \ 2, \ \cdots, \ n$$

2. 考虑纵向信息的时间熵赋权法

相较于传统的静态时间截面分析，动态信用风险评价既要考虑横向属性的重要性，又要考虑纵向时间因素的影响。本研究在传统熵值法基于"差异驱动"原理思想赋权的基础上，根据指标观测值在时间上的差异程度来确定权重系数。

以 $x_{ij}(t)(i = 1, \ 2, \ \cdots, \ m; \ j = 1, \ 2, \ \cdots, \ n; \ t = 1, \ 2, \ \cdots, \ k)$ 表示在 t 时刻下第 i 个评价对象的第 j 个指标观测值，对于给定的 i 和 j，$x_{ij}(t)$ 的差异越大，该项指标对被评价对象的比较作用就越大，即该项指标包含信息量越多。时间熵赋权法确定权重步骤如下。

（1）将原始数据进行指标类型一致化和无量纲化处理，计算评价对象 i 在第 j 项指标下，t 时刻指标观测值的特征比重为

$$p_{ij}(t) = x_{ij}(t) \Big/ \sum_{t=1}^{k} x_{ij}(t)$$

（2）计算第 j 项指标的熵值：

$$E_j = \Big[\sum_{i=1}^{m} (\ln k)^{-1} \sum_{t=1}^{k} p_{ij}(t) \ln p_{ij}(t) \Big] / m$$

式中：$E_j > 0$。

（3）计算指标 x_j 的差异性系数，对于给定的 i 和 j，$x_{ij}(t)$ 的差异越小，E_j 值越大，

对评价对象的比较作用越小。当 $x_{ij}(t)$ 全部相等时，$E_j = E_{max} = 1$，此时指标 x_j 对评价对象间的比较毫无作用。在此基础上定义差异系数 $g_j = 1 - E_j$，g_j 值越大，越应重视该项指标作用。

（4）确定权重系数 w_j，取

$$w_j = g_j / \sum_{j=1}^{n} g_j$$

3. CRITIC–时间熵组合赋权法

假定被评价对象集为 $O = \{o_i \mid i = 1, 2, \cdots, m\}$，信用风险指标集为 $X = \{x_j \mid j = 1, 2, \cdots, n\}$，时间集为 $T = \{t \mid t = 1, 2, \cdots, k\}$，被评价对象 o_i 在 t 时刻下关于指标 x_j 的原始数据为 $x_{ij}(t)$，可进一步得出初始时序立体数据表（见表6-3）。具体计算步骤如下：

表6-3 初始时序立体数据

对象集	1	2	...	k
	$x_1, x_2, \cdots, x_n$	$x_1, x_2, \cdots, x_n$	...	$x_1, x_2, \cdots, x_n$
O_1	$x_{11}(1), x_{12}(1), \cdots,$ $x_{1n}(1)$	$x_{11}(2), x_{12}(2), \cdots,$ $x_{1n}(2)$	...	$x_{11}(k), x_{12}(k), \cdots,$ $x_{1n}(k)$
O_2	$x_{21}(1), x_{22}(1), \cdots,$ $x_{2n}(1)$	$x_{21}(2), x_{22}(2), \cdots,$ $x_{2n}(2)$	...	$x_{21}(k), x_{22}(k), \cdots,$ $x_{2n}(k)$
...	...	...	...	...
O_m	$x_{m1}(1), x_{m2}(1), \cdots,$ $x_{mn}(1)$	$x_{m1}(2), x_{m2}(2), \cdots,$ $x_{mn}(2)$	...	$x_{m1}(k), x_{m2}(k), \cdots,$ $x_{mn}(k)$

步骤一：计算 CRITIC 赋权法权重。

对原始数据 $x_{ij}(t)$ 进行指标类型一致化和无量纲化处理，进一步基于 CRITIC 赋权法计算原理，构建以下权重计算公式。

$$w_j^{(1)}(t) = \frac{\sigma_j(t) \sum_{i=1}^{m} (1 - r_{ij}(t))}{\sum_{j=1}^{n} \left[\sigma_j(t) \sum_{i=1}^{m} (1 - r_{ij}(t)) \right]}$$

式中：$w_j^{(1)}(t)$ 为 CRITIC 赋权法所求第 j 个指标在 t 时间的权重，$\sigma_j(t)$ 为指标 x_j 在 t 时间的标准差，$r_{ij}(t)$ 为指标 x_i 和指标 x_j 在 t 时间的相关系数。

步骤二：计算时间熵赋权法权重。

因纵横向维度下原始数据信息量不同，为方便表示同一指标在时间上的动态差异变化，将表6-3重构后得到表6-4，重新对表6-4中数据进行指标类型一致化和无量纲化处理。将处理后的值代入求得各指标时间熵 E_j，最后求得权重。

表 6-4　　　　　　　　　　　时间熵赋权数据

时间集	x_1	x_2	...	x_n
	$O_1, O_2, \cdots, O_m$	$O_1, O_2, \cdots, O_m$	...	$O_1, O_2, \cdots, O_m$
1	$x_{11}(1), x_{21}(1), \cdots, x_{m1}(1)$	$x_{12}(1), x_{22}(1), \cdots, x_{m2}(1)$	...	$x_{1n}(1), x_{2n}(1), \cdots, x_{mn}(1)$
2	$x_{11}(2), x_{21}(2), \cdots, x_{m1}(2)$	$x_{12}(2), x_{22}(2), \cdots, x_{m2}(2)$	...	$x_{1n}(2), x_{2n}(2), \cdots, x_{mn}(2)$
...	...	...		...
k	$x_{11}(k), x_{21}(k), \cdots, x_{m1}(k)$	$x_{12}(k), x_{22}(k), \cdots, x_{m2}(k)$	...	$x_{1n}(k), x_{2n}(k), \cdots, x_{mn}(k)$

$$E_j = \left\{ \sum_{i=1}^{m} (\ln k)^{-1} \sum_{t=1}^{k} \left[x_{ij}(t) / \sum_{t=1}^{k} x_{ij}(t) \right] \ln \left[x_{ij}(t) / \sum_{t=1}^{k} x_{ij}(t) \right] \right\} / m$$

$$w_j^{(2)} = (1 - E_j) / \sum_{j=1}^{n} (1 - E_j)$$

步骤三：确定组合权重。

基于加法集成思想，求得指标 x_j 在时间 t 时 CRITIC 和时间熵的组合权重 $W_j(t)$。

$$W_j(t) = \left[w_j^{(1)}(t) + w_j^{(2)} \right] / \sum_{j=1}^{n} \left[w_j^{(1)}(t) + w_j^{(2)} \right]$$

三、基于集对-变权 Markov 链的信用风险评价模型构建

1. 确定集对联系度

企业信用风险在多种因素的影响下随着时间变动而产生转移，在对其进行信用风险评价时需要考虑相关指标在时间序列中的变化情况。本研究对特征指标值标准化后，根据指标 $x_j = \{j = 1, 2, 3, \cdots, n\}$ 在 [-1, 1] 区间下的空间分布来判断其风险状态，即基于"均分原则"将 [-1, -0.33] 划分为"不安全 U"、(-0.33, 0.33) 划分为"一般安全 G"、[0.33, 1] 划分为"安全 S"，从而形成指标状态集 X_r。假设 t 时刻，有 S_t 个指标处于安全状态，G_t 个指标处于一般安全状态，U_t 个指标处于不安全状态，其中 $S_t + G_t + U_t = n$；在 $t + \Delta t$（Δt 为变化周期）时刻，原 S_t 个处于安全状态的指标中分别有 S_{t1}、S_{t2}、S_{t3} 个转变为安全、一般安全、不安全，原 G_t 个处于一般安全状态的指标中分别有 G_{t1}、G_{t2}、G_{t3} 个转变为安全、一般安全、不安全，原 U_t 个处于不安全状态的指标中分别有 U_{t1}、U_{t2}、U_{t3} 个转变为安全、一般安全、不安全，指标状态均根据 $S \rightarrow G \rightarrow U$ 状态排序。此时，$S_{t1} + G_{t1} + U_{t1}$ 个指标处于安全状态，$S_{t2} + G_{t2} + U_{t2}$ 个指标处于一般安全状态，$S_{t3} + G_{t3} + U_{t3}$ 个指标处于不安全状态。t 时刻和 $t + \Delta t$ 时刻的企业信用风险指标集状态如下所示：

$$X_r(t) = \{ \overbrace{x_1(t), \ x_2(t), \ \dots, \ x_{S_t}(t)}^{S}, \ \overbrace{x_{S_t+1}(t), \ \dots, \ x_{S_t+G_t}(t)}^{G}, \ \overbrace{x_{S_t+G_t+1}(t), \ \dots, \ x_{S_t+G_t+U_t}(t)}^{U} \}$$

$$X_r(t+\Delta t) = \{ \overbrace{\underbrace{x_1(t), \ \dots, \ x_{S_{t1}}(t)}_{S_{t1}}, \ \underbrace{x_{S_t+1}(t), \ \dots, \ x_{S_t+G_{t1}}(t)}_{G_{t1}}, \ \underbrace{x_{S_t+G_t+1}(t), \ \dots, \ x_{S_t+G_t+U_{t1}}(t)}_{U_{t1}}}^{S},$$

$$\overbrace{\underbrace{x_{S_{t1}+1}(t), \ \dots, \ x_{S_{t1}+S_{t2}}(t)}_{S_{t2}}, \ \underbrace{x_{S_t+G_{t1}+1}(t), \ \dots, \ x_{S_t+G_{t1}+G_{t2}}(t)}_{G_{t2}}, \ \underbrace{x_{S_t+G_t+U_{t1}+1}(t), \ \dots, \ x_{S_t+G_t+U_{t1}+U_{t2}}(t)}_{U_{t2}}}^{G},$$

$$\overbrace{\underbrace{x_{S_{t1}+S_{t2}+1}(t), \ \dots, \ x_{S_t}(t)}_{S_{t3}}, \ \underbrace{x_{S_t+G_{t1}+G_{t2}+1}(t), \ \dots, \ x_{S_t+G_t}(t)}_{G_{t3}}, \ \underbrace{x_{S_t+G_t+U_{t1}+U_{t2}+1}(t), \ \dots, \ x_{S_t+G_t+U_t}(t)}_{U_{t3}}}^{U} \}$$

鉴于现有研究仅针对风险状态分析，本研究提出考虑风险转移过程的集对分析思路。将集合 $X_r(t)$ 和 $X_r(t+\Delta t)$ 组成集对，分别从转移结果和转移过程两个角度建立风险状态联系度和风险趋势联系度。从转变结果角度，将指标状态转变为"安全 S"看作"同"，将指标状态转变为"一般安全 G"看作不确定性"异"，将指标状态转变为"不安全 U"看作"反"；从转变过程角度，将指标状态向好转变看作"同"，将指标状态保持不变看作不确定性"异"，将指标状态向坏转变看作"反"。具体集对关系如表 6-5 所示。

表 6-5 同、异、反关系

$[t, \ t+\Delta t]$ 时段状态转移	结果角度	过程角度	$[t, \ t+\Delta t]$ 时段状态转移	结果角度	过程角度	$[t, \ t+\Delta t]$ 时段状态转移	结果角度	过程角度
$S{\rightarrow}S$	同	异	$G{\rightarrow}S$	同	同	$U{\rightarrow}S$	同	同
$S{\rightarrow}G$	异	反	$G{\rightarrow}G$	异	异	$U{\rightarrow}G$	异	同
$S{\rightarrow}U$	反	反	$G{\rightarrow}U$	反	反	$U{\rightarrow}U$	反	异

根据同、异、反关系，可将信用风险状态联系度和信用风险趋势联系度分别表示为下式。

信用风险状态联系度：

$$\mu(r)_{t \sim t+\Delta t} = \frac{S_{t1} + G_{t1} + U_{t1}}{n} + \frac{S_{t2} + G_{t2} + U_{t2}}{n} \cdot i + \frac{S_{t3} + G_{t3} + U_{t3}}{n} \cdot j$$

信用风险趋势联系度：

$$\mu(p)_{t \sim t+\Delta t} = \frac{G_{t1} + U_{t1} + U_{t2}}{n} + \frac{S_{t1} + G_{t2} + U_{t3}}{n} i + \frac{S_{t2} + S_{t3} + G_{t3}}{n} j$$

考虑指标变权，集对 $\langle X_r(t), \ X_r(t+\Delta t) \rangle$ 的信用风险状态联系度和信用风险趋势联系度可表示为

$$\mu(r)_{t \sim t+\Delta t} = a_1(t) + b_1(t)I + c_1(t)J = \sum_{j=1}^{S_{t1}+G_{t1}+U_{t1}} w_j(t) + \sum_{j=S_{t1}+G_{t1}+U_{t1}+1}^{S_{t2}+G_{t2}+U_{t2}} w_j(t)I + \sum_{j=S_{t2}+G_{t2}+U_{t2}+1}^{n} w_j(t)J$$

$$\mu(p)_{t \sim t+\Delta t} = a_2(t) + b_2(t)I + c_2(t)J = \sum_{j=1}^{S_{t1}} w_j(t) + \sum_{j=S_t+1}^{S_t+G_{t1}} w_j(t) + \sum_{j=S_t+G_{t1}+1}^{S_t+G_t+U_{t1}} w_j(t) +$$

$$\left(\sum_{j=S_{t1}+1}^{S_{t1}+S_{t2}} w_j(t) + \sum_{j=S_t+G_{t1}+1}^{S_t+G_{t1}+G_{t2}} w_j(t) + \sum_{j=S_t+G_t+U_{t1}+1}^{S_t+G_t+U_{t1}+U_{t2}} w_j(t) \right) I +$$

$$\left(\sum_{j=S_{t1}+S_{t2}+1}^{S_t} w_j(t) + \sum_{j=S_t+G_{t1}+G_{t2}+1}^{S_t+G_t} w_j(t) + \right.$$

$$\left. \sum_{j=S_t+G_t+U_{t1}+U_{t2}+1}^{n} w_j(t) \right) J$$

式中：$\sum_{j=1}^{n} w_j(t) = 1$

2. 计算信用风险状态转移概率矩阵

考虑信用风险状态转移情景下，在 $[t, t+\Delta t]$ 时间段内，t 时刻企业信用风险指标中集中处于 S、G、U 状态的指标，在 $t+\Delta t$ 时刻将分别向 S、G、U 状态转移，相应的状态转移向量可分别表示为

$$[M_{SS}(t), M_{SG}(t), M_{SU}(t)] = \frac{1}{\alpha(t)} \left[\sum_{j=1}^{S_{t1}} w_j(t), \sum_{j=S_{t1}+1}^{S_{t1}+S_{t2}} w_j(t), \sum_{j=S_{t1}+S_{t2}+1}^{S_t} w_j(t) \right]$$

$$[M_{GS}(t), M_{GG}(t), M_{GU}(t)] = \frac{1}{\beta(t)} \left[\sum_{j=S_t+1}^{S_t+G_{t1}} w_j(t), \sum_{j=S_t+G_{t1}+1}^{S_t+G_{t1}+G_{t2}} w_j(t), \sum_{j=S_t+G_{t1}+G_{t2}+1}^{S_t+G_t} w_j(t) \right]$$

$$[M_{US}(t), M_{UG}(t), M_{UU}(t)] = \frac{1}{\varepsilon(t)} \left[\sum_{j=S_t+G_t+1}^{S_t+G_t+U_{t1}} w_j(t), \sum_{j=S_t+G_t+U_{t1}+1}^{S_t+G_t+U_{t1}+U_{t2}} w_j(t), \sum_{j=S_t+G_t+U_{t1}+U_{t2}+1}^{n} w_j(t) \right]$$

式中：$\alpha(t) = \sum_{j=1}^{S_t} w_j(t)$，$M_{SS}(t) + M_{SG}(t) + M_{SU}(t) = 1$

$$\beta(t) = \sum_{j=S_t+1}^{S_t+G_t} w_j(t)，M_{GS}(t) + M_{GG}(t) + M_{GU}(t) = 1$$

$$\varepsilon(t) = \sum_{j=S_t+G_t+1}^{n} w_j(t)，M_{US}(t) + M_{UG}(t) + M_{UU}(t) = 1$$

从而可得，在 $[t, t+\Delta t]$ 时间段内企业信用风险状态转移概率矩阵为

$$\boldsymbol{M}_r(t, t+\Delta t) = \begin{bmatrix} M_{SS} & M_{SG} & M_{SU} \\ M_{GS} & M_{GG} & M_{GU} \\ M_{US} & M_{UG} & M_{UU} \end{bmatrix}$$

考虑信用风险状态转移情景下，在 $[t, t+\Delta t]$ 时间段内，t 时刻企业信用风险指标集中处于 S、G、U 状态的指标，在 $t+\Delta t$ 时刻将分别向变好、不变、变坏转移，可得 $[t, t+$

Δt〕时间段内企业信用风险趋势转移概率矩阵为

$$\boldsymbol{M}_p(t,\ t+\Delta t)=\begin{bmatrix} 0 & M_{SS} & M_{SG}+M_{SU} \\ M_{GS} & M_{GG} & M_{GU} \\ M_{US}+M_{UG} & M_{UU} & 0 \end{bmatrix}$$

3. 建立集对–变权 Markov 评价模型

根据确定的信用风险状态联系度和信用风险状态转移概率矩阵构建信用风险评价模型，其中集对$\langle X_r(t),\ X_r(t+\Delta t)\rangle$的信用风险状态联系度为

$$\mu(r)_{t\sim t+\Delta t}=a_1(t)+b_1(t)I+c_1(t)J$$
$$=[a_1(t),\ b_1(t),\ c_1(t)]\cdot\boldsymbol{M}_r(t,\ t+\Delta t)\cdot(1,\ I,\ J)^{\mathrm{T}}$$

假设各变化周期Δt的信用风险状态转移概率矩阵相同，即$\boldsymbol{M}_r(t,\ t+\Delta t)$为常数矩阵，则$k$个变化周期后，可得集对$\langle X_r(t+k\Delta t),\ X_r(t+k\Delta t+1)\rangle$信用风险状态联系度为

$$\mu(r)_{t+k\Delta t\sim t+k\Delta t+1}=a_1(t+k\Delta t)+b_1(t+k\Delta t)I+c_1(t+k\Delta t)J$$
$$=[a_1(t),\ b_1(t),\ c_1(t)]\cdot\boldsymbol{M}_r(t,\ t+\Delta t)^{k\Delta t}\cdot(1,\ I,\ J)^{\mathrm{T}}$$

由 Markov 链的遍历性可证，$\boldsymbol{M}_r(t,\ t+\Delta t)^{k\Delta t}$符合查普曼–柯尔莫哥洛夫方程，即随着变化周期逐渐增加，$\boldsymbol{M}_r(t,\ t+\Delta t)^{k\Delta t}$将逐渐趋于稳态。同时，结合联系度归一化条件，联立方程组可求出稳态时的信用风险状态联系度：

$$\begin{cases} (\boldsymbol{a}_1,\ \boldsymbol{b}_1,\ \boldsymbol{c}_1)\cdot(\boldsymbol{I}'-\boldsymbol{M}_r(t,\ t+\Delta t)^{k\Delta t})=0 \\ \boldsymbol{a}_1+\boldsymbol{b}_1+\boldsymbol{c}_1=1 \end{cases}$$

式中：$\boldsymbol{a}_1$、$\boldsymbol{b}_1$、$\boldsymbol{c}_1>0$，$\boldsymbol{I}'$为单位矩阵

求解可得稳态信用风险状态联系度：

$$\mu(r)^*_{t+k\Delta t\sim t+k\Delta t+1}=S_r+G_rI+U_rJ$$

式中：$S_r=\boldsymbol{a}_1$，$G_r=\boldsymbol{b}_1$，$U_r=\boldsymbol{c}_1$，$I\in[0,\ 1]$，$J=-1$

同理可得稳态信用风险趋势联系度：

$$\mu(p)^*_{t+k\Delta t\sim t+k\Delta t+1}=S_p+G_pI+U_pJ$$

式中：$S_p=\boldsymbol{a}_2$，$G_p=\boldsymbol{b}_2$，$U_p=\boldsymbol{c}_2$，$I\in[0,\ 1]$，$J=-1$

为更好说明企业信用风险状态和信用风险发展趋势，本研究结合集对分析理论中集对势的基础定义，提出信用风险趋势集对势概念。

定义：信用风险趋势集对势。针对企业信用风险问题，当稳态信用风险趋势联系度 $\mu(p)^*_{t+k\Delta t\sim t+k\Delta t+1}=\boldsymbol{a}_2+\boldsymbol{b}_2I+\boldsymbol{c}_2J$ 中 $\boldsymbol{c}_2\neq0$ 时，$\boldsymbol{a}_2$ 与 $\boldsymbol{c}_2$ 的比值可构成集对$\langle X_r(t),\ X_r(t+\Delta t)\rangle$在当前态势下的稳态风险趋势集对势：

$$shi(p)=\frac{\boldsymbol{a}_2}{\boldsymbol{c}_2}=\frac{S_p}{U_p}$$

当 $shi(p)>1$ 时，称为正势，企业整体信用风险趋势为向好发展；当 $shi(p)=1$ 时，称为均势，企业整体信用风险趋势为保持不变；当 $shi(p)<1$ 时，称为反势，企业整体信用风险趋势为向坏发展。进一步根据 S、G、U 的大小关系进行排列组合，可得企业信用风险状态及趋势，如表6-6所示。

表6-6　　　　　　　　　　　　企业信用风险状态及趋势

序号	S、G、U 的大小关系	信用风险趋势（p）		信用风险状态（r）
1	$S>U$，$S>G$，$G>U$		向好发展趋势很强	安全
2	$S>U$，$S>G$，$G=U$		向好发展趋势强	安全
3	$S>U$，$S>G$，$G<U$	正势	向好发展趋势较强	安全
4	$S>U$，$S=G$，$G>U$		向好发展趋势减弱	基本安全
5	$S>U$，$S<G$，$G>U$		向好发展趋势微弱	基本安全
6	$S=U$，$S>G$，$G<U$		平稳发展趋势强	基本安全
7	$S=U$，$S=G$，$G=U$	均势	平稳发展趋势较强	基本安全
8	$S=U$，$S<G$，$G>U$		平稳发展趋势较弱	不安全
9	$S<U$，$S>G$，$G<U$		向坏发展趋势很强	不安全
10	$S<U$，$S=G$，$G<U$		向坏发展趋势强	不安全
11	$S<U$，$S>G$，$G<U$	反势	向坏发展趋势较强	不安全
12	$S<U$，$S<G$，$G=U$		向坏发展趋势减弱	不安全
13	$S<U$，$S<G$，$G>U$		向坏发展趋势微弱	不安全

注：S、G、U 分别表示 $S_r(S_p)$、$G_r(G_p)$、$U_r(U_p)$。

四、北京市中小物流企业信用评级案例分析

根据本研究所界定中小物流企业划分标准，在新三板的交通运输、仓储和邮政业板块中选取10家中小物流企业（从业人员<1000人或年营业收入<30000万元）2015—2020年信用面板数据作为赋权数据集计算指标权重，由于数据所占篇幅较大，此处仅列出部分标准化后的企业信用数据（见表6-7）。为不失一般性，随机选取赋权数据集中企业 F 为作为实例，运用本研究构建的模型对企业 F 在稳态时的信用风险状态及趋势进行评价分析。F 企业成立于2005年7月，于2015年1月正式挂牌新三板，企业长期致力为客户提供领先的综合性物流解决方案，业务范围涵盖普通货物进出口基础物流服务、工程项目大宗货物全球性运输服务和物流供应链管理等。企业 F 在2015—2020年各项指标标准化后数据如表6-8所示。

表 6-7 　　　　　　　　　　标准化后企业信用面板数据

对象集	2015						……	2020					
	x_1	x_2	x_3	x_4	…	x_{30}	……	x_1	x_2	x_3	x_4	…	x_{30}
企业 A	0.0479	0.2280	0.2610	0.5112	…	0.4732	……	0.1407	0.389	0.157	0.5467	…	0.3036
企业 B	0.0351	0.4336	0.0775	0.9366	…	0.4471	……	0.4068	0.7094	0.3357	0.335	…	0.5169
企业 C	0.0773	0.5215	0.7752	0.3421	…	0.5448	……	1	1	1	0.5124	…	0.7552
企业 D	0.1137	0.0897	0	1	…	0.5379	……	0.1882	0.7162	0.3671	0.6695	…	0.349
企业 E	0.043	0	0.0465	0.6777	…	0.3275	……	0.095	0.2151	0.1739	0.5553	…	0.1206
企业 F	0.1509	0.3738	0.6072	0.4333	…	0.8041	……	0.3835	0.3364	0.2343	0	…	0.51
企业 G	0	0.1832	0.1008	0	…	0	……	0	0	0	0.5391	…	0
企业 H	0.7058	0.2598	0.2093	0.3091	…	0.9884	……	0.6371	0.3112	0.0217	0.4849	…	1
企业 I	0.1111	0.7065	1	0.4055	…	0.5735	……	0.1039	0.3982	0.3575	0.591	…	0.1048
企业 J	1	1	0.832	0.2853	…	1	……	0.8297	0.3295	0.1304	1	…	0.6832

表 6-8 　　　　　　　　　　2015—2020 年企业 F 指标值

指标	标准化后指标值					
	2015	2016	2017	2018	2019	2020
x_1	0.1509	0.167	0.5403	0.272	0.313	0.3835
x_2	0.3738	0.359	0.481	0.1866	0.2047	0.3364
x_3	0.6072	0.1922	0.3383	0.1631	0.2028	0.2343
x_4	0.4333	0.2792	0.6146	0.2171	0.0009	0
x_5	0.0808	0.4477	0.6249	0	0.5053	1
x_6	0.6664	0.1923	0.3423	0.0383	0.0267	0
x_7	0.0765	1	0.0228	0.1202	0.2142	0.7485
x_8	0	0	0.9802	0	0	0.6667
x_9	1	1	0.4857	1	1	0.2423
x_{10}	0.0467	0	0.9458	0	0	0.4097
x_{11}	1	0.9216	0.9631	0.8099	0.8532	0.7884
x_{12}	0	0	0	0	0	0
x_{13}	0.75	0.75	0.6	0.8	0.8	0.8
x_{14}	0.4735	0.2584	0.6595	0.5238	0.1645	0
x_{15}	0.0824	0.5652	0.2233	0	0.481	1
x_{16}	0.4415	0.0941	0.4648	0.5132	0.9285	0.7648

续表

指标	标准化后指标值					
	2015	2016	2017	2018	2019	2020
x_{17}	0.1177	0.1177	0.2942	0	0	0
x_{18}	0.9945	0.9755	1	1	1	1
x_{19}	1	0.6667	0.5	0.75	0.75	0.75
x_{20}	0.8396	0.6827	1	0.3299	0.8288	0.886
x_{21}	0	0	0	0.0042	0.0431	0
x_{22}	0.8889	1	1	1	0.9643	0.9756
x_{23}	0.5109	0.6996	0	0.7699	0.8015	0.9981
x_{24}	0.0415	0.022	0.0096	0.0458	0.0029	0.1026
x_{25}	0.0214	0.0406	0.0935	0.0217	0.0092	0
x_{26}	0.4795	0.0522	0	0.2537	1	0.9149
x_{27}	0.8438	0.6471	0.5213	0.3061	0.6709	0.5936
x_{28}	0	1	0.973	0.6897	1	0.8863
x_{29}	1	1	1	1	1	0.8571
x_{30}	0.8041	0.5029	0.833	0.4803	0.56	0.51

具体计算步骤如下。

步骤一：根据上文所提 CRITIC-时间熵组合赋权法对信用风险指标体系进行赋权，赋权结果如表 6-9 所示。

表 6-9 信用风险指标权重

指标	权重					
	2015	2016	2017	2018	2019	2020
x_1	0.038	0.0373	0.0368	0.0353	0.036	0.0371
x_2	0.0339	0.0315	0.0358	0.0382	0.037	0.0326
x_3	0.0401	0.035	0.0365	0.0383	0.0363	0.0351
x_4	0.028	0.0276	0.0253	0.033	0.0272	0.0257
x_5	0.0352	0.0298	0.0278	0.0313	0.0323	0.0326
x_6	0.0274	0.026	0.026	0.0302	0.0271	0.0266
x_7	0.0411	0.0377	0.0404	0.0398	0.0376	0.0392
x_8	0.0277	0.0288	0.0315	0.0279	0.0292	0.0297
x_9	0.0384	0.0387	0.04	0.0399	0.0387	0.0403

续表

指标	权重					
	2015	2016	2017	2018	2019	2020
x_{10}	0.035	0.0352	0.0363	0.0335	0.0345	0.0363
x_{11}	0.0275	0.0277	0.026	0.0277	0.0278	0.0289
x_{12}	0.0336	0.0345	0.0352	0.0345	0.0401	0.0413
x_{13}	0.0303	0.0289	0.0257	0.0278	0.0276	0.0265
x_{14}	0.0271	0.0285	0.0267	0.0285	0.0248	0.025
x_{15}	0.0352	0.0275	0.0347	0.0295	0.0313	0.0315
x_{16}	0.0332	0.0335	0.0341	0.0318	0.036	0.0338
x_{17}	0.0437	0.0431	0.041	0.042	0.041	0.0404
x_{18}	0.0336	0.0339	0.0334	0.0347	0.0317	0.0348
x_{19}	0.0374	0.0355	0.0327	0.034	0.0335	0.0329
x_{20}	0.0264	0.0315	0.0286	0.0307	0.0269	0.0292
x_{21}	0.0417	0.043	0.0438	0.0446	0.0418	0.0439
x_{22}	0.0342	0.0331	0.0333	0.0314	0.0342	0.0375
x_{23}	0.0253	0.0264	0.0278	0.0268	0.0282	0.0278
x_{24}	0.0387	0.0421	0.043	0.0433	0.0393	0.0388
x_{25}	0.0385	0.0425	0.0402	0.0381	0.0451	0.0445
x_{26}	0.029	0.0379	0.0337	0.0273	0.0328	0.0296
x_{27}	0.032	0.0324	0.0325	0.0299	0.0312	0.0304
x_{28}	0.0302	0.031	0.0337	0.0275	0.0345	0.0261
x_{29}	0.0273	0.0271	0.0264	0.0288	0.0252	0.0302
x_{30}	0.0303	0.0323	0.0311	0.0337	0.0311	0.0317

步骤二：将企业 F 各指标数据转换到 [0，1] 区间，根据"均分原则"划分指标风险状态，赋权结果及各指标状态如表 6-10 所示。

表 6-10　　　　　2015—2020 年企业 F 各指标状态

指标	各时段状态					
	2015	2016	2017	2018	2019	2020
x_1	U	U	G	U	U	G
x_2	G	G	G	U	U	G

续表

指标	各时段状态					
	2015	2016	2017	2018	2019	2020
x_3	G	U	G	U	U	U
x_4	G	U	G	U	U	U
x_5	U	G	G	U	G	S
x_6	S	U	G	U	U	U
x_7	U	S	U	U	U	S
x_8	U	U	S	U	U	S
x_9	S	S	G	S	S	U
x_{10}	U	U	S	U	U	G
x_{11}	S	S	S	S	S	S
x_{12}	U	U	U	U	U	U
x_{13}	S	S	G	S	S	S
x_{14}	G	U	G	G	U	U
x_{15}	U	G	U	U	G	S
x_{16}	G	U	G	G	S	S
x_{17}	U	U	U	U	U	U
x_{18}	S	S	S	S	S	S
x_{19}	S	S	G	S	S	S
x_{20}	S	S	S	U	S	S
x_{21}	U	U	U	U	U	U
x_{22}	S	S	S	S	S	S
x_{23}	G	S	U	S	S	S
x_{24}	U	U	U	U	U	U
x_{25}	U	U	U	U	U	U
x_{26}	G	U	U	U	S	S
x_{27}	S	G	G	U	S	G
x_{28}	U	S	S	S	S	S
x_{29}	S	S	S	S	S	S
x_{30}	S	G	S	G	G	G

步骤三：根据所得指标变权计算各时间段风险状态联系度 $\mu(r)$ 和风险趋势联系度 $\mu(p)$，并进一步求得企业 F 所有时段的风险状态平均联系度和风险趋势平均联系度。

企业 F 各时段风险状态联系度 $\mu(r)$：

$$
\begin{cases}
\mu(r)_{2015\sim2016} = 0.3517 + 0.1666I + 0.4817J \\
\mu(r)_{2016\sim2017} = 0.2806 + 0.3847I + 0.3347J \\
\mu(r)_{2017\sim2018} = 0.279 + 0.0919I + 0.6291J \\
\mu(r)_{2018\sim2019} = 0.3983 + 0.0945I + 0.5072J \\
\mu(r)_{2019\sim2020} = 0.4688 + 0.1698I + 0.3614J
\end{cases}
$$

企业 F 各时段风险趋势联系度 $\mu(p)$：

$$
\begin{cases}
\mu(p)_{2015\sim2016} = 0.167 + 0.5859I + 0.2471J \\
\mu(p)_{2016\sim2017} = 0.2842 + 0.5211I + 0.1947J \\
\mu(p)_{2017\sim2018} = 0.1262 + 0.5256I + 0.3482J \\
\mu(p)_{2018\sim2019} = 0.1805 + 0.791I + 0.0285J \\
\mu(p)_{2019\sim2020} = 0.2379 + 0.6922I + 0.0699J
\end{cases}
$$

风险状态平均联系度 $\overline{\mu}(r) = 0.3557 + 0.1815I + 0.4628J$

风险趋势平均联系度 $\overline{\mu}(p) = 0.1992 + 0.6231I + 0.1777J$

步骤四：分别考虑信用风险状态转移和信用风险转移趋势情景，结合变权数据计算各时段信用风险状态转移概率矩阵 M_r 和信用风险趋势转移概率矩阵 M_p。

$$
M_r(2015, 2016) = \begin{bmatrix} 0.7398 & 0.1807 & 0.0795 \\ 0.1168 & 0.1565 & 0.7267 \\ 0.1626 & 0.1605 & 0.6769 \end{bmatrix}
\quad
M_p(2015, 2016) = \begin{bmatrix} 0 & 0.7398 & 0.2602 \\ 0.1168 & 0.1565 & 0.7267 \\ 0.3231 & 0.6769 & 0 \end{bmatrix}
$$

$$
M_r(2016, 2017) = \begin{bmatrix} 0.5243 & 0.2933 & 0.1824 \\ 0.2104 & 0.6104 & 0.1792 \\ 0.1293 & 0.3796 & 0.4911 \end{bmatrix}
\quad
M_p(2016, 2017) = \begin{bmatrix} 0 & 0.5243 & 0.4757 \\ 0.2104 & 0.6104 & 0.1792 \\ 0.5089 & 0.4911 & 0 \end{bmatrix}
$$

$$
M_r(2017, 2018) = \begin{bmatrix} 0.5451 & 0.1110 & 0.3439 \\ 0.2590 & 0.1601 & 0.5809 \\ 0.0818 & 0 & 0.9182 \end{bmatrix}
\quad
M_p(2017, 2018) = \begin{bmatrix} 0 & 0.5451 & 0.4549 \\ 0.2590 & 0.1601 & 0.5809 \\ 0.0818 & 0.9182 & 0 \end{bmatrix}
$$

$$
M_r(2018, 2019) = \begin{bmatrix} 1 & 0 & 0 \\ 0.3383 & 0.3585 & 0.3032 \\ 0.1401 & 0.0969 & 0.7630 \end{bmatrix}
\quad
M_p(2018, 2019) = \begin{bmatrix} 0 & 1 & 0 \\ 0.3383 & 0.3585 & 0.3032 \\ 0.2370 & 0.7630 & 0 \end{bmatrix}
$$

$$
M_r(2019, 2020) = \begin{bmatrix} 0.8288 & 0.0764 & 0.0948 \\ 0.6716 & 0.3284 & 0 \\ 0.1344 & 0.2163 & 0.6493 \end{bmatrix}
\quad
M_p(2019, 2020) = \begin{bmatrix} 0 & 0.8288 & 0.1712 \\ 0.6716 & 0.3284 & 0 \\ 0.3507 & 0.6493 & 0 \end{bmatrix}
$$

因前文所构建的指标体系已充分考虑时间上的差异性与动态性，此处对各时间段信用风险状态转移概率矩阵取相同权重，根据以上所求各时段转移矩阵，可得平均状态转移概率矩阵和平均趋势转移概率矩阵：

$$\overline{M_r} = \begin{bmatrix} 0.7276 & 0.1323 & 0.1401 \\ 0.3192 & 0.3228 & 0.3580 \\ 0.1296 & 0.1707 & 0.6997 \end{bmatrix} \quad \overline{M_p} = \begin{bmatrix} 0 & 0.7276 & 0.2724 \\ 0.3192 & 0.3228 & 0.3580 \\ 0.3003 & 0.6997 & 0 \end{bmatrix}$$

步骤五：计算企业 F 在时间段 2020~2021 年的信用风险状态联系度 $\mu(r)_{2020\sim2021}$ 和信用风险趋势联系度 $\mu(p)_{2020\sim2021}$。

$$\mu(r)_{2020\sim2021} = \overline{\mu(r)} \cdot \overline{M_r} \cdot (1, I, J)^{\mathrm{T}} = 0.3767 + 0.1846I + 0.4387J$$

$$\mu(p)_{2020\sim2021} = \overline{\mu(p)} \cdot \overline{M_p} \cdot (1, I, J)^{\mathrm{T}} = 0.2523 + 0.4704I + 0.2773J$$

可得如下收敛性计算结果：

$$\begin{cases} (a_1, b_1, c_1) \cdot \begin{bmatrix} 0.2724 & -0.1323 & -0.1401 \\ -0.3192 & 0.6772 & -0.3580 \\ -0.1296 & -0.1707 & 0.3003 \end{bmatrix} = 0 \\ a_1 + b_1 + c_1 = 1 \end{cases}$$

$$\begin{cases} (a_2, b_2, c_2) \cdot \begin{bmatrix} 1 & -0.7276 & -0.2724 \\ -0.3192 & 0.6772 & -0.3580 \\ -0.3003 & -0.6997 & 1 \end{bmatrix} = 0 \\ a_2 + b_2 + c_2 = 1 \end{cases}$$

进而得出 F 企业 2021 年的信用风险状态联系度 $\mu(r)^* = 0.4086 + 0.1828I + 0.4086J$，信用风险趋势联系度 $\mu(p)^* = 0.2384 + 0.513I + 0.2486J$。

其中 F 企业 2021 年的信用风险状态系数为 $S_r = 0.4086$，$G_r = 0.1828$，$U_r = 0.4086$；F 企业 2021 年的信用风险趋势系数为 $S_p = 0.2384$，$G_p = 0.5130$，$U_p = 0.2486$。结合表 6-6 的判断规则可以得出以下结论：

（1）对于 F 企业的信用风险状态，有 $S_r = U_r$，$S_r > G_r$，$G_r < U_r$，可以判断其在 2021 年的信用风险将处于"基本安全"的状态；

（2）进一步，对于 F 企业的信用风险趋势，有 $S_p < U_p$，$S_p < G_p$，$G_p > U_p$，且结合集对势定义 $shi(p) = 0.2384/0.2486 = 0.96 < 1$，为"反势"，可以看出 F 企业 2021 年的信用风险将呈现"向坏发展趋势较弱"的发展趋势。

综上 F 企业 2021 年的信用风险状态和信用风险趋势的分析结果，可知该企业在 2021 年的整体信用风险状态将处于"基本安全"，但信用风险却有"微弱向坏发展"的趋势。对于企业自身运营及供应链合作企业，可以结合该分析结果为后续企业信用表现采取有效的风险防范措施，控制企业"微弱向坏"信用风险趋势，保持企业信用风险的"安全"状态。

上述评价结果与 2021 年中国物流与采购联合会对 F 企业 2A 级的信用评级相符，验证了文中集对-变权 Markov 模型的有效性。同时该模型提出的企业信用风险趋势评价视角，可以进一步完善传统集对理论仅分析企业信用风险状态的不足，对物流企业的信用风险能够有较完备的分析判断。

第四节　物流服务供应链信用寻租约束模型构建

一、信用信息多级流转模式

1. 信用多级链内流转

物流服务供应链信用多级链内流转主要是指核心企业信用在物流服务供应链内部进行的多级流转，其流转机制如下。

首先，物流服务供应链内的物流服务集成商与功能型物流服务提供商达成信用流转意愿，并向金融机构申请核定授信额度。其次，金融机构根据物流服务集成商提供的由第三方征信机构出具的企业信用报告、政府部门掌握的企业相关信用信息等对物流服务集成商进行综合信用评价，并根据其信用等级确定相应的授信额度，同时允许持有物流服务集成商债权凭证即数字票据的上游合作企业申请融资，但融资额度不能超过物流服务集成商的授信额度。最后，物流服务集成商根据客户需求与上游的一级物流服务提供商达成交易，并在信用流转平台上将双方交易所形成的债权凭证以数字票据的形式流转给一级物流服务提供商，以延期支付一级物流服务提供商的服务费用。

一级物流服务提供商收到来自物流服务集成商的数字票据后，有三种用途：一是申请融资，即一级物流服务提供商以保理融资的形式将持有的数字票据转让给金融机构，以获得企业所需资金，数字票据到期后物流服务集成商向金融机构履行付款义务；二是拆分流转，即一级物流服务提供商在信用流转平台上将持有的数字票据拆分或全部流转给上游的二级物流服务提供商，以抵销与二级物流服务提供商交易所形成的物流服务费用；三是持有到期，数字票据本质上是一级物流服务提供商所持有的债权凭证，其中物流服务集成商是债务人，一级物流服务提供商是债权人，数字票据到期后，物流服务集成商向一级物流服务提供商履行付款义务。

2. 信用多级跨链流转

物流服务供应链信用多级跨链流转主要是指核心企业信用从产品供应链流向物流服务供应链并在物流服务供应链内部进行的多级流转。目前产品供应链内的部分零售商或供应商为了将有限的企业资源用于保持核心竞争优势，多选择将自身物流业务进行外包即委托给物流服务集成商，由物流服务集成商为其提供集约化、一体化、个性化的物流服务。虽然物流服务集成商与零售商或供应商分别属于物流服务供应链与产品供应链，但二者却因物流业务需要而形成了实际意义的上下游关系，因此可考虑将产品供应链内处于核心地位的零售商或供应商的信用流转到物流服务供应链并在物流服务供应链内部进行多级流转。

物流服务供应链信用多级跨链流转机制如下。首先，产品供应链内处于核心地位的零售商或供应商与物流服务供应链内的物流服务集成商达成信用流转意愿，并向金融机构申请核对信用额度。其次，金融机构分别对零售商或供应商以及物流服务集成商进行信用评价，并根据其信用等级确定相应的授信额度，同时允许持有这些企业债权凭证即数字票据的上游合作企业申请融资，但融资额度不能超过这些企业的授信额度。最后，零售商或供应商与物流服务集成商达成交易，并在信用流转平台上将交易所形成的债权凭证以数字票据的形式流转给物流服务集成商，以延期支付物流服务集成商的物流服务费用。

相比信用多级链内流转，此时的物流服务集成商既可以直接凭借自身信用向金融机构申请融资，也可以通过保理融资的形式将持有的来自产品供应链内核心企业的数字票据转让给金融机构；同时物流服务集成商在与上游的一级物流服务提供商达成交易后，在信用流转平台上既可以将双方交易所形成的债权凭证以数字票据的形式转让给一级物流服务提供商，也可以直接将零售商或供应商的数字票据拆分或全部流转给一级物流服务提供商以抵销一级物流服务提供商的物流服务费用；或是选择持有到期，即数字票据到期后，零售商或供应商向物流服务集成商履行付款义务。与此同时，上游的各级物流服务提供商也将有可能收到由不同企业信用背书的两种数字票据，一种来自产品供应链内的零售商或供应商，另一种来自物流服务集成商，两种票据本质上都是债权凭证，只是债务人分别为零售商或供应商以及物流服务集成商。各级物流服务提供商在收到数字票据后仍可选择申请融资、拆分流转或持有到期，其中若选择持有到期，则当数字票据到期后分别由不同的债务人履行各自的付款义务。

3. 信用寻租问题分析

当物流服务供应链实现信用多级流转，即物流服务集成商将自身信用拆分、流转给上游各级功能型物流服务提供商时，各级功能型物流服务提供商可以持有物流服务集成商的信用资源以更低的成本向银行申请融资。但在实际运作过程中，各级功能型物流服务提供商在使用部分信用资源满足自身融资需求后，极有可能将剩余的信用资源以某种代价转让给物流服务供应链外部存在融资需求的其他企业，从而实现自身利益最大化。功能型物流服务提供商可能出现的信用寻租行为，将会使物流服务集成商的信用资源无法顺利流转至上游其他各级存在融资需求的功能型物流服务提供商，导致物流服务集成商的信用资源无法得到有效利用，本书将这种行为称为功能型物流服务提供商在物流服务供应链外部出现的信用寻租行为，即链外信用寻租行为。

为了防止功能型物流服务提供商在信用流转的过程中出现信用寻租行为，本研究进一步构建考虑物流服务供应链外部企业融资的信用寻租约束模型，分析物流服务供应链信用多级流转过程中各主体的决策行为，并根据模型结果建立信用协调机制，保障物流服务集成商的信用资源在物流服务供应链内的高效流转，进一步规范中小物流企业信用约束环境。

二、信用寻租约束模型构建

1. 问题描述

本研究主要运用完全信息博弈研究三级结构的物流服务供应链内一级功能型物流服务提供商的信用寻租约束问题，研究对象包括物流服务供应链内的物流服务集成商（Logistics Service Integrator，LSI）、一级功能型物流服务提供商（一级 Functional Logistics Service Provider，以下简称"一级 FLSP"）、二级功能型物流服务提供商（以下简称"二级 FLSP"），以及物流服务供应链外部的银行、存在融资需求的其他企业。其中，LSI 为物流服务供应链内的核心企业，一级 FLSP 和二级 FLSP 为物流服务供应链内的中小物流企业。

问题描述如下：LSI 根据客户需求，要求上游的一级 FLSP 为其提供部分物流服务，双方达成交易后，LSI 延期支付一级 FLSP 的物流服务费用，同时将以应收账款为核心、以数字票据 B 为表现形式的债权凭证流转给一级 FLSP，账期为 t。一级 FLSP 为了缓解自身资金压力，向银行申请保理融资，即将持有的来自 LSI 的一部分数字票据 b_1 转让给银行，以获得融资比例为 α、利率为 r_1 的资金。面对剩余的数字票据 b_2，一级 FLSP 有两种选择，一是进行链内流转，即将数字票据 b_2 流转给物流服务供应链上游的二级 FLSP，以抵销与其交易时产生的物流服务费用；二是进行链外信用寻租，即将数字票据 b_2 转让给物流服务供应链外部存在融资需求的其他企业并收取一定利息。各主体业务关系如图 6-6 所示。

2. 模型假设

假设 1：一级 FLSP 向银行申请保理融资后所持有的剩余数字票据数额与和二级 FLSP 交易时产生的物流服务费用数额相同。

假设 2：二级 FLSP 收到一级 FLSP 流转的数字票据后，只会选择持有全部的数字票据向银行申请融资，而不会转让给供应链外部的其他企业或持有到期。

假设 3：银行和 LSI 会监督一级 FLSP 的链外信用寻租行为，且无论银行和 LSI 是否

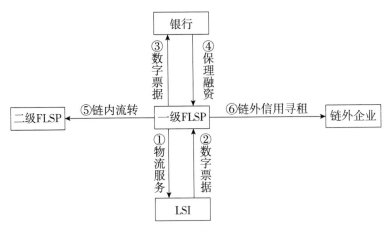

图6-6　各主体业务关系

选择对一级 FLSP 的链外信用寻租行为进行惩罚，都需要付出一定的监督成本。

假设4：LSI 与银行的惩罚行为保持一致，即当银行选择对一级 FLSP 的链外信用寻租行为进行惩罚时，LSI 也选择对一级 FLSP 的链外信用寻租行为进行惩罚，反之亦然。

假设5：无论一级 FLSP 是否出现链外信用寻租行为，供应链外部的其他企业始终存在融资需求，且融资需求与一级 FLSP 申请保理融资后持有的剩余数字票据数额相同。

3. 符号说明

B 表示 LSI 与一级 FLSP 达成交易时产生的数字票据数额；

t 表示 LSI 与一级 FLSP 达成交易时产生的数字票据的账期；

b_1 表示一级 FLSP 向银行申请保理融资时使用的部分数字票据数额；

b_2 表示一级 FLSP 向银行申请保理融资后剩余的数字票据数额，$b_1+b_2=B$；

α 表示企业向银行申请保理融资获得的融资比例；

r_1 表示企业持有 LSI 的数字票据，向银行申请保理融资业务的融资利率；

r_2 表示企业持有一般企业的数字票据，向银行申请保理融资业务的融资利率，$r_2>r_1$；

r_0 表示银行的存款利率，$r_0<r_1<r_2$；

β_L 表示 LSI 将资金投入运营所获收益的比例；

β_{F_1} 表示一级 FLSP 将资金投入运营所获收益的比例；

r_F 表示一级 FLSP 选择将数字票据转让给物流服务供应链外部存在融资需求的其他企业所收取的利率；

A 表示一级 FLSP 选择链外信用寻租导致供应链整体运作效率降低，各主体遭受的损失；

C_B 表示银行的监督成本；

C_L 表示 LSI 的监督成本；

c 表示区块链交易平台的服务费用，$c < C_B$，$c < C_L$；

M_1 表示一般交易环境下一级 FLSP 链外信用寻租时，银行给予一级 FLSP 的惩罚（罚款）；

N_1 表示一般交易环境下一级 FLSP 链外信用寻租时，银行给予 LSI 的惩罚（在一定期限内减少 LSI 的授信额度）；

S_1 表示一般交易环境下一级 FLSP 链外信用寻租时，LSI 给予一级 FLSP 的惩罚（减少日后合作次数）；

M_2 表示区块链交易环境下一级 FLSP 链外信用寻租时，银行给予一级 FLSP 的惩罚（加大罚款力度并永久撤销一级 FLSP 的融资资格），$M_2 > M_1$；

N_2 表示区块链交易环境下一级 FLSP 链外信用寻租时，银行给予 LSI 的惩罚（永久减少 LSI 的授信额度），$N_2 > N_1$；

S_2 表示区块链交易环境下一级 FLSP 链外信用寻租时，LSI 给予一级 FLSP 的惩罚（永久撤销一级 FLSP 的合作资格），$S_2 > S_1$。

4. 模型构建与分析

接下来分别构建完全信息静态博弈下一般交易环境和区块链交易环境两种场景的信用寻租约束模型，其中一般交易环境是指在物流服务供应链内，各主体之间的业务交易、信用流转、保理融资等活动主要采用一般的线上交易方式；区块链交易环境则是指各主体之间的业务交易、信用流转、保理融资等活动主要在基于区块链技术的区块链交易平台上进行。完全信息静态博弈是指 LSI、一级 FLSP 和银行博弈三方中的每方都对其他博弈方的特征、策略空间及支付函数等有准确的认识。

（1）一般交易环境。

在一般交易环境下，银行的监督成本是 C_B，对一级 FLSP 的惩罚是 M_1；LSI 的监督成本是 C_L，对一级 FLSP 的惩罚是 S_1。

①一级 FLSP 选择"链内流转"且银行与 LSI 选择"不惩罚"。

·一级 FLSP 的收益 R_{F_1} 为

$$R_{F_1} = b_1 \alpha \beta_{F_1} - b_1 \alpha r_1 t$$

其中：$b_1 \alpha \beta_{F_1}$ 是一级 FLSP 将融资资金用于公司运营所获得的收益；$b_1 \alpha r_1 t$ 是一级 FLSP 付出的融资成本。

·LSI 的收益 R_{L_1} 为

$$R_{L_1} = B\beta_L - C_L$$

其中：$B\beta_L$ 是 LSI 将延期支付一级 FLSP 的物流服务费用用于公司运营所获得的收益；C_L 是 LSI 的监督成本。

·银行的收益 R_{b_1} 为

$$R_{b_1} = B\alpha(r_1 - r_0)t + b_2\alpha(r_2 - r_0)t - C_B$$

其中：$B\alpha(r_1 - r_0)t$ 是银行为一级 FLSP 和二级 FLSP 提供融资服务所获得的收益；$b_2\alpha(r_2 - r_0)t$ 是银行为物流服务供应链外部存在融资需求的其他企业提供融资服务所获得的收益（由上文假设已知物流服务供应链外部其他企业的融资需求，与一级 FLSP 申请保理融资后所持有的剩余数字票据数额 b_2 相同）；C_B 是银行的监督成本。（注：此时二级 FLSP 的收益 R_{f_1} 为：$R_{f_1} = b_2\alpha\beta_{F_2} - b_2\alpha r_1 t$，其中 $b_2\alpha\beta_{F_2}$ 是二级 FLSP 将融资资金用于公司运营所获得的收益；$b_2\alpha r_1 t$ 是二级 FLSP 付出的融资成本。）

②一级 FLSP 选择"链外信用寻租"且银行与 LSI 选择"惩罚"。

·一级 FLSP 的收益 R_{F_2} 为

$$R_{F_2} = b_1\alpha\beta_F - b_1\alpha r_1 t + b_2 r_F - A - M_1 - S_1$$

其中：$b_2 r_F$ 是一级 FLSP 将数字票据转让给物流服务供应链外部存在融资需求的其他企业所获得的收益；A 是一级 FLSP 选择链外信用寻租使得二级 FLSP 无法持有数字票据融资，从而导致整个物流服务供应链运作效率低下自身遭受的损失；M_1 是一般交易环境下银行给予一级 FLSP 的惩罚；S_1 是一般交易环境下 LSI 给予一级 FLSP 的惩罚。

·LSI 的收益 R_{L_2} 为

$$R_{L_2} = B\beta_L - C_L - A - N_1$$

其中 N_1 是一般交易环境下银行给予 LSI 的惩罚。

·银行的收益 R_{b_2} 为

$$R_{b_2} = b_1\alpha(r_1 - r_0)t + b_2\alpha(r_1 - r_0)t - C_B + M_1$$

其中：$b_1\alpha(r_1 - r_0)t$ 是银行为一级 FLSP 提供融资服务所获得的收益；$b_2\alpha(r_1 - r_0)t$ 是银行为物流服务供应链外部持有一级 FLSP 转让的数字票据的其他企业提供融资服务所获得的收益。（注：此时二级 FLSP 的收益 R_{f_2} 为：$R_{f_2} = -A$，既无法获得融资资金，又要承受物流服务供应链整体运作效率低下所遭受的损失 A。）

③具体博弈过程。

a. 当一级 FLSP 选择"链内流转"的收益 R_{F_1} > "链外信用寻租"的收益 R_{F_2} 时，即 $R_{F_1} > b_1\alpha\beta_F - b_1\alpha r_1 t + b_2 r_F - A$，一级 FLSP 选择将持有的剩余数字票据流转给上游的二级 FLSP。

此时，物流服务供应链运作正常，银行和 LSI 不会对一级 FLSP 进行惩罚，因此各方的策略为（链内流转，不惩罚，不惩罚）。

b. 当一级 FLSP 选择"链内流转"的收益 R_{F_1} < "链外信用寻租"的收益 R_{F_2} 时，即 $R_{F_1} < b_1\alpha\beta_F - b_1\alpha r_1 t + b_2 r_F - A$，一级 FLSP 选择将持有的剩余数字票据流转到物流服务供应链外部进行寻租，即转让给物流服务供应链外部存在融资需求的其他企业并收取一定的利息 $b_2 r_F$。（注：当 $R_{F_1} = R_{F_2}$ 时，一级 FLSP 则根据自身偏好进行决策。）

银行会损失一部分收益，即为外部企业提供融资服务所产生的利差由 $b_2\alpha(r_2 - r_0)t$ 降低为 $b_2\alpha(r_1 - r_0)t$，且失去为二级 FLSP 提供融资服务所产生的利差 $b_2\alpha(r_1 - r_0)t$；LSI 则因物流服务供应链整体运作效率降低而遭受一定的损失 A 。此时，银行将会对一级 FLSP 进行惩罚 M_1，即对一级 FLSP 进行罚款，同时对 LSI 进行惩罚 N_1，即相应地减少 LSI 的授信额度；LSI 则会因自身授信额度受到影响而对一级 FLSP 进行惩罚 S_1，即在日后减少与下游的一级 FLSP 的合作，因此各方的策略为（链外信用寻租，惩罚，惩罚）。

c. 当一级 FLSP 选择"链外信用寻租"并受到银行和 LSI 惩罚后所获得的收益仍大于选择"链内流转"所获得的收益时，即 $R_{F_2} > R_{F_1}$，物流服务供应链内部的数字票据就极有可能流转到物流服务供应链外部的其他企业手中。

为防止一级 FLSP 出现链外信用寻租行为，本节考虑搭建基于区块链技术的信用流转平台，运用区块链技术对平台上的一级 FLSP 进行有效监管，加大惩罚力度，增加其违约成本，同时降低银行和 LSI 的监管成本，提高融资效率。

（2）区块链交易环境。

区块链交易环境主要是指在物流服务供应链信用多级流转过程中，各主体之间的业务交易、信用流转、保理融资等活动主要在基于区块链技术的信用流转平台上进行。

区块链交易环境下，银行和 LSI 不需要付出额外的监督成本 C_B、C_L，只需要缴纳少量的服务费用 c，即可享受平台提供的线上监管服务，而且由于区块链技术具有去中心化、数据可追溯、不可篡改等特点，相比一般交易环境，区块链交易环境对一级 FLSP 的监管效果更好。

当平台上的一级 FLSP 出现链外信用寻租行为时，平台会对一级 FLSP 的违约行为进行追溯、记录，并永久保存到企业的信用档案中，同时告知银行和 LSI。银行根据区块链平台提供的准确、无争议的监测结果，对 LSI 和一级 FLSP 进行惩罚，即永久减少 LSI 的授信额度，并永久撤销一级 FLSP 的融资资格；而受到银行惩罚的 LSI 也会对一级 FLSP 进行惩罚，即永久撤销一级 FLSP 的合作资格。此时一级 FLSP 将会受到来自银行的惩罚 M_2 与 LSI 的惩罚 S_2，即永久失去银行的融资资格以及与下游 LSI 的合作资格。

由于平台上一级 FLSP 选择"链外信用寻租"并受到银行和 LSI 惩罚后的收益 R_{F_4} 将始终<"链内流转"的收益 R_{F_3}，即 $b_1 \alpha \beta_{F_1} - b_1 \alpha r_1 t + b_2 r_F - A - M_2 - S_2 < b_1 \alpha \beta_{F_1} - b_1 \alpha r_1 t$，一级 FLSP 将始终选择将持有的剩余数字票据流转给上游的二级 FLSP，因此各方的策略将始终为（链内流转，不惩罚，不惩罚）。

5. 结果对比分析

（1）一级 FLSP 选择"链内流转"且银行和 LSI 选择"不惩罚"。

在一般交易环境下，一级 FLSP、LSI 和银行三方的收益分别为

$$R_{F_1} = b_1 \alpha \beta_{F_1} - b_1 \alpha r_1 t$$

$$R_{L_1} = B \beta_L - C_L$$

$$R_{b_1} = B \alpha (r_1 - r_0) t + b_2 \alpha (r_2 - r_0) t - C_B$$

在区块链交易环境下，一级 FLSP、LSI 和银行三方的收益分别为

$$R_{F_3} = b_1 \alpha \beta_{F_1} - b_1 \alpha r_1 t$$

$$R_{L_3} = B\beta_L - c$$

$$R_{b_3} = B\alpha(r_1 - r_0)t + b_2\alpha(r_2 - r_0)t - c$$

对比分析可得

$$R_{F_1} = R_{F_3} , R_{L_1} < R_{L_3} , R_{b_1} < R_{b_3}$$

结论 1：当一级 FLSP 选择"链内流转"且银行和 LSI 选择"不惩罚"时，在区块链交易环境下，一级 FLSP 的收益不变，银行和 LSI 的收益更高。

（2）一级 FLSP 选择"链外信用寻租"且银行和 LSI 选择"惩罚"。

在一般交易环境下，一级 FLSP、LSI 和银行三方的收益分别为

$$R_{F_2} = b_1 \alpha \beta_F - b_1 \alpha r_1 t + b_2 r_F - A - M_1 - S_1$$

$$R_{L_2} = B\beta_L - C_L - A - N_1$$

$$R_{b_2} = b_1\alpha(r_1 - r_0)t + b_2\alpha(r_1 - r_0)t - C_B + M_1$$

在区块链交易环境下，一级 FLSP、LSI 和银行三方的收益分别为

$$R_{F_4} = b_1 \alpha \beta_{F_1} - b_1 \alpha r_1 t + b_2 r_F - A - M_2 - S_2$$

$$R_{L_4} = B\beta_L - c - A - N_2$$

$$R_{b_4} = b_1\alpha(r_1 - r_0)t + b_2\alpha(r_1 - r_0)t - c - A + M_2$$

对比分析可得

$$R_{F_2} > R_{F_4} , R_{L_2} < R_{L_4} , R_{b_2} < R_{b_4}$$

结论 2：当一级 FSLP 选择"链外信用寻租"且银行和 LSI 选择"惩罚"时，在区块链交易环境下，一级 FLSP 的收益更低，银行和 LSI 的收益更高。

综上所述，在完全信息静态博弈中，区块链交易环境能够有效约束一级 FLSP 的链外信用寻租行为。相比一般交易环境，在区块链交易环境下，当一级 FLSP 选择"链内流转"且银行和 LSI 选择"不惩罚"时，一级 FLSP 的收益不变，银行和 LSI 的收益更高；而当一级 FLSP 选择"链外信用寻租"且银行和 LSI 选择"惩罚"时，一级 FLSP 的收益更低且受到惩罚后的收益始终小于选择链内流转所获得收益，同时银行和 LSI 的收益则更高。

第五节　北京市中小物流企业信用管理政策建议

一、强化物流行业征信及信用管理意识

在征信体系建设较好的国家，信用已经作为一种资源配置方式参与调节生产、交换、分配和消费等环节，从而大大降低社会及企业交易成本。征信及信用管理同时作为供应

链金融研究的先导性内容，对于建立良好供应链信用及金融生态环境也起到了重要的作用。我国物流行业征信体系建设虽已取得一定进展，但仍存在较大研究和应用空白。中小物流企业征信体系失位现象依然较为严重，因此，建议北京市相关政府部门、行业协会通过政策引导、信用信息记录管理和共享等举措进一步加强征信及信用管理领域的理论与实践发展，强化现代物流服务业征信及信用管理意识，尤其是提高中小物流企业信用管理意识，有效改善中小物流企业信用表现和融资环境。具体建议有以下 4 点。

1. 强化信用监管

强化北京市中小物流企业信用监管。由北京市经济和信息化局、北京市商务局等相关部门牵头，联合北京市物流行业协会，具化中小微物流企业信用监管指标，完善信用管理制度环境，强化信用监管及信用信息及时披露等工作。

2. 加强信用记录建设

鼓励北京地区社会信用服务机构、行业协会结合物流业实际，发挥自身优势，加强信用记录建设，逐步形成覆盖物流业所有单位和个体的征信档案，推动信用信息整合共享。

3. 消除"信用信息孤岛"

依托国家及北京市统一的信用信息共享交换平台［如信用中国（北京）等］，实现物流企业信用信息细致分类、互通和共享，消除"信用信息孤岛"，确保信用信息及时、全面、准确、翔实、安全，提高物流企业的信用状况透明度。

4. 建设信用生态

联动中国人民银行征信中心、北京银行等银行金融机构，强化信用管理在物流金融领域的地位和作用，引导政府、协会、第三方征信机构，以及中小物流企业持续推进良好物流信用生态建设。

二、创新优化中小物流企业信用评级方法

信用风险评价作为征信体系建设的关键环节，其重要作用日益凸显，现有的信用风险评价体系和评价方法或者侧重于财务性指标的考核，或者侧重于定性指标的衡量，或者侧重于静态的历史信用信息的评级，对于企业，特别是中小物流企业所在供应链的交易关系，不同行业的适用性，未来信用的预判性，以及量化、动态性指标和模型的研究相对不足，在一定程度上制约了中小物流企业征信、融资与发展，因此，对于北京市相关管理部门、行业协会及社会信用管理机构，应充分利用现有信用信息及征信管理平台积累的数据和信息，结合大数据技术等，选取适用性较好的理论模型和方法，拓展适用于不同行业、不同类型及不同规模企业的征信及信用评级指标和方法。具体建议有以下3点。

1. 优化评级体系

进一步结合物流行业，特别是针对中小物流企业本身特征和交易特点，充分考虑中小物流企业信用风险的独特性、供应链相关性等，完善中小物流企业信用评级及风险指标体系，合理化征信管理和信用监管维度。

2. 探索评级工具

加强定性、定量评级模型及方法的实践应用，支持、引导关于征信、评级及后评估（如增信、授信）等相关量化分析方法和模型的研究，探索适用于中小物流企业的信用管理模型与工具，有力支撑信用管理相关决策工作开展。

3. 突出技术支撑

依托大数据、区块链等技术，强化现代化信息技术在征信行业的管理和应用，拓展现代信息技术及人工智能技术的应用场景，提高征信管理工作的效率和效果。

三、加强物流行业信用组织及建设试点

物流行业信用体系建设涉及面广，需要社会多方面的广泛参与和积极配合。需充分发挥政府及相关行业协会的引导性作用，积极协调各相关部门各负其责，相互配合，统筹研究推进物流业信用体系建设的各项基础工作，推动物流相关部门加强本行业的信用建设，及时研究解决存在的突出困难和问题。同时建议北京市相关政府部门、行业协会及相关信用管理社会机构，要高度重视、加强统筹、协同推进本地区物流业信用体系建设。同时，建议选择冷链物流、危险品物流、汽车物流等条件相对成熟的物流领域开展信用建设试点，探索信用信息采集分类、信息共享、联合惩戒、分类监管和行业诚信自律等内容，推行信用报告制度，通过专业物流领域的试点为全面推进物流信用体系建设积累经验，形成以点带面的示范效应。

1. 重视信用影响

在后疫情时代经济复苏的大背景下，面向数字化转型、供应链金融等相关工作推进中，需高度重视本地区及全国物流行业信用生态这一金融发展及经济建设基础工作的有序建设，推进物流行业信用管理（征信、评级、增信等）相关工作。

2. 孵化信用组织

依托北京市政府及相关行业协会，积极孵化和培育物流行业信用管理组织，同时加强现有政府及第三方信用管理单位的监管，引导健康、合规、合理的行业监管制度和管理体系，为物流信用生态有序建设提供关键生态参与主体。

3. 推广建设试点

推广物流行业重点领域的信用建设试点，如应急物流、冷链物流、绿色物流等重点建设领域，强化信用建设维度的地位和作用，为相关领域有序、稳定运行提供关键基础。

第七章

北京市疫情下应急物流发展现状与趋势

第一节　我国应急物流发展历程及特点

应急物流来源于应急管理，属于应急管理和物流管理的交叉部分。应急物流管理体系是国家应急体系的重要组成部分。自 2003 年"非典"疫情防控以来，我国应急物流管理体系得到快速发展。根据中华人民共和国国家标准《物流术语》（GB/T 18354—2006）对应急物流的定义：针对可能出现的突发事件已做好预案，并在事件发生时能够迅速付诸实施的物流活动。

一、我国应急物流发展历程

（一）救灾物资基础管理阶段（1949—1977 年）

中华人民共和国成立后，我国应急管理主要集中于应对自然灾害。灾害发生后，主要通过合作社组织互救和群众生产自救结合，灾区因地制宜恢复粮食生产，发展纺织、编席、编织农具用品等副业和手工业来解决灾区口粮以及生活问题。同时，开展社会互济，互助生产，实行以工代赈，兴修水利。

改革开放之前，我国应急管理建立在计划经济的基础上，因此应急物资的生产调配都由国家统一管理。

（二）应急物资统一管理阶段（1978—2002 年）

改革开放之后，我国开始接受国际组织、国外政府和企业的灾时援助，应急物资来源逐步扩大。1988 年，在国家物资局的基础上成立了物资部，主要负责组织重点生产企业的物资供应，管理全国物资市场及规划全国城乡物资流通网络。1991 年，发生华东水灾时，物资部协同民政部，在物资的筹集和调配方面发挥了一定的作用。

（三）应急物流初级管理阶段（2003—2006 年）

2003 年，在全国范围内暴发了非典型性肺炎（SARS，以下简称"非典"）。在"非典"疫情暴发期间，医疗物资、生产物资、生活物资的生产、流通出现了停滞，政府和社会开始关注应急物流管理。2003 年，是我国应急物流发展的元年。

面对突发事件，我国通常采取临时成立应急指挥部的形式进行管理，指挥部下设后勤保障组，负责救援物资及生活必需品的供给保障工作。突发事件发生后，临时成立指挥部及后勤保障组的方式作为惯例一直延续至今。应急管理常设机构呈现职能化、专业化的发展特点。

随着对各类突发事件应急物流的认识逐步加深，我国相关基础规章制度得到进一步充实。同时，建立了全国突发公共事件应急预案体系，将突发公共事件分类分级处理；并确立了应急物资平战结合储备原则、三级分层储备制度、社会化专业化相结合的储备方式，规定了应急物资代储单位及应急物资调拨规则。

（四）应急物流专业管理阶段（2007—2012 年）

2008 年 1 月 10 日，我国南方各省和新疆等 20 个省级行政区遭受严重雪灾。2008 年 5 月 12 日，四川汶川发生里氏 8.0 级大地震。两次灾害检验了我国的应急物流专业水平，同时也对应急物流提出了更高的要求。

这一阶段，以发布《中华人民共和国突发事件应对法》为标志，我国逐步形成和完善了以《中华人民共和国宪法》为依据，《中华人民共和国突发事件应对法》为核心，《中华人民共和国地震减灾法》和《中华人民共和国红十字会法》专项法律为骨干，行政法规、部门规章为主体的应急法律体系，为应急物流的顺畅运行提供了法律支撑。

我国应急物流开始向规模化、产业化方向发展。在《物流业调整和振兴规划》及《产业结构调整指导目录（2011 年本）》中，将应急物流作为鼓励产业，应急物流工程作为重点建设工程，从信息系统、储备体系、设施设备方面加强建设应急物流体系。将具有应急能力的物流企业纳入应急物流体系，以提高应对战争、灾害、重大疫情等突发性事件的能力。

同时，应急物资实现储备工作常规化、储备措施规范化、储备来源多样化、储备模式多元化。2009 年 5 月，民政部决定将全国中央级的救灾物资储备库由 10 个增加到 24 个。同时，增加救灾物资储备的数量和品类，出台 13 个救灾物资行业标准、2 个救灾物资储备库的建设标准，并且以实物储备和能力储备、协议储备相结合，提高灾害应急的反应能力。

（五）应急物流战略管理阶段（2013—2017 年）

这一阶段，各类自然灾害和安全事故呈现多发态势。2015 年 8 月 12 日，天津市滨海新区天津港的瑞海公司危险品仓库发生特大火灾爆炸事故。

我国开始将应急物流作为应急体系一个重要的组成部分，对应急物流的发展做出中长期规划。国家在应急物流建设方面，出台了一系列重要文件，从基础设施建设、物流标准制定、物流企业培育、信息平台完善和新技术应用等方面，对应急物流发展提出指导意见，指出加强应急物资体系和应急物流体系的衔接，整合全国应急物资储备、社会生产能力、应急物流资源、应急专业服务等保障信息，为建设完整链条的应急供应链奠定基础。

（六）应急物流创新管理阶段（2018—2020 年）

我国应急物流面临新形势，各种突发事件都可能会导致整条供应链的中断。我国社会已经进入了防范供应链风险阶段，应急物流策略由供应链角度出发，应急管理从预防开始。

为适应新的应急形势，2018 年 11 月组建应急管理部，整合安全生产、消防管理、自然灾害防治及救灾等 13 个部门职能，进行应急统一管理。此外，组建国家粮食和物资储备局，撤销国家粮食局，进行各类物资统筹管理。

综上所述，我国应急物流的 6 个阶段既有发展的连贯性，又具有各自的阶段性特征（见表 7-1）。

表 7-1　　　　　　　　　　　　我国应急物流发展阶段

序号	时间	阶段	应急物流特征
1	1949—1977 年	救灾物资基础管理阶段	生产自救 以工代赈
2	1978—2002 年	应急物资统一管理阶段	接受援助 救济包干
3	2003—2006 年	应急物流初级管理阶段	确立平战结合原则 应急预案体系 分级分类处理机制

续表

序号	时间	阶段	应急物流特征
4	2007—2012 年	应急物流专业管理阶段	确立应急法律体系 成立应急物流专业机构 扩充应急储备 发展应急物流产业、建设应急物流工程
5	2013—2017 年	应急物流战略管理阶段	制定应急物流中长期规划
6	2018—2020 年	应急物流创新管理阶段	传统应急物流向供应链风险防范转变 事后处置向事前预防转变

二、我国应急物流发展现状

相比 2003 年，现在中国物流的社会化程度已非常成熟，出现了菜鸟、京东物流、顺丰、苏宁物流、德邦等物流实力较强的社会化企业或平台，在新冠疫情中，成熟的物流运作机制在应急物资供给与调配方面发挥了很大作用，政府、企业、消费者对物流的信任度进一步增强，这为物流业的深度发展提供了较好的基础。

三、我国应急物流发展特点

（一）国家不断出台政策促进应急物流发展

2003 年暴发"非典"疫情之后，应急物流在重大突发性事件的应对过程中发挥了重要作用，国家为促进应急物流的发展，也不断出台一系列重点的政策（见表 7-2），推动应急物流进入实质性发展阶段。

表 7-2　　　　　　我国政府发布有关应急物流政策汇总（部分）

时间	文件	内容
2009 年 3 月	《国务院关于印发物流业调整和振兴规划的通知》	"应急物流"列入九大重点工程和七个专项规划
2014 年 10 月	《物流业发展中长期规划（2014—2020 年）》	再次将"应急物流"列入十二大重点工程
2014 年 12 月	《国务院办公厅关于加快应急产业发展的意见》	到 2020 年，应急产业体系基本形成，为防范和处置突发事件提供有力支撑，成为推动经济社会发展的重要动力
2017 年 1 月	《交通运输安全应急标准体系（2016 年）》	推动交通运输安全应急领域标准化

（二）应急物流标准化建设不断推进

物流系统的标准化建设，是实施物流系统科学管理，加快物流系统建设，提高物流效率和效益的有效举措。应急物流作为物流系统中的一员，其效率的提升更是关系到国家民生的重大课题。2012 年，国家标准化管理委员会等多个权威部门编制了《全国物流标准专项规划》，重点完善了基础通用标准，提高物流标准的实际效果。2014 年 12 月发布《中华人民共和国国家标准公告》，正式确立多项国家标准，其中《企业应急物流能力评估规范》和《应急物资投送包装及标识》两项应急物流国家标准出台，不仅可用于各级政府应急物流管理部门对参与应急物流的企业应急保障能力的认定，还能为企业推动应急物流发展提供参考价值，加快了国家应急物流体系建立进度。

第二节　疫情下我国应急物流发展现状

一、疫情下我国应急物流发展政策

2019 年 12 月新冠疫情暴发初期，习近平总书记明确指示要采取严格的交通管控措施，快速阻断疫情传播蔓延。2020 年 2 月又明确指示要错峰出行，农民工返岗复工要采取点对点一站式直达的运输方式，并且强调交通运输是复工复产的"先行官"，必须打通"大动脉"，畅通"微循环"。随后，各地严格按照党中央、国务院统一部署，广大干部职工坚守岗位、冲锋在前，严格落实"一断三不断""三不一优先"、收费公路免收通行费等政策，在确保疫情防控到位的前提下，全力确保交通畅通和必要的人流、物流的畅通，确保生活物资持续稳定供应，助力打赢疫情防控阻击战。2020 年我国新冠疫情下部分应急物流相关政策如表 7-3 所示。

表 7-3　　　　　　　　　　2020 年我国新冠疫情下部分应急物流相关政策

序号	时间	政策名称	摘要	发文部门
1	2020 年 1 月	《商务部部署商务领域新型冠状病毒感染的肺炎疫情应对工作》	要求各地商务主管部门切实加强组织领导，制定疫情应对工作方案，加强货源组织，指导超市、百货商场、连锁药店等商贸流通企业与生产企业对接，建立稳定可靠的产销关系，切实保障粮、油、肉、蛋、菜等食用农产品市场供应	商务部

续表

序号	时间	政策名称	摘要	发文部门
2	2020 年 1 月	《交通运输部关于统筹做好疫情防控和交通运输保障工作的紧急通知》	坚持"一断三不断"，统筹做好疫情防控和交通运输保障工作，因时因地制宜、分类施策，依法科学实施交通运输管控措施，切实保障疫情防控应急运输畅通高效	交通运输部
3	2020 年 1 月	《农业农村部办公厅 交通运输部办公厅 公安部办公厅关于确保"菜篮子"产品和农业生产资料正常流通秩序的紧急通知》	明令确保"菜篮子"产品和农业生产资料正常流通秩序，任何人不得阻绝饲料运输车的通行	农业农村部办公厅、交通运输部办公厅、公安部办公厅
4	2020 年 1 月	《国家发展改革委 商务部进一步部署做好生活物资运输等综合保障工作》	着力复工复产，增加供应，提供保障。建立健全重要物资供应绿色通道，及时对接各地应急运输需求，保障重要生活物资的运输需要，认真处理好严防严控和保障重要生活物资供应的关系，确保鲜活农产品"绿色通道"畅通无阻	国家发展改革委、商务部
5	2020 年 2 月	《交通运输部关于切实保障疫情防控应急物资运输车辆顺畅通行的紧急通知》	做好应对疫情各类应急物资、生活物资、重点生产物资、医护及防控人员的运输保障工作	交通运输部
6	2020 年 2 月	《商务部办公厅印发〈关于积极扩大进口应对新冠肺炎疫情有关工作的通知〉》	要求各地商务主管部门高度重视扩大进口对疫情防控的重要性，加强组织领导，加大协调力度，做好衔接沟通，落实落细责任，扩大医疗物资及生产原料进口，积极利用进口增加国内肉类等农产品市场供应，充分发挥外贸新业态优势，结合本地实际做好扩大进口有关工作，坚决打赢疫情防控阻击战	商务部

二、疫情下我国应急物流的组织

（一）疫情下应急物资供应

1. 各省（区、市）协作保障疫区物资供应

2020 年 1 月，湖北省武汉市为控制疫情扩散采取了"关闭离汉通道"措施。为保障湖北省武汉市生活必需品的供应，商务部连夜协调周边数个省（自治区、直辖市）商务主管部门，与湖北省商务厅和武汉市商务局搭建起九省联保联供协作机制平台，及时了解一线情况。

据统计，2020 年 3 月底，全国各地向湖北运送防疫物资和生活物资超过 8 万吨，运送电煤、燃油等生产物资 140 多万吨，生活物资供应充足，满足了疫情期间的需求。

2. 政府部门推动企业复工复产

首先，组织相关企业恢复生产。大量生产的前提是对企业的产能、日产量等充分了解。

其次，鼓励口罩生产企业扩能改造，支持企业进行技术改造，扩大生产，争取早日具备新增产能。

最后，对医疗用品生产企业开放绿色通道。为促进医疗用品的供应，国家大力支持医疗用品生产企业扩大医疗应急物资的产能，相关部门加快对特别紧急医药及医疗器械的审批审核，加快潜在治疗新冠肺炎药物的应急临床科研攻关和创新应用，免收疫情防控药械注册和检验费用。

3. 全力保障交通网络畅通

在疫情防控期间，部分地区为了控制疫情蔓延，采取了车辆劝返和封锁道路等措施，给应急物资运输以及相关医疗用品生产企业人员复工带来了麻烦，为杜绝类似极端的行为，保证交通网络恢复如常，严禁擅自封闭高速公路出入口，严禁阻断各省干线公路，严禁硬隔离或者挖断农村公路，严禁阻碍应急运输车辆通行，严禁擅自在高速公路服务区、收费站、省界和各省干线公路设置疫情防控检疫点或者检测站。

4. 鼓励多渠道进口

随着疫情的暴发，国内的医疗物资供应已经满足不了需求，因此国家为了加大采购力度，联合相关部门推行了捐赠进口口罩免征关税等政策，也支持相应企业使用货运包机的方式将进口口罩运至国内。

5. 企业发挥供应链优势保障供应

在疫情防控期间，京东不仅充分发挥自己在技术和物流方面的优势为抗疫前线送去大量医疗物资，更是坚持"春节也送货"，通过强大的供应链和基础设施保障生活必需品供应。

中粮集团自疫情暴发后，积极组织货源，协调运输，确保将应急物资运送到疫区。

为了稳定市场价格，中粮集团在市场投放了大量米面等生活必需品，积极与湖北对接，保证湖北地区及全国各地在疫情防控期间的应急物资供应。

6. 协助红十字会进行物资管理

武汉市物资分配出现问题，舆论矛头直指武汉红十字会，红十字会面临重大危机，所以武汉市政府委托九州通医药公司协助红十字会完成物资分配供应。九州通医药公司负责商品的出入库、分类堆码等物流管理活动，每天24点进行轧账，对当天收发货的商品进行盘点核算。九州通医药公司接管红十字会的物资管理工作之后，紧急的医疗物资从到货到分配只需要2个小时。

（二）疫情下医疗防护物资供应

1. 供不应求状态的应对措施

（1）防护物资国际采购。

疫情暴发初期，防护物资需求急剧增多，而该类物资储备少，加上员工不足、原材料紧张，所以国内生产能力跟不上，需开展防护物资国际采购以增加供给。以中国医药集团、复星国际、卓尔控股等为代表的国内企业发挥自身优势开展全球采购。以苏宁国际、阿里巴巴等为代表的跨境电商平台充分发挥自身海外渠道丰富、信息面广、联动速度快的优势，开拓防护物资采购国际渠道，增加口罩、防护服等防护物资进口，缓解国内物资短缺压力。

（2）原有防护物资生产企业复工扩产。

医疗防护物资生产企业为尽快恢复正常产能，给予员工3~5倍工资补贴，鼓励员工复工生产。针对复工人员隔离14天再投产影响产能恢复的问题，企业联合政府推出点对点、一站式的返程复工方式，对于返岗员工安排包车集中护送，精准管控下员工无须隔离即可投入工作。

（3）企业纷纷转产扩能。

在国家推动转产和提高防护物资产能政策影响下，汽车、服装、纸尿裤等生产企业纷纷加入口罩、防护服和护目镜等医疗防护物资的生产中，缓解防护物资供应不足的状况。天眼查信息显示，截至2020年4月19日，国内48097家企业的经营范围内新增了口罩、防护服、医疗器械等医疗防护物资的关键词。新增医用口罩的企业达37023家，新增防护服、护目镜的企业有11074家。平均每天约有340家企业跨界生产防护物资。

2. 防护物资分配

（1）建立分配原则。

制定防护物资分配原则，有限的防护物资应该全力支援疫情最为严重的地区，保障一线医护工作者的防护需求。分配给各区级指挥部和管委会的医疗物资，由各区级指挥部和管委会根据辖区内区属医院、各区卫生服务中心发热门诊、疑似病人隔离点等一线单位的疫情防控需要进行二次分发。对于民众需求的防护物资，采取透明化预约购买方式，限制数量以保证防疫普遍性，避免恐慌囤积。

（2）安全分配物资。

线上线下结合式的无接触配送防护物资，在有效分配物资的同时降低了交叉感染的可能性。中国石化在北京 50 座加油站销售一次性防护口罩，采用线上在"易捷加油"App 上购买并支付，再到加油站无接触提货的方式，无车的用户也可通过以上步骤购买。此外，疫情防控期间依靠科技与大数据发展无接触智慧物流，为疫区防护物资递送的"最后一公里"做出贡献。京东物流在武汉应用无人配送车，保障了一线医护人员防护物资的供应，同时降低了高危环境下配送人员感染的风险。

3. 防护物资出口

随着国内疫情逐渐好转，产能富余的企业开始对外出口医疗防护用品。据海关统计，2020 年 3 月到 4 月，全国海关验放出口口罩 278 亿只，防护服 1.3 亿件，护目镜 4363 万副，防护物资出口有助于消解我国防护物资的富余产能。

（三）疫情下医疗器械的调配

党中央对湖北省疫情防治高度重视，建立了国务院联防联控机制作为应对此次疫情的多部委协调工作机制，针对区医疗物资的调配制定一系列政策并采取相应措施，保障湖北省的医疗物资供应。与此同时，企业以及其他社会力量采取积极措施调配医疗物资，取得了较好的结果。

1. 多措并举保障供需信息良好对接

（1）政府开发国家重点医疗物资调度保障平台。

工业和信息化部紧急组织开发了国家重点医疗物资保障调配平台，用于收集、统计、分析、监控、调配各类重点医疗物资生产企业的产能、产量、库存等，统筹线上线下，实现对医疗设备等重点医疗物资供给能力的及时监控，同时加强平台的功能建设和推广应用，优化完善平台调配功能，实现供需信息的良好对接。

（2）多家企业开发医疗物资供需平台。

腾讯、阿里巴巴、京东等多家企业依托企业平台开发能力，推出医疗物资供需平台，助力医疗器械等医疗物资供需信息对接。

2. 引入专业团队从事相关工作

医疗器械调配涉及多个环节，既包括根据医院需求信息将各企业各地区医疗器械物资进行调配，也包括将捐献的物资根据医院需求信息进行合理调配。由湖北省红十字会接收来自社会各界捐献的物资，进行登记、清点，然后根据湖北省各家医院需求进行物资的调配。但是湖北红十字会只有 12 个工作人员，难以处理大量的捐献物资。后来由九州通医药公司负责出入库作业，为医疗器械的调配提供专业支持，使调配工作走上正轨。可见，在供应链的运作中，应该由具有一定物流知识的工作人员负责相关环节，这样可以在合理调配的同时，最大限度保证器械的完好，实现有效调配。与此同时，湖北省各大医院负责对接医疗器械的负责人，也应该由兼具医疗知识和物流知识的人员担任，这样可以第一时间核实医疗器械的质量以及数量，实现医疗器械的良好交接、入库、仓储和分配。总之，在整个医疗器械供应链中，应该安排专业的人员负责相关工作，节省各环节的对接时间，提高调配效率，保证调配效果。

3. 政企结合助力医疗器械输送

（1）交通部门开辟医疗物资绿色通道。

2020 年 1 月 26 日交通运输部召开电话会议，要求开辟医疗器械等医疗物资绿色通道，落实好不检查、不停车、不收费政策，保障运输医疗物资的车辆优先通行；要求各地交通运输主管部门全力支持防控保障工作，加强协调，确保"一路绿灯"助力医疗物资配送。2020 年 2 月 11 日，在交通运输部物流保障办公室第 19 号紧急运输任务指令的部署下，中国邮政集团有限公司通过邮政专机，从接报开始，只用 6 个小时，就将江苏省南京市发出的 188 箱防护服，连同其他各类防疫物资共计 12.1 吨，及时运送到湖北省武汉市。

湖北省交通部门开辟绿色通道，保障医疗物资运输，对运送医疗救援物资实行高速公路放行政策，免通行费，确保运送医疗物资的车辆畅通无阻。与此同时，实行直升机应急备勤，派出 3 架直升机、2 架固定翼飞机和应急管理部支援的 2 架直升机以及 50 余名飞行员及机组人员为偏远和交通不便地区进行物资输送。

上海市、宁夏回族自治区、河南省、陕西省、山东省等多个省、自治区、直辖市开辟医疗物资运输绿色通道，为医疗器械调配提供交通保障。

（2）企业开辟医疗物资义务绿色通道。

京东物流、阿里巴巴、中国邮政等多家电商企业、物流企业依托企业已有运力以及物流网络的布局，开辟绿色通道，助力医疗器械等医疗物资的运送。

（四）疫情下交通运输管理

1. 政府与企业之间协同合作

在武汉等疫情重点区域物资供应问题上，交通运输部为救援物资运输车辆开通绿色通道，高速公路应急车道为此类车辆优先通行，高效保障了各类物资安全抵达目的地。对擅自设卡拦截、断路、破坏交通设施等阻碍正常交通运输运营的行为，加大了法律宣传力度。国家积极号召大型企业承担社会责任,力所能及捐献或者转型生产防疫物资,保证一线工作者和医院、监测站等公共场所防疫物资充足。对加急物资供应,政府调用直升机和军用卡车等参与运输,让疫情严重地区的居民物资得到保障。国家铁路集团与京东、菜鸟等物流企业进行协同合作,发挥各自的优势。物流企业收集信息,寻找货源,快速整合上下游供应商的防疫物资,集中运输到指定的集中站段,之后由铁路集团对实时路况拥堵程度进行监测分析,选择最优化路径进行运输。国家铁路集团和物流企业之间信息资源共享,合理运用数字化技术,减少衔接沟通时间,确保物资以最快的速度送达。对执行紧急运输任务的物流企业,由各级财政部门给予相关的补偿。

2. 根据不同风险等级制定出行方案

对于武汉市等疫情严重的城市,湖北省疾控中心专家根据累计确诊病例数量以及是否发生聚集性疫情进行风险等级评定。武汉市疫情防控指挥部严禁中高风险小区居民出行。居民可通过社区团购集中购买日常物资,或者通过盒马鲜生、美团、每日优鲜等应用程序(App)进行限时抢购,然后由社区志愿者在小区内进行"无接触式配送"。对于低风险的小区,允许每家每户派出一人每三天进行一次物资采购,社区街道可以提供出行车辆,但乘坐者必须携带出入证在卡口处进行登记。在交通正常运营的城市,各省份根据自身实际情况在以支付宝、微信为主的 App 实行"健康码"制度,居民需要进行实名认证并填写相关的信息,系统会自动评定健康等级,在乘坐交通工具以及出入公共场所时必须出示健康码才可以正常通行。

2020 年 3 月 28 日,武汉市轨道交通正式恢复运营,开始大规模实行"健康码"制度,武汉公交出台七项措施来维护公交秩序,武汉地铁同样公示了相关注意事项。

3. 采取复式温度检测手段

在温度检测导致高速拥堵方面,政府部门对一线城市高速路口加大人力物力的支援,要求交通运输部与地方的公安部、卫健委等部门进行合作。公安部要保证高速公路上应急车道畅通无阻,为救援物资车辆运输提供保障,在特殊时期其他车辆不得占用应急车道,违反者将承担法律责任。卫健委负责采用复式或者主式温度检测方法,缩短检测时间,尽可能地提高车辆通行效率。对于北京、上海、广州等返程复工率较高的一线城市,返程人员需要具备相应的资格和进行严格的排查才可以进入城市。以上海市为例,返沪人员需要出示本市的居住证或者在沪企业相关的复工证明,经过民警信息确认后方可进入,而对于疫情重点区域人员,民警需跟相关部门联系后采取劝返或隔离措施,其他无法出示证件的人员暂缓进入。数据统计显示,截至 2020 年 2 月 14 日,海高路口检查车辆 240 万余辆,人员 560 万余人,劝返车辆 4854 辆,劝返人员 8220 人,劝返率约为 0.147%。在如此高强度的人流、车流的检查工作下,每一辆车的劝返都会为此增加一份负担,在复工高峰期政府采取的措施取得的效果有些不尽如人意,情况依旧没有得到很好的改善。

4. 提高福利政策补贴

在政府和国家层面下达的指令，对于疫情的走向具有驱动性意义和作用。农民工是城市的建设者，是每个城市不可缺少的一分子，他们中大部分都是生活在最基层的老百姓，是这次疫情受到影响最严重的特殊群体。在农民工返程复工困难的问题上，各级地方政府联合所需复工的企业根据实际情况报销全部或者一部分返程路费，鼓励农民工积极复工。国家铁路集团也为农民工返程专门安排了300多个列次的列车，解决了疫情防控期间买票难、无车次的问题，并以包车形式开展"点对点"和"一站式"外地农民工运输服务，保证了防疫工作的顺利进行。

5. 采取"无接触式配送"模式

个体企业的力量看似渺小，但是如果每个企业都可以承担相应的责任并采取正确的措施，那么就可以为抗击疫情做出巨大的贡献。大多数企业积极响应国家下达的指令，按照各地方政府公示的复工日期复工，严禁员工提前复工；在复工之前，对企业内的公共场所进行定期杀菌消毒并且安排人员对公司内部员工进行温度监控，保证办公环境安全，避免再次发生聚集性传染病例。美团和饿了么等外卖平台在疫情防控期间推行"无接触式配送"模式。骑手每天需要进行体温检测和保温箱消毒，在配送过程中与用户联系，将外卖放在指定位置，用户在取餐过程中不与骑手发生直接接触，将人传人概率降到最低。快递行业同样推出类似模式解决疫情防控期间"最后一公里"配送困难的问题。外卖属于即时物流，可以实时保障末端接收，但快递也是有时效性的，也要保证在短时间内得到签收，因为让快递员长时间去等待客户是不现实的，所以在疫情防控期间，京东、顺丰、苏宁等物流企业联合当地街道社区在封闭小区检疫卡口设立"无接触投递自提点"。同时，京东和美团在北京、深圳、武汉等城市投放小批量无人配送车进行城市货物配送，虽未广泛应用，但可以为今后应对突发公共卫生事件而采取"无接触式配送"积累经验。

（五）疫情下物流企业的应急响应

1. 收集货源，提高货运量

疫情暴发后，许多企业全面停产，社会上的货物流通需求减少，物流企业无货可运，在这种特殊情况下，物流企业第一时间与合作客户积极沟通，确保疫情防控期间货运量仍能得到保障。以菜鸟物流为例，其常年建设维护的数字化全球供应链在抗疫过程中充分发挥作用，解决了业务量不足、货运量减少的问题。在全球化物流战略的指导下，菜鸟通过开放式平台与国内外物流合作伙伴建立多条绿色物流通道，将业务触达国际市场，发挥了其面向全球的资源链与物流业务的优势。在特殊时期，菜鸟针对供应链上的不同物资在全球范围内整合货源，使得其在国内停工停产的情况下也能保证自己的货运业务。

除此之外，在物资流通非常困难的时期，菜鸟联盟在全国部署的智慧物流网络有力承担了为我国居民提供生活物资，使快递运输正常运转的重任。菜鸟通过整合天猫、淘宝的交易与物流信息，形成一个强大的数据信息网络，称为"天网"；在全国范围内重要物流区域搭建形成仓储中心，称为"地网"。两网有效配合，能够精准锁定供应商合作伙伴的货源情况，并与需求精准对接，完成运输业务，提高货运量，使物流活动变得流畅高效。针对疫情防控期间口罩极度稀缺的情况，菜鸟采取了"一仓发全国"的运输模式，在全国上百个中心仓库中选择浙江嘉兴作为应急核心仓，通过这个核心仓向所有天猫超市进行口罩补货，最大限度地将国内口罩货源整合，开展运输业务。

2. 提高工作强度，缓解快递压力

疫情防控期间快递业务量剧增，对所有物流企业来说，如何迅速调整业务满足巨大的快递需求是不小的挑战。据统计，疫情防控期间，除顺丰外，其他物流企业业务量均呈现负增长。作为快递巨头，顺丰在2020年第一季度实际营收同比增长39.59%，业务量同比增长75.15%，占据疫情防控期间快递总业务量的四成。顺丰多年建设的综合物流网络在快递配送中发挥了重要作用，保证了全链条上的信息畅通，极大地提高了末端线路的管控能力、物资配送保障能力和多元业务线布局能力，表现出强大的物流能力与韧性，也在第一时间获得了国家邮政局的通行证。在疫情防控期间，顺丰积极应对，承诺在疫情防控期间不停运，除了野生动物与冷鲜产品不承运外，全国大部分地区居民都可以通过拨打顺丰服务热线进行快递收寄。顺丰在配合当地卫生部门疫情防控规定的基础上与社区合作，在特殊情况下采用创新的物流服务模式，满足居民投递需求。由于顺丰本就全年365天不停运，在配送人员到岗方面相较于其他企业来讲难度小，而且顺丰平均每天为一线快递员分发两个口罩，保证员工的安全。为了保证疫情防控期间快递员的积极性与优质的物流服务，从2020年除夕到初二顺丰快递员的工资为平时的五倍，初三为平时工资的三倍，其他春节假期的工资按照两倍工资的规定支付。当大部分快递企业都停止服务的时候，顺丰抓住机遇，逆流而上，巩固企业地位，为今后的发展打下了基础。

3. 多种运输方式灵活应急

疫情防控期间各地道路全面封锁，交通运输活动受阻严重，为满足社会的正常物资需求，保证抗疫前线重要物资的供给，物流企业及时响应。以中国邮政为例，其对运输网络进行适当调整，精心设计运输线路，减少邮件在武汉经转，确保进出湖北邮路不中断，在保证各方安全的情况下尽量减少运输过程中不必要的检疫环节，提高防疫物资运输的时效性。当向武汉运输物资时，采取"干线运输，市内中转"的方式，车辆无须进入武汉，只需将货物在中转站卸下，由武汉市内的运力自行运输，这样便可解决司机因出入疫区而被隔离的问题。除此之外，为缓解因交通封锁而导致的通行问题，中国邮政采取多种运输方式协作运输。

在公路运输方面，中国邮政第一时间开通"紧急绿色通道"，将救援物资送至武汉。各高速路口、国道、省道以及乡村道路的干线支线设置防疫关卡的，要保证应急物资与人员运输的车辆不停车、不检查、不收费，保障应急物资运输通畅，生产及生活物资运输通道不断，公路运输网络正常，使物流企业能够高效地完成物流活动。针对地区封路，居民无法出行的情况，为满足居民捐赠物资的运输需求，中国邮政着重进行线上服务，开通"11183"捐赠热线，经核实筛选后由各地方邮政上门收寄，统一运输，免费寄递。与公路运输相比，铁路运输、航空运输、水路运输检疫环节减少，在防疫期间也承担了大量运输任务。中国邮政先后开通防疫专列与专机用作应急物资运输。相对陆地交通，航空运输更能满足防疫物资运送的紧急性与时效性要求，中国邮政正是依靠航空运输，避免运输中断的问题。在我国"一带一路"倡议下，中国邮政充分发挥中欧班列的优势，利用中欧班列与其他国家进行物资运输来往，在关键时刻缓解了国内物资紧张的局面。

4. 多渠道协调运配力量

在疫情防控期间，为使员工及时到岗，车辆资源与司机能够得到有效对接，物流企业积极协调运力。以中百物流为例，在此次疫情中，其承担了重点疫情区武汉市一半以上的物流任务。疫情初期，大量人力资源与车辆资源不能合理匹配。中百物流为解决员工无法到岗、车辆发车难等问题，充分利用全社会资源，合理组织运配力量，与供应商联合保供。

中百物流首先将重要供应链由省外转至省内，通过转移供应链，把省外无法调拨的链条迅速转移到省内或者武汉近郊。因此，可在当地进行司机与车辆之间的协调，最大限度发挥运力的作用，并与近郊当地农产品基地合作，解决了因交通封锁而导致的生鲜农产品的滞销问题。在武汉市交通封锁的情况下，中百物流向省市交通管理部门申请了两条员工专用通勤道路用于专车接送，确保有足够的到岗员工进行相关物流活动。而当供应商面临有货无人运的困难时，中百物流则前往发货地自行取回，保证居民基本物资供应。在运力协调方面，中百物流紧急请求第三方支援，充分利用社会人力资源补充巨大的运力缺口。与此同时，中百物流向政府求援，政府及时调动军方车辆在物流高峰期参与运输，同时调动组织农民工进行装卸和搬运，企业员工也自发成立搬运突击队参与运输。而在城市末端配送方面，主要通过改变配送方式缓解物流员工数量紧张的局面。一方面，中百物流创新末端配送模式，与社区合作建立社区群，以志愿者进店提货的模式减少配送人员的数量；另一方面，中百物流与政府合作，使用公共汽车进行末端配送，在很大程度上解决了物流企业无人到岗的问题，使物流活动能够正常进行。

5. 启用智能物流仓储，提高应急能力

物流中心作为物流企业的重要基础设施之一，在疫情防控期间面临着不小的挑战。例如，京东物流疫情防控期间日订单量增长将近100%，这对物流中心的仓储能力与周转能力都提出了极高的要求。京东物流依靠其在全国分布的 25 座智能仓储中心高效不间断运转,人工与机器配合,运用数字化手段让短时间内爆满的订单商品能够在最短的时间内及时送达,有效解决库存问题,完美应对疫情防控期间的物流需求。在智能仓储中心"亚洲一号",具有不同功能的形形色色的机器人忙碌而有序地工作着,每小时可实现近 4000 件商品的全部数据信息采集,并依靠强大的基础设施完成货物的吞吐,提高货物周转率。在疫情防控期间,"亚洲一号"内自动化立体库可同时储存超过 2000 万件中型商品,日订单处理量超过 160 万单。京东依托于覆盖全国的智能基础设施与大数据分析,将货物按照需求与库存水平放在不同的智能物流中心,减少搬运次数,提高周转效率,释放库存压力。在应急过程中,为解决企业仓储问题,京东充分发挥了全国 700 多个仓库的作用。仓库总面积共约 1700 万平方米,已成为亚洲最大的智能仓群。京东应对疫情的举措充分体现了智能化技术对物流企业的重要性。京东在提供高品质物流服务的同时还精心打造智能仓群,运用 5G 技术提高物流企业的应急能力。

(六) 疫情下社区物流管理

1. 疫情下社区物流企业

(1) 提供"无接触配送"服务模式。

疫情暴发,社区物流企业的核心竞争力来自物流供应链体系的强大实力,因封闭式管理等防控措施的实行,以社区为单位收货成为社区居民购买生活必需品的一种方式,催生了企业无接触配送模式的发展。例如,顺丰和京东用无人机配送商品,有效消除了道路限行和小区封闭等因素的影响,减少配送时间,将紧急物资在最短的时间内送达指定地点。在疫情暴发初期,美团外卖发布了业内首个《商品无接触配送服务规范》。由美团发起、中国贸促会商业行业委员会立项、多家行业协会与研究机构参与起草的《商品无接触配送服务规范》国家标准正式发布实施。为电商平台、配送及餐饮企业提供了翔实可遵循的"无接触配送"服务模式,配送人员、医务人员、社区居民无须面对面接触,有效避免了交叉感染。

(2) 建立多样化的社区物流服务体系。

需求层次总体上呈现出多品种、小批量的特点,服务体系以外卖、新零售、即时配送为主,一般都是采取配送至社区门店后由用户自提或者社区代收的形式,同时企业与企业之间也有合作关系,企业的服务主体还是社区家庭。

(3) 组织团购及快速送达。

企业供货商品以社区居民日常所需的生鲜产品、水果、蔬菜为主,也有平台承担应急药品的配送业务。在疫情防控期间,这些企业在社区居民以团购的形式下单后,平均送达时间在一个小时以内,平均每日为每个小区的日供货量达到 600 千克,有的企业还增加了补货次数。

同时，为应对突发的疫情，企业配合当地政府通过类似众包的方式临时招募志愿者参与到居民的社区物流配送中。这些志愿者多为当地居委会成员，他们熟悉区域特性，因此配送更安全、更便捷、更配合。

2. 政府积极助力社区物流

（1）政策特许社区物流运营。

政府给予社区物流企业费用减免政策，包括土地、房屋租金减免以及社保和公积金豁免，部分减免税收，完全免除高速通行费（2020年2月17日至5月6日）。政府还在运营方面给予社区物流企业支持，包括为社区物流运作开通专项绿色通道，允许物流企业的车辆正常运输和分拨场地的开工，将邮政、快递车辆纳入疫情防控及运输应急、生活必需品和重要生产物资的车辆管理中，落实"不停车、不检查、不收费"政策，保障邮政、快递车辆优先便捷通行；为网点正常经营开绿灯，给予物流从业人员特许通行证；打通居民需求和快递配送之间的管控关卡，保障运输和配送效率，在物流企业采取必要的防御性保障措施的前提下，满足企业的此类诉求。

（2）复工复产助力社区物流。

政府给予社区物流企业物资支持或为其提供防疫补贴，为企业员工复工复产提供必要保障；积极协调提供企业复工复产所需的口罩等防疫物资，加大对邮政、快递一线从业人员疫情防控物资的保障力度；分区分级精准有序引导邮政快递企业和邮件快件处理场所、营业场所复工，取消不合理复工审批；按照疫情风险等级，灵活采取措施，为邮递员、快递员提供相关便利条件，禁止"一刀切"取件和投递；对于疫情防控期间的封闭式社区，起到保障居民基本生活需要的作用，以此打破乡村、社区"最后一公里"通行和投递障碍，切实满足正常寄递服务需求。

（3）鼓励保障社区电商企业。

疫情之下，居家消费习惯的培育和养成，对于农产品电商的发展大有裨益，也可解决农产品销售周期短以及集中销售导致农产品价格大幅下跌甚至农产品滞销的问题。各地区商务局结合地方政策、企业决策，提高农产品流通效率，积极落实习近平关于强化社区管理、打通物流配送的工作指示；为保证蔬菜配送到社区，允许社区物流服务工作人员运送物资到社区，并为企业工作人员提供消毒、防护用品等；联合企业，面向社会招募志愿者，协助社区做好集体下单、配送工作。

（4）牵线搭桥社区物流企业。

设立社区自提站，实行"无接触"送货。各区商务部门、社区居委会、街道办事处等部门给线上销售企业牵线搭桥，有75%的社区建立起了自助提货站。市商务局筛选了美团点评、饿了么、物美多点等约20家电商平台，向社会进行推介，为各大电商企业服务社区物流提供便利。一些商超为减少单一配送，与社区团购配合。有的企业安排外卖人员、配送人员集中食宿来提高通勤率。

三、疫情下应急物流的问题与建议

（一）疫情下应急物流存在的问题及其原因

1. 疫情下应急物流存在的问题

（1）防护物资供应问题。

疫情突发之时正值春节假期，很多企业已经放假，务工人员大多返乡，防护物资的产能正处于低谷。防护物资的生产涉及整个产业链，需要多个环节和多家企业良好的配合。疫情暴发后，无论是人员密集型的快递企业，还是资金密集型的合同物流企业，都面临着不同程度的人员返岗率低、车辆运力不足、场站复工难等问题，难以满足防护物资调拨需求，影响了全国整体的防疫效果。

疫情前期主要应对国内医护和人民防护需求的暴增，疫情后期国内转向康复期，在警惕输入病例的同时，要应对国外订单的剧增，口罩等防护物资产业链上下游持续受到刺激。在利润驱使下，一部分企业采取不良竞争手段，破坏防护物资供应链秩序，另一部分企业使用囤积居奇、投机涨价、买空卖空等手段牟取暴利，甚至造假，这样的行为影响了国内产能的有效释放，还会损害中国制造的国际形象。

（2）医疗器械调配存在的问题。

疫情发生后，由国务院应对新冠肺炎疫情联防联控机制物资保障组对重点医疗应急防控物资实施统一管理、统一调拨，地方各级人民政府不得以任何名义截留、调用。但在调配过程中，政府可调配的医疗器械数量有限，多部门协调对接步骤烦琐且耗时较长，无法保证医疗器械的调配效率。

疫情发生后，医疗器械作为应急物资，由政府进行统一调度，生产企业除了接收医院订单外也会接到来自社会公益组织和热心人士的订单。由于物资捐赠属于自发行为，所以在物资的调配上一般是捐赠者自己联系物流公司对接定点医院，没有统一的调配机制，也没有一条专用于捐赠物资的供应链，这样是不利于协调分配的，因此也应将捐赠的物资纳入供应链，实现统一调配。当原有的供应链不能完全涵盖所有的主体，不能满足疫情下医疗器械调配需求时，就需要完善原有供应链。

考虑到新冠疫情的特征，为了防止疫情扩散，多个省（自治区、直辖市）都采取了封路、封村等交通管制措施，致使车辆无法进入疫区配送物资。一些偏远地区对医疗器械存在着较大的需求，但由于道路问题以及管制问题无法对其实现配送。这些现实问题都为调配决策增加了限制条件和难度。

（3）电商平台在疫情中面临的问题。

随着经济社会运行复杂性的提升，重大突发事件的影响也更加复杂，对应急保障物资的种类、数量的要求也不尽相同。受场地、资金、人员等制约，国家物资储备体系只能进行有限品种和数量的储备，疫情的暴发首先导致大批口罩、酒精等医疗物资短缺，国家物资储备不足，只能依赖电商平台等各种渠道。

疫情的暴发也导致生活物资的需求更加集中，各地因疫情而采取的封锁措施使得线下实体店大量关门，消费者采购生活物资变得非常不便。为了减少出行次数，消费者可能会一次采购较多的生活物资。

疫情下各地采取封闭管理措施，有些企业员工不得不暂缓复工，复工的人员也需要暂时隔离，这些情况导致电商企业人员不足，从生产到配送，整个供应链都受到开工不足的影响。例如，对于生鲜电商来说，突如其来的疫情给生鲜电商带来了意想不到的流量机遇，订单量、销售额、客单价都有了显著提升，但人员的短缺成了生鲜电商亟须解决的问题。突发事件的特殊性，要求从业人员具有较强的应急处理能力和较高的专业素质。例如，灾情发生以后，物资运输是连续不断的，因此运输人员要具有超强的耐力，以应对超长的工作时间和巨大的工作强度。

2. 疫情下应急物流存在问题的原因

造成目前应急物流保障问题的原因是多方面的，主要可归纳为"六缺"。一是缺主管部门，造成应急物流缺乏顶层设计、缺乏统筹建设、缺乏及时统一调度，也缺乏官方持续宣传。二是缺相对准确的需求，一方面，在建设时，应急物流需求不明确，而且由于"前、后方"脱节，在制定防灾救灾相关预案时并未与应急物流预案同步；另一方面，在调度中，物资需求不能及时、准确提出，对于需求变化和保障动态也不能实时掌握，无法避免需求重复申请和保障不平衡。三是缺完善的法规标准，从而使应急物流在体制机制、指挥流程、单位协同、职责分工、动员补偿、第三方评估等方面无法可依，也使军、地、政、企在力量与资源融合上缺少可操作的标准支撑。四是缺统一的信息平台。尽管目前各系统、各部门、各企业、各类别的信息平台很多，但缺乏统一的可用于应急物流指挥调度，且能实时呈现物资需求信息、物流资源信息、通道及环境信息的平台。五是缺乏专业化应急队伍。首先，缺乏专业化的政府管理队伍，目前政府中真正懂应急管理的人不多，了解应急物流的人更少，而且以往应对突发事件的经验大多没有得到很好的传承；其次，缺乏专职和兼职相结合的专家顾问队伍；最后，缺乏专业化的物流企业队伍和志愿者队伍，平时没有建立一支政府或行业认可的物流企业和志愿者队伍，而是临时调度，其效率、保障水平、可靠性大打折扣。六是缺乏常态化培训演练。一方面，缺乏针对上述队伍的专业化、系统性、常态化的培训；另一方面，没有实质性开展军民融合、实战化、常态化演练。

（二）疫情下应急物流发展建议

基于以上问题及保障需求，就应急物流建设与发展提出四条主要对策建议。一是理顺体制机制：明确主管或牵头部门，统一组织指挥；完善相关法规标准，规范指挥流程、职责分工、动员补偿、第三方评估等工作；建立健全多部门协同（联席会议）、需求对接更新、军民融合保障、社会力量动员及补偿、常态化演练及考核评估等机制；完善应急物流预案，及时总结吸取此次疫情防控经验教训。二是建设统一信息平台：利用和整合现有平台，建设统一的应急物流信息平台；并依托行业组织或企事业单位对平台开展常态化运维。三是充分发挥行业组织作用：牵头制定行业标准，协助政府制定相关行业政策；授权建立应急物流企业专业化队伍；开展应急物流行业培训认证；授权开展应急物流保障第三方评估等。四是加强教学、科研和社会宣传：依托军地院校、科研院所、行业组织建立应急物流研究机构，开展应急物流专业学历教育和专业化队伍的任职培训和演练；加大应急物流领域国家课题立项扶持；开展有计划、常态化应急物流宣传，改变目前只有灾害、疫情来临时才关注应急物流的尴尬局面。

第三节　北京市疫情下应急物流发展现状

一、北京市疫情下应急物流政策

2020 年 8 月，北京市应急管理局发布的《北京应急管理总目标总任务总要求宣教提纲》指出，北京市应急管理工作总任务就是积极推进应急管理的法治化、协同化、智能化、社会化进程，努力构建应急管理责任制度体系、风险防控体系和治理能力体系，夯实应急管理基层基础，即北京市应急管理的"四化三体系双基"。

2020 年 9 月，北京市第十五届人民代表大会常务委员会第二十四次会议召开，通过了《北京市突发公共卫生事件应急条例》，要求在突发公共卫生事件下，本市建立健全公共卫生应急物资紧急调用工作机制，对急需的药品、医疗器械和防疫物资市场准入实行联审，及时通过国际国内市场采购、启动储备生产能力等保障应急物资供给，建立有序高效的应急物流体系，确保物资合理调度、快速配送。交通部门负责做好公交、轨道、出租、省际客运、货运、客运枢纽、公路等交通领域的应对工作，指导生产运营单位对地铁、公交等公共交通工具采取必要的人员限流和其他应对措施，保障应急物资和应急处置人员等及时运送。

2020 年 12 月，《中共北京市委关于制定北京市国民经济和社会发展第十四个五年规划和二〇三五年远景目标的建议》指出，坚持把保障人民健康放在优先发展战略位置，着力建设健康北京，坚持不懈抓好常态化疫情防控，提高突发疫情应急处置能力，健全首都公共卫生管理体系，深入实施突发公共卫生事件应急条例，落实加强首都公共卫生应急管理体系建设三年行动计划，加强防控应急物资储备能力建设。

此外，北京市人民政府 2021 年 11 月发布的《北京市"十四五"时期应急管理事业发展规划》也提出要构建与首都灾害特点相适应的应急物资保障体系，加强京津冀应急物资协同保障，鼓励企事业单位和家庭储备基本的应急自救物资和生活必需品，实行政府和社会、实物和产能相结合的应急物资储备模式。探索建立应急绿色通道工作机制，全面构建城市地面应急道路网络。

二、北京市疫情下应急物资储备

随着我国城市化快速发展，各类突发事故也呈现易发高发势态，城市运行压力大、社会安全风险高，灾难关联性、衍生性、复合性不断增强，这些形势对应急管理工作提出了更高标准，也对应急物资保障工作提出更高要求。近年来，国家应急管理工作逐步系统化、深入化发展，各地方、部门、领域为有序做好应急物资储备做了很多工作。2015 年，民政部等 9 部委联合印发《关于加强自然灾害救助物资储备体系建设的指导意见》，从完善救灾物资管理体制机制及政策制度、救灾物资储备网络建设、落实救灾物资分级储备主体责任、拓展救灾物资储备方式、提升救灾物资紧急调运时效、提升救灾物资全过程和信息化管理水平、规范救灾物资供货渠道、严格落实救灾物资储备库安全管理责任 8 个方面为物资储备体系整体建设提供了重要指导意见。

目前，在储备责任方面，我国倡导的是纵向分级储备，即中央和地方各级人民政府有关部门都应当储备物资，如《自然灾害救助条例》对市、县自然灾害救助物资储备提出明确要求。横向责任划分，即各级人民政府组成部门按职责划分储备内容。在储备形式方面，实物储备一般选择生产周期长、保质期长的应急物资，协议储备通过和相应企业单位签订协议，确保突发事件发生后能够迅速生产、转产，保障物资供应。在储备品类方面，根据应急物资用途，分为自然灾害类、公共卫生类、事故灾难类、社会安全类。根据应急工作不同环节，分为应急指挥类、应急救援处置类、人员安置类。根据物资来源不同，分为政府物资、社会物资，或者中央物资、省级物资、市县级物资等。

三、北京市疫情下应急物流组织

（一）疫情下重点物资供应

交通运输部印发了通知，要求各省级交通运输主管部门在精准做好常态化疫情防控工作的同时，加强协同联动、促进供需对接，确保进京鲜活农产品等重点生产生活物资运输做到"三保障一通畅"，即保障运输供需有效对接、保障应急运力及时调配、保障司乘人员防护到位，确保进出京运输通道通畅。

此外，交通运输部通知还明确提出，要落实国务院有关决策部署，对短期内向北京地区运送物资的司机、装卸工等从业人员，在体温检测正常和封闭管理的前提下，原则上不需采取隔离 14 天的措施。

（二）疫情下交通运输问题

2020 年 6 月发布了《交通运输部关于进一步强化交通运输疫情防控措施坚决防止疫情反弹的通知》，通知的主要内容如下。

1. 因时因势调整北京交通运输疫情防控措施

（1）从严执行防疫措施。

对处在高风险街道（乡镇）的北京市省际客运站及进站客车、途经高风险街道（乡镇）的公共交通线路和出租汽车按照《客运场站和交通运输工具新冠肺炎疫情分区分级防控指南（第四版）》高风险地区标准执行防控措施，对其他北京市省际客运站及进站客车、公共交通线路和出租汽车按照中风险地区标准执行防控措施。

（2）严格出京旅客信息核查。

北京市省际客运站和进出京省际道路客运经营者，要严格落实北京市对确诊病例、疑似病例、密切接触者、无症状感染者和有发热症状人员、5 月 30 日以来进新发地批发市场相关人员和与市场工作人员有过密切接触的人员、中高风险街道（乡镇）人员等高风险人员严禁出京的部署，认真核验出京旅客健康码和 7 日内核酸检测阴性证明。对健康码异常或者未持 7 日内核酸检测阴性证明的人员，禁止进站乘车。

（3）强化从业人员防疫管理。

北京市相关运输经营者和客运场站经营者建立司乘人员和客运场站服务人员健康监测制度，每日登记人员健康状况，如出现可疑症状要立即暂停工作、及时就医。要按照有关规定加强对交通运输从业人员的核酸检测。

（4）做好城市交通保障。

北京市交通委要督促指导城市公共交通经营者切实强化运力供给，优化运输组织，提高疏运能力，控制满载率，减少公共交通人员聚集，降低疫情传播风险。

（5）实施特殊时段进出京客票免费退票。

自 2020 年 6 月 19 日零时起，旅客办理 2020 年 6 月 18 日 24 时前购买的进出京省际道路客运班线客票退票的，售票单位应当予以免费办理，购买人身意外伤害保险的一同办理。

（6）及时发布进出京客运停运信息。

因疫情防控需要，进出京道路客运班线暂停运营的，相关地区交通运输主管部门、客运站应当及时向社会公布停运信息，售票单位应当免费办理退票，购买人身意外伤害保险的一同办理。

2. 加强环京"护城河"地区交通运输疫情联防联控

（1）强化进京省际客运属地管理。

相关地区交通运输主管部门要动态掌握进京省际客运班线、车辆和相关客运站运营情况，督促进京省际客运班线经营者严格落实疫情防控措施，严格按照批准的客运站点运行，严禁站外揽客，进京后统一进站落客测温。根据疫情防控需要北京市省际客运站暂停运营的，北京市交通委要及时告知相关地区交通运输主管部门和省际客运班线经营者。进出京省际客运班线尚未恢复运营的，暂不恢复。

（2）继续暂停省际旅游客运。

各省级交通运输主管部门不得开放包车客运管理信息系统省际旅游客运业务备案。因人员返岗、通勤等确需发送进出京省际包车的，严格执行"点对点"运输和相关疫情防控措施。

（3）继续暂停出租汽车、顺风车进出京业务。

北京市和天津、河北、内蒙古、辽宁、山西、山东等环京"护城河"地区交通运输主管部门要督促指导出租汽车（含巡游车、网约车）经营者和相关平台公司暂停出租汽车、顺风车进出京业务。

（4）严厉打击非法营运。

北京市及环京"护城河"地区交通运输主管部门要增派执法力量，加强汽车客运站、城市轨道交通站周边区域等相关场所执法检查，强化安全秩序管控，严格查处非法营运行为，坚决防止旅客乘坐非法车辆进出北京。

3. 加强物资运输保障和防疫管理

（1）强化道路货运行业疫情防控。

各地交通运输主管部门要按照《交通运输部关于印发〈道路货运车辆、从业人员及场站新冠肺炎疫情防控工作指南〉的通知》（交运明电〔2020〕199号）要求，做好货运车辆、场站消毒及从业人员防护等工作，降低通过道路货物运输传播新冠病毒的风险。

（2）严格落实进出京道路货运从业人员封闭管理措施。

北京市交通委要积极会同相关部门按照"封闭式管理、人员不接触、车辆严消毒"的总体要求，做好进出京道路货运疫情防控工作，避免交叉感染。各地交通运输主管部门要加强与相关部门的沟通对接，认真落实国务院有关疫情防控的决策部署，对短期向北京地区运送物资的司机、装卸工（包括邮政快递车辆司机、装卸工）等从业人员，在体温检测正常和封闭式管理的前提下，原则上不需采取隔离 14 天的措施。

（3）做好北京地区生活必需品等重点物资运输保障。

各地交通运输主管部门要在当地疫情防控领导机构领导下，重点围绕保障北京地区生活必需品、疫情防控物资运输需求，统筹做好物资中转调运和保通保畅工作，指导道路货运企业加强运力组织和司机调配，避免出现因运力不足、人员短缺影响北京地区生活必需品和疫情防控物资供应。

4. 切实做好交通运输"外防输入、内防反弹"工作

（1）严格做好公路水路口岸出入境运输疫情防控工作。

相关地区交通运输主管部门要继续按照当地疫情防控领导机构统一部署和有关要求，严格执行公路水路口岸"货开客关"措施，强化对入境货运车辆和驾驶员的封闭管理，以最严措施组织做好"点对点、一站式"入境人员接运工作，并组织做好相关从业人员和一线检查人员的自身防护。

（2）切实做好常态化交通运输疫情防控工作。

各地交通运输主管部门要坚持分区分级、精准防控，全面落实运输场站、交通运输工具、公路服务区、公路水运工程建设等领域常态化防控工作各项要求。要继续严格落实"一断三不断"的要求，做好公路水路保通保畅保运保供。要进一步完善突发公共卫生事件交通运输应急预案，加强培训演练，确保一旦出现散发病例或发生局部疫情后的防控和应急处置工作及时有效。

5. 加强疫情防控工作督导检查

各地交通运输主管部门要在当地疫情防控领导机构的领导下，进一步增强做好行业疫情常态化防控工作的责任感、使命感，强化落实"属地、部门、单位、个人"四方责任，加强对交通运输疫情防控措施落实情况的督促检查，对发现的问题及时整改，堵塞防控漏洞，确保各项措施落地落细。

第四节　北京市疫情下应急物流存在的问题

这次新冠疫情，是中华人民共和国成立以来，在我国传播速度最快、感染范围最广、防控难度最大的突发重大公共卫生事件。2020 年北京市发布了《关于加强首都公共卫生应急管理体系建设的若干意见》，并介绍了改革完善疾病预防控制体系、全力以赴提高医疗救治能力、切实加强应急物资保障、不断夯实公共卫生基层基础、健全完善首都公共卫生应急管理领导体制机制以及强化科技、人才和法治保障这六方面重点内容，为加强首都公共卫生应急管理体系建设提供具体抓手。

一、应急物资管理体制机制协调性和指导性不足

政府各部门及上下层级之间缺乏有效的协调联动机制。目前，北京市对于应急物资流通中各环节的管理，涉及市发展改革委、卫健委、市经济和信息化局、市应急管理局、市交通委等多个政府部门，以及从市区到乡镇多个政府层级。北京市应急管理局作为常设性应急管理机构，对其他部门不具有领导权；医疗、生活物资保障组作为临时性机构，其人员构成及工作模式呈现出上下衔接关系和左右关系不明显，组织指挥与协调能力不高的现象。管理体制条块分割的情况尚未得到彻底解决。

应急物资管理指导方案和行动依据可操作性较弱。当前，政府未能形成应急物资管理的标准方案，导致北京市应急预案呈现出内容贫乏、可行性差的特点。在新冠疫情防控期间，地方政府缺乏预先制定的应急物资分配标准，多凭借有限信息下的主观判断进行应急物资的分配调度，计划性、合理性不足，给疫情防控造成了一定阻碍。

二、应急物资储备计划性和多元性不足

第一，应急物资的数量、品类及产能储备的计划性不足。一方面，相关部门对部分重大突发事件认识不充分，未能全面排查各类突发事件下的应急物资需求。因此，应急物资储备计划中，物资种类和数量均缺乏合理性。另一方面，企业自身应急准备和应急能力不足，在面对原材料供应、企业复工、商品运输等突发环境变化时，难以维持正常的生产运作。

第二，应急物资储备模式单一，缺乏社会力量的共同参与。目前，北京市应急物资采用实物储备方式，储备责任主要由县级以上政府承担，法律上尚未赋予企事业单位和个人进行物资储备的义务。因此，政府应急物资储备能力常受限于储备库大小、资金投入、储备技术、物资有效期等因素，机动性较差。

三、应急物资信息共享性不足

政府与社会之间应急物资相关数据信息不共享。在突发事件下，应急物资供应方面产生大量数据信息，且涉及政府部门、企业、医院、物资捐赠方等多个主体。应急物资相关信息发布极为分散，难以进行数据汇集和统一分析，为应急物资的统一管理和调度带来极大困难。

从需求的角度看，各地区、单位缺乏正规、统一渠道发布物资需求信息；从供应的角度看，在新冠疫情前期，负责医疗物资调度的工业和信息化部，与医疗物资生产企业、社会捐赠者之间的供应信息相互独立，无法及时掌握各地区、单位的供应情况，导致出现物资分配不均等状况。

第五节　北京市疫情下应急物流发展对策与趋势

一、北京市疫情下应急物流发展对策

自新冠疫情防控工作开展以来，北京市应急管理局启动快速保障机制，协调调拨物资，大力支持疫情防控工作。截至 2020 年 3 月，该局先后组织调拨市级救灾物资 9 批次，共计 46703 件（套），其中向北京市 12 个区紧急调拨了 8 批次，共计 12703 件（套）；遵照市委、市政府的决策部署，向湖北省紧急捐助帐篷、折叠床、被褥等救灾物资 3.4 万顶（件）。

（一）明确衔接机制

在疫情防控过程中，北京市应急管理局本着将最紧缺的物资优先保障基层一线的原则，强化工作指导，通过电话、微信等形式多次开展提醒工作，要求各区积极做好职责范围内的疫情防控应急处置工作。

（二）建立共享平台

据初步统计，北京市应急物资共有 1200 余万件次，包括市应急管理局储备的应急物资在内，北京市级各委办局单位储备的应急物资为 700 多万件次，占总数的近六成；各区政府相关单位储备物资为 220 余万件次，占总数的近两成；专业救援队伍和试点企业等社会力量储备的应急物资为 270 余万件次，占总数的两成多。北京市应急管理局要最大限度实现全市应急物资"不为我所有，但要为我所用"的目标，重点就是推进全市应急物资信息化管理。

2020 年 6 月，中共北京市委办公厅发布《加强首都公共卫生应急管理体系建设三年行动计划（2020—2022 年）》，提出健全公共卫生监测预警体系，构建多层级突发公共卫生事件监测体系，成立北京应对重大突发公共卫生事件领导小组，到 2020 年年底，市、区、医疗机构三级医用口罩、防护服、检测试剂等必要医用物资储备量满足 30 天以上需求；到 2021 年年底，全市二级以上公立医疗机构具备为发热病人及时开展传染病筛查的能力；2022 年，全市负压病房增至 700 间，建设 189 个社区卫生服务中心发热筛查哨点。

二、北京市疫情下应急物流发展趋势

（一）党委领导，统分结合

构建"党委领导、统分结合"的应急组织体系整体格局，进一步突出市委对应急管

理全领域、全链条、全流程的统领地位，把强化党对应急管理工作的集中统一领导落到实处。更加精准构建既有分工又有统筹的应急职责体系框架，根据工作实际对应急组织体系进行更新。

（二）疫情防控，创新做法

新冠疫情暴发后，本市在防控工作中采取的组建疫情防控领导小组、建立首都严格进京管理联防联控协调机制等创新做法，是首都贯彻落实总体国家安全观的生动实践和丰富发展，为进一步健全完善本市应急管理体系带来了重要启示。

（三）以人为本，预防为主

坚定贯彻以人为本、预防为主的防灾减灾工作理念。进一步将突发事件应对环节进行了前置。贯彻落实预防为主，把风险管控作为突发事件应对的最前端。提升预警发布的及时性、权威性和覆盖面，针对以往预警信息发布渠道不统一的问题，对于需要向公众发布的预警信息，由市相关专项指挥部办公室、市相关部门履行审批程序，并由市预警信息发布中心按规定统一对外发布。

相关区政府和市级处置主责部门遇有重大突发事件，要第一时间通过权威媒体向社会发布简要信息，最迟应在 5 小时内发布；重大、特别重大突发事件发生后，24 小时内组建新闻发布中心，及时、准确、客观发布突发事件信息；未经相关应急指挥机构批准，参与应急处置工作的各有关单位和个人不得擅自对外发布事件原因、伤亡数字、责任追究等有关应急处置和事态发展的信息；任何单位和个人不得编造、传播有关应急处置和事态发展的虚假信息。

第八章

北京市物流发展政策现状与建议

第一节　国家物流政策及标准现状

2020 年是我国完成决胜全面建成小康社会、《中华人民共和国国民经济和社会发展第十三个五年规划纲要》和《国务院关于印发物流业发展中长期规划（2014—2020 年）的通知》的收官之年，同时也是新冠疫情全面暴发的一年。抗击疫情成为全国上下的头等大事。

在新冠疫情的冲击下，全球经济和我国经济都受到了一定的冲击，物流活动严重受阻，人员隔离、交通阻断，导致物资供应紧张，人们的生活受到极大影响，但我国政府反应快速、应对得当，一系列政策和措施出台，物流业实现了较快复苏，尤其是快递行业，成为疫情下人们生活必需品和各类消费品需求的命脉所在，对国民经济发展和人们的社会生活具有重大意义。同时，还出台了一系列相关政策和标准，引导物流业持续健康发展。

一、国家物流政策现状

2020 年出台的物流业相关政策呈现出更强的针对性和有效性，以及全局性的把握，政策体系更加完善。物流业政策的出台深化了流通体制改革，畅通商品服务流通渠道，提升流通效率，降低全社会交易成本，建设现代物流体系，加快发展冷链物流，统筹物流枢纽设施、骨干线路、区域分拨中心和末端配送节点建设，完善国家物流枢纽、骨干冷链物流基地设施条件，健全县乡村三级物流配送体系，发展高铁快运等铁路快捷货运产品，加强国际航空货运能力建设，提升国际海运竞争力。

同时，优化国际物流通道，加快形成内外联通、安全高效的物流网络。完善现代商贸流通体系，培育一批具有全球竞争力的现代流通企业，支持便利店、农贸市场等商贸流通设施改造升级，发展无接触交易服务，加强商贸流通标准化建设和绿色发展，着手建立储备充足、反应迅速、抗冲击能力强的应急物流体系。

相关政策的出台不仅对我国物流业发展起到良好的引导作用，还保证了疫情防控期间我国社会大动脉稳定运行，有效保障人们的生产生活正常运转。

根据国家各部委发布的政策汇总，截至 2020 年 12 月，国家出台物流相关政策超过 130 项，其中，和物流与供应链直接相关的政策约 20 项，和交通运输相关的政策约 45 项，和优化营商环境相关的政策约 15 项，供应链金融方面的政策约 4 项，和绿色物流相关的政策约 9 项，和冷链物流相关的政策约 7 项，促进物流业与其他行业深度融合的政策约 7 项，以及促进对外贸易及其他的政策约 21 项。

政策聚焦物流与供应链模式创新、冷链物流基础设施标准化体系建设、物流与制造业等行业深度融合及应用、可持续发展及绿色低碳物流等方面建设，更好地服务于现代经济转型的需求，行业发展进入降本增效、转型升级的发展时期。2020 年国家物流相关重要政策如表 8-1 所示。

表 8-1　　　　　　　　　　2020 年国家物流相关重要政策

序号	时间	政策名称	政策摘要	印发部门
1	2020 年 1 月	《农业农村部办公厅 交通运输部办公厅 公安部办公厅关于确保"菜篮子"产品和农业生产资料正常流通秩序的紧急通知》	严格执行"绿色通道"制度，保障防范新型冠状病毒感染的肺炎疫情防控期间"菜篮子"产品和农业生产资料正常流通秩序	农业农村部办公厅、交通运输部办公厅、公安部办公厅
2	2020 年 2 月	《交通运输部关于切实保障疫情防控应急物资运输车辆顺畅通行的紧急通知》	做好疫情各类应急物资、生活物资、重点生产物资、医护及防控人员的运输保障工作，保障应急物资运输车辆的顺畅通行	交通运输部
3	2022 年 2 月	《市场监管总局 发展改革委 财政部 人力资源社会保障部 商务部 人民银行关于应对疫情影响 加大对个体工商户扶持力度的指导意见》	分类有序推动复工复产，保障用工和物流需求，要采取措施促进快递等行业尽快复工复产，稳定快递末端网点，保障物流畅通。执行公共交通运输服务、生活服务以及为居民提供必需生活物资快递收派服务收入免征增值税政策	市场监管总局、发展改革委、财政部、人力资源社会保障部、商务部、人民银行

序号	时间	政策名称	政策摘要	印发部门
4	2020 年 3 月	《交通运输部关于统筹推进疫情防控和经济社会发展交通运输工作的实施意见》	全力确保物流畅通。全面保障运输通道干线和"毛细血管"畅通，取消对货车正常通行的限制，严禁限制船舶靠港和港口装卸作业，力争实现货物运输"零阻碍"。继续落实应急物资公路运输"三不一优先"和水路运输"四优先"举措，全力保障农资等生产生活物资运输和邮政快递、城市配送正常运营。发挥综合运输组合效率，强化与铁路、民航的协作。加大转运力度，切实解决"出村""进城"两端问题	交通运输部
5	2020 年 2 月	《关于促进消费扩容提质加快形成强大国内市场的实施意见》	加强消费物流基础设施建设。推动电商物流节点与铁路、公路、水运、航空运输网络统筹布局、融合发展，建设一批综合物流中心。完善城市物流配送停靠、装卸等作业设施，优化城市配送车辆通行管理，简化通行证办理流程，推广网上申请办理，对纯电动轻型货车不限行或少限行。完善农村物流基础设施网络，加快特色农产品优势区生产基地、公益性农产品批发市场、区域性商贸物流配送中心、社区菜市场、末端配送网点等建设，加大对农产品分拣、加工、包装、预冷等一体化集配设施建设支持力度	国家发展改革委等 23 部门
6	2020 年 3 月	《交通运输部办公厅关于印发〈农村交通运输综合信息服务平台推广实施指南〉的通知》	农村交通运输综合信息服务平台是通过移动互联网融合线上信息服务和线下运输服务，为农村群众提供安全便捷出行服务和高效经济物流服务的综合性运输信息服务平台，主要解决偏远地区农村群众出行和农村快递物流上下行	交通运输部办公厅

续表

序号	时间	政策名称	政策摘要	印发部门
7	2020 年 2 月	《邮政强国建设行动纲要》	在 2020 年建成与小康社会相适应的现代邮政业的基础上，分两个阶段建设邮政强国。第一阶段到 2035 年，基本建成邮政强国，实现"四化""两跃升"，即网络通达全球化、设施设备智能化、发展方式集约化、服务供给多元化，邮政业规模体量和发展质量大幅跃升。第二阶段到 21 世纪中叶，全面建成邮政强国，实现"双全"和"三个前列"，即中国邮政业具备全球化网络、提供全产业服务，普惠水平、规模质量、综合贡献位居世界前列	国家邮政局
8	2020 年 2 月	《关于促进快递业与制造业深度融合发展的意见》	到 2025 年，快递业服务制造业范围持续拓展，深度融入汽车、消费品、电子信息、生物医药等制造领域，形成覆盖相关制造业采购、生产、销售和售后等环节的供应链服务能力，培育出仓配一体化、入厂物流、国际供应链、海外协同等融合发展的成熟模式，培育出 100 个深度融合典型项目和 20 个深度融合发展先行区	邮政局、工业和信息化部
9	2020 年 3 月	《关于继续实施物流企业大宗商品仓储设施用地城镇土地使用税优惠政策的公告》	自 2023 年 1 月 1 日起至 2027 年 12 月 31 日止，对物流企业自有（包括自用和出租）或承租的大宗商品仓储设施用地，减按所属土地等级适用税额标准的 50% 计征城镇土地使用税	财政部、税务总局
10	2020 年 4 月	《商务部等 8 部门关于进一步做好供应链创新与应用试点工作的通知》	发挥供应链创新与应用试点工作在推动复工复产、稳定全球供应链、助力脱贫攻坚等方面的重要作用，进一步充实试点内容，加快工作进度	商务部等 8 部门

续表

序号	时间	政策名称	政策摘要	印发部门
11	2020 年 4 月	《交通运输部办公厅关于加强危险货物道路运输运单管理工作的通知》	为深入贯彻《危险货物道路运输安全管理办法》，严格落实危险货物道路运输运单制度，切实强化运输过程安全管理，加快提升行业数字化服务和监管能力，推动行业治理体系和治理能力现代化，更好地支撑交通强国建设	交通运输部办公厅
12	2020 年 4 月	《交通运输部 商务部 海关总署 国家铁路局 中国民用航空局 国家邮政局 中国国家铁路集团有限公司关于当前更好服务稳外贸工作的通知》	通过确保国际海运保障有力、加强航空货运运力配置、推动中欧班列高质量发展、畅通国际邮件快件寄递渠道、确保国际道路货运畅通，更好地服务稳外贸工作	交通运输部、商务部、海关总署、国家铁路局、中国民用航空局、国家邮政局、中国国家铁路集团有限公司
13	2020 年 5 月	《国务院复工复产推进工作机制国际物流工作专班关于公布第一批国际物流运输重点联系企业名单的通知》	通知旨在协调解决当前疫情期间国际物流中存在的问题，充分发挥重点企业的主力军作用，统筹各种运输方式运力资源，全力维护国际物流供应链稳定	国务院复工复产推进工作机制、国际物流工作专班
14	2020 年 5 月	《中共中央 国务院关于新时代推进西部大开发形成新格局的指导意见》	积极实施中新（重庆）战略性互联互通示范项目。完善北部湾港口建设，打造具有国际竞争力的港口群，加快培育现代海洋产业，积极发展向海经济。积极发展多式联运，加快铁路、公路与港口、园区连接线建设。强化沿江铁路通道运输能力和港口集疏运体系建设。依托长江黄金水道，构建陆海联运、空铁联运、中欧班列等有机结合的联运服务模式和物流大通道	中共中央、国务院
15	2020 年 5 月	《内河航运发展纲要》	发展经济高效的江海联运和多式联运，完善江海直达运输发展相关政策和技术标准，形成江海直达、江海联运有机衔接的江海运输物流体系，提高江海运输服务水平。加强信息资源共享，加快技术标准和服务规则统一，大力发展以港口为枢纽、"一单制"为核心的多式联运	交通运输部

续表

序号	时间	政策名称	政策摘要	印发部门
16	2020 年 6 月	《关于进一步降低物流成本的实施意见》	提出六个方面的意见，一是深化关键环节改革，降低物流制度成本；二是加强土地和资金保障，降低物流要素成本；三是深入落实减税降费措施，降低物流税费成本；四是加强信息开放共享，降低物流信息成本；五是推动物流设施高效衔接，降低物流联运成本；六是推动物流业提质增效，降低物流综合成本	国家发展改革委、交通运输部
17	2020 年 6 月	《交通运输部办公厅关于公布首批农村物流服务品牌并组织开展第二批农村物流服务品牌申报工作的通知》	推进农村物流健康发展，构筑城乡物资双向、高效、便捷流通通道，带动农村地区产业发展，支撑打赢脱贫攻坚战，加大对农村物流服务品牌的政策支持、宣传推广	交通运输部办公厅
18	2020 年 6 月	《关于进一步优化发展环境促进生鲜农产品流通的实施意见》	要求降低邮政快递企业、农产品流通等企业经营成本，加大对符合条件的农产品流通领域民营企业金融支持力度，加大农产品流通用地供给、零售终端用房供给，营造良好的营商环境，支持企业做大做强	国家发展改革委、商务部等12 部门
19	2020 年 7 月	《商务部等 5 部门印发关于继续推进城乡高效配送专项行动有关工作的通知》	明确城乡高效配送专项行动第二批 10 个城市（保定、唐山、通化、南昌、济南、临沂、郑州、洛阳、泸州、遂宁）的专项行动目标、任务和具体举措，完善城乡物流网络节点，降低物流配送成本，提高物流配送效率	商务部等 5 部门
20	2020 年 7 月	《关于扩大农业农村有效投资 加快补上"三农"领域突出短板的意见》	加快农业农村领域补短板重大工程项目建设；多渠道加大农业农村投资力度	中央农村工作领导小组办公室、农业农村部、国家发展改革委、财政部、中国人民银行、中国银行保险监督管理委员会、中国证券监督管理委员会

序号	时间	政策名称	政策摘要	印发部门
21	2020 年 7 月	《民航局关于支持粤港澳大湾区民航协同发展的实施意见》	强调将构建以香港、广州、深圳国际航空枢纽多核驱动，澳门、珠海等机场多点联动的区域协调发展新格局	民航局
22	2020 年 7 月	《关于支持新业态新模式健康发展 激活消费市场带动扩大就业的意见》	打造跨越物理边界的"虚拟"产业园和产业聚集，支持建设数字供应链，助推产业互联网发展，以及智能化、无人化物流设备设施的应用和普及	国家发展改革委、中央网信办、工业和信息化部、教育部、人力资源社会保障部、交通运输部、农业农村部、商务部、文化和旅游部、国家卫生健康委、国资委、市场监管总局、国家医疗保障局
23	2020 年 7 月	《农业农村部关于印发〈全国乡村产业发展规划（2020—2025 年）〉的通知》	发展"中央厨房+冷链配送+物流终端""中央厨房+快餐门店""健康数据+营养配餐+私人订制"等新型加工业态，以信息技术打造绿色智能农产品供应链，引导电商、物流、商贸等电商主体到乡村布局	农业农村部
24	2020 年 7 月	《关于做好 2020 年降成本重点工作的通知》	降低物流税费成本，积极推进运输结构调整，提高物流运行效率	国家发展改革委、工业和信息化部、财政部、人民银行
25	2020 年 8 月	《关于做好基础设施领域不动产投资信托基金（REITs）试点项目申报工作的通知》	聚焦重点区域、重点行业，优先支持基础设施补短板项目，鼓励新型基础设施项目开展试点。包括仓储物流项目；收费公路、铁路、机场、港口项目等	国家发展改革委办公厅

续表

序号	时间	政策名称	政策摘要	印发部门
26	2020年8月	《关于进一步推进运输工具进出境监管作业无纸化的公告》	为贯彻落实"放管服"改革要求，优化口岸营商环境、促进物流便利化，海关总署决定进一步推进运输工具进出境监管领域作业无纸化，进出境运输工具负责人、进出境运输工具服务企业可向海关提交电子数据办理相关手续	海关总署
27	2020年8月	《关于2020年增补国家电子商务示范基地的公示》	国家电子商务示范基地发挥对区域供需资源的整合作用，成为先进的电商物流与供应链枢纽，将带动区域物流与供应链的整体发展	商务部
28	2020年8月	《交通运输部关于进一步加强冷链物流渠道新冠肺炎疫情防控工作的通知》	部门协同联动，防范冷链食品新冠病毒污染风险；加强从业人员防护，切实保障冷链物流一线工作人员自身安全；严格运输装备消毒，坚决防止病毒通过交通运输渠道传播；落实信息登记制度，为冷链物流疫情防控追溯提供有力支撑	交通运输部
29	2020年8月	《国家发展改革委 民航局关于促进航空货运设施发展的意见》	提高综合性机场现有货运设施能力和利用率，优化机场货物运输组织，提升机场货运服务品质，强化机场内外设施的协同联动	国家发展改革委、民航局
30	2020年8月	《推动物流业制造业深度融合创新发展实施方案》	提出统筹推动物流业降本增效提质和制造业转型升级，促进物流业制造业协同联动和跨界融合，延伸产业链，稳定供应链，提升价值链，为实体经济高质量发展和现代化经济体系建设奠定坚实基础	国家发展改革委、工业和信息化部、公安部、财政部、自然资源部、交通运输部、农业农村部、商务部、市场监管总局、银保监会、国家铁路局、民航局、国家邮政局、中国国家铁路集团有限公司

续表

序号	时间	政策名称	政策摘要	印发部门
31	2020年9月	《国务院关于印发北京、湖南、安徽自由贸易试验区总体方案及浙江自由贸易试验区扩展区域方案的通知》	北京要优化发展航空服务，湖南省畅通国际化发展通道，安徽省积极服务"一带一路"建设，打造国际航运和物流枢纽	国务院
32	2020年9月	《中国人民银行 工业和信息化部 司法部 商务部 国资委 市场监管总局 银保监会 外汇局关于规范发展供应链金融支持供应链产业链稳定循环和优化升级的意见》	供应链金融是指从供应链产业链整体出发，运用金融科技手段，整合物流、资金流、信息流等信息	中国人民银行、工业和信息化部、司法部、商务部、国资委、市场监管总局、银保监会、外汇局
33	2020年10月	《交通运输部关于推进交通运输治理体系和治理能力现代化若干问题的意见》	建立健全现代物流供应链体系，加快推进国际物流供应链体系建设；健全城乡物流高效发展机制；完善县乡村农村物流服务体系；创新运输组织模式	交通运输部
34	2020年11月	《国务院办公厅关于推进对外贸易创新发展的实施意见》	加强国际物流保障，确保国际海运保障有力，提升国际航空货运能力，促进国际道路货运便利化；鼓励运营企业完善境外物流网络，鼓励港航企业与铁路企业加强合作，积极发展集装箱铁水联运	国务院办公厅
35	2020年12月	《国务院办公厅转发国家发展改革委等部门关于加快推进快递包装绿色转型意见的通知》	强化快递包装绿色治理，提升快递包装产品规范化水平，减少电商快件二次包装；完善快递收寄管理，鼓励包装减量化；推进可循环快递包装应用；规范快递包装废弃物回收和处置等	国务院办公厅
36	2020年12月	《交通运输部办公厅关于进一步做好总质量4500千克及以下普通货运车辆"放管服"改革有关工作的通知》	切实转变轻型货车运输管理方式，加强重点领域轻型货车运输监管，严格落实零担运输安全管理制度，引导提升轻型货车运输服务效能，做好城乡物流配送市场运行监测分析	交通运输部办公厅
37	2020年12月	《国家邮政局 国家发展改革委 交通运输部 商务部 海关总署关于促进粤港澳大湾区邮政业发展的实施意见》	构建畅通高效寄递网络，依托粤港澳大湾区世界级机场群，建设国际邮政快递核心枢纽；深入推进快递物流与电子商务协同发展等	国家邮政局、国家发展改革委、交通运输部、商务部、海关总署

二、国家物流标准现状

近年来，随着我国经济发展进入提质增效新时期，国家也陆续出台一系列标准规范物流业发展，促进物流业的转型升级。典型的有《物流术语》国家标准（GB/T18354）是物流领域的基础标准，是国家标准委发布的第一个物流国家标准，自2001年发布以来，对我国物流的理论研究、物流业健康发展起到了重要的支撑作用，且被广泛引用。2020年国家出台物流相关标准如表8-2所示。

表 8-2   2020 年国家出台物流相关标准

序号	标准类别	发布日期	标准编号	标准名称	规定范围
1	术语	2020年6月2日	GB/T 17858.3—2020	包装袋术语和类型 第3部分：编织袋	—
2	物流设施设备标准集装箱袋	2020年4月28日	GB/T 38622—2020	集装箱2.45GHz频段货运标签通用技术规范	本标准规定了基于GB/T 28925—2012的2.45GHz集装箱货运标签的技术要求、试验方法、质量评定程序以及标志、包装、运输和贮存。本标准适用于2.45GHz集装箱货运标签的设计、生产和使用
3	物流设施设备标准装卸搬运设备	2020年2月28日	JT/T 1284—2020	低平板半挂车技术规范	本标准规定了低平板半挂车的通用技术要求、低平板增强型半挂车特殊要求、试验方法、检验规则，以及标识、随车文件和储存等。本标准适用于低平板半挂车的设计、生产、检验和使用
4	物流技术、作业与管理标准，装卸搬运、运输	2020年2月28日	JT/T 1286—2020	空陆联运集装货物转运操作规范	本标准规定了空陆联运集装货物转运的一般要求、道路运输承运人基本条件、航空集装器与货车的匹配、货车装载管理、航空转陆路操作、陆路转航空操作、信息提供和应急处置等要求。本标准适用于集装货物的空陆联运

序号	标准类别	发布日期	标准编号	标准名称	规定范围
5	物流信息标准编码	2020年3月31日	GB/T 38606—2020	物联网标识体系数据内容标识符	本标准规定了物联网标识体系中数据内容标识符及其对应数据编码的内容和格式。 本标准适用于物联网应用中对象本身及其属性数据内容的标识
6	物流信息标准编码	2020年3月31日	GB/T 38660—2020	物联网标识体系Ecode标识系统安全机制	本标准规定了物联网标识体系中Ecode标识系统的一般要求、编码数据安全、鉴别与授权、访问控制、交互安全、安全评估和管理要求。 本标准适用于物联网标识体系中Ecode标识系统建设和应用中的信息安全保障
7	物流信息标准编码	2020年3月31日	GB/T 38662—2020	物联网标识体系Ecode标识应用指南	本标准给出了物联网标识体系Ecode标识需要考虑的因素、应用架构、编码结构、数据载体与存储、标识应用、管理机制、安全机制的指南。 本标准适用于物联网标识体系中Ecode标识应用体系的建立涉及的各方
8	物流信息标准编码	2020年3月31日	GB/T 38663—2020	物联网标识体系Ecode标识体系中间件规范	本标准规定了Ecode标识体系中间件的系统架构、功能要求和性能指标项要求。 本标准适用于Ecode标识体系中间件的开发和应用
9	物流信息标准编码	2020年6月2日	GB/T 38920—2020	危险废物储运单元编码要求	本标准规定了危险废物储运单元的编码原则、编码规则、载体要求。 本标准适用于非罐车装和非散装危险废物管理流程中，产废单位、贮存单位、运输单位、处置单位、监管单位等对危险废物管理的信息处理、实时监控和追踪溯源

续表

序号	标准类别	发布日期	标准编号	标准名称	规定范围
10	物流信息标准信息技术应用	2020年4年28日	GB/T 38624.1—2020	物联网 网关 第1部分：面向感知设备接入的网关技术要求	GB/T 38624的本部分规定了面向感知设备接入的物联网网关功能要求和通用数据配置要求。本部分适用于面向感知设备接入物联网网关的设计、开发和测试
11	物流信息标准信息技术应用	2020年4月28日	GB/T 38637.1—2020	物联网 感知控制设备接入 第1部分：总体要求	GB/T 38637的本部分规定了物联网系统中感知控制设备接入的接入要求、应用层接入协议和协议适配。本部分适用于物联网感知控制设备的规划和研发
12	农副产品、食品冷链物流技术、作业与管理标准	2020年2月28日	JT/T 1288—2020	冷藏集装箱多式联运技术要求	本标准规定了冷藏集装箱多式联运的设施设备要求、联运作业要求、联运信息要求。本标准适用于冷藏集装箱的多式联运
13	农副产品、食品冷链物流技术、作业与管理标准	2020年5月11日	WB/T 1103—2020	食品冷链末端配送作业规范	本标准规定了食品冷链末端配送的基本要求和作业要求。本标准适用于对食品冷链末端配送的作业与管理
14	汽车物流标准	2020年2月28日	JT/T 1278—2020	乘用车集装箱运输技术要求	本标准规定了乘用车集装箱运输的装/卸载场地、人员及着装、运输装备、装载、运输过程、卸载等技术要求。本标准适用于采用ISO通用集装箱、乘用车运输专用集装箱、集装箱与乘用车运输架结合的乘用车多式联运

序号	标准类别	发布日期	标准编号	标准名称	规定范围
15	汽车物流标准	2020年5月11日	WB/T 1101—2020	汽车成套零部件出口包装和集装箱装箱作业规范	本标准规定了汽车 KD 件包装及集装箱装载过程中的作业流程与要求。 本标准适用于汽车 KD 件包装及集装箱装箱、封箱作业过程，其他类如汽车零散备件包装可参照执行
16	汽车物流标准	2020年5月11日	WB/T 1102—2020	汽车售后服务备件仓储作业规范	本标准规定了汽车售后服务备件在仓储作业中的入库、包装、存储、出库、装卸搬运、信息系统以及安全管理要求。 本标准适用于汽车售后服务备件仓储服务过程的管理与控制
17	医药物流标准	2020年5月1日	WB/T 1104—2020	道路运输 医药产品冷藏车功能配置要求	本标准规定了医药产品冷藏车的分类、功能配置要求。 本标准适用于道路运输医药产品冷藏车的功能配置
18	粮油物流标准	2020年8月30日	GB/Z 37925—2019	粮食集装化包装仓储作业技术要求	本标准规定了托盘单元化物流系统中常用的托盘集装单元、托盘、单元货物包装容器装卸及搬运设备、仓储货架、集装箱及运输车辆的要求。 本标准适用于流通托盘平面尺寸为 1200mm × 1000mm 的托盘单元化物流系统。其他托盘单元化物流系统可参考使用
19	电子商务物流与快递标准	2020年3月21日	GB/T 38726—2020	快件航空运输信息交换规范	本标准规定了快递服务组织与航空运输企业之间快件运输信息交换需求、信息交换业务流程、通信接口、报文规范、信息交换安全控制及数据交换频次等要求。

续表

序号	标准类别	发布日期	标准编号	标准名称	规定范围
19	电子商务物流与快递标准	2020年3月21日	GB/T 38726—2020	快件航空运输信息交换规范	本标准适用于快递服务组织与航空运输企业之间为完成国内快件航空运输而开展的信息交换。对于自有航空的快递服务组织，可视企业自身情况参照执行
20	电子商务物流与快递标准	2020年3月21日	GB/T 38727—2020	全生物降解物流快递运输与投递用包装塑料膜、袋	本标准规定了用于物流快递运输、投递用的全生物降解包装膜、袋产品的要求、试验方法、检验规则以及标志、包装、运输、储存。本标准适用于以全生物降解树脂为主要原料生产的用于物流快递运输包装、投递包装的薄膜、袋
21	电子商务物流与快递标准	2020年6月21日	GB/T 39083—2020	快递服务支付信息交换规范	本标准规定了快递服务组织与商业银行、支付机构、银行卡清算机构（以下统称支付服务机构）之间的支付信息交换需求、信息交换业务流程通信接口、报文规范、安全技术要求等内容。本标准适用于快递服务组织与支付服务机构之间为完成运费收缴，代收货款等资金收付业务开展的信息交换
22	电子商务物流与快递标准	2020年6月21日	GB/T 39084—2020	绿色产品评价 快递封装用品	本文件规定了快递封装用品绿色产品评价中的产品类别、评价要求和评价方法。本文件适用于以纸、塑料、纤维以及多种材料组合生产的快递封套、包装箱、电子运单、填充物、包装袋、胶带、集装袋、悬空紧固包装物等，以及可重复使用型快递封装用品的绿色产品评价。本文件同时适用于邮政封装用品的绿色产品评价

序号	标准类别	发布日期	标准编号	标准名称	规定范围
23	进出口物流标准	2020年3月31日	GB/T 38567—2020	港口物流作业数据交换通用技术规范	本标准规定了港口物流作业电子数据交换电子报文基本类型、数据交换传输要求、数据交换规则、数据交换流程等内容。本标准适用于港口物流相关单位之间的电子数据交换，如港口企业、航运企业、外轮理货企业、船舶代理企业、货运代理企业、陆上运输企业、场站企业、多式联运企业和口岸监管单位等
24	进出口物流标准	2020年3月31日	GB/T 38703—2020	汽车货运代理服务质量要求	本标准规定了国际货运代理道路运输基本要求、内部控制、服务供应商评估与选择、单证风险控制、业务流程控制等服务质量要求。本标准适用于国际货运代理及其相关的企业，亦可作为行业管理的参考
25	进出口物流标准	2020年3月31日	GB/T 38708—2020	国际贸易货物交付与货款支付的风险控制与防范	本标准规定了国际贸易与运输中有关货物交付主要风险控制与防范、货款支付主要风险控制与防范的要求。本标准适用于国际贸易与物流及其相关的企业，亦可作为行业管理的参考
26	进出口物流标准	2020年3月31日	GB/T 38709—2020	国际货运代理铁路联运作业防范	本标准规定了国际货运代理铁路联运中的一般要求、铁路运输安排集装箱管理、确定运价、接受客户托运作业、国际联运计划申请提箱和装箱作业、报关作业、铁路运单缮制与流转、装车发运、运输

续表

序号	标准类别	发布日期	标准编号	标准名称	规定范围
26	进出口物流标准	2020年3月31日	GB/T 38709—2020	国际货运代理铁路联运作业防范	单证签发、过境作业及过程跟踪、抵达前通知、目的地转关/清关与货物交付等作业规范的要求。 本标准适用于国际货运代理及其相关企业，亦可作为企业管理的参考
27	化工和危险货物物流标准	2020年4月28日	JT/T 845—2020	危险货物港口作业安全评价导则	本标准规定了危险货物港口作业安全评价的程序、内容、报告编制和报告格式等要求。 本标准适用于危险货物港口作业的安全评价
28	化工和危险货物物流标准	2020年2月28日	JT/T 1285—2020	危险货物道路运输营运车辆安全技术条件	本标准规定了危险货物道路运输营运车辆的分类以及基本要求、一般要求、特殊要求等安全技术要求和试验方法。 本标准适用于从事危险货物道路运输的N类车辆、O类半挂车、半挂牵引车与半挂车组成的半挂汽车列车等营运车辆。非营运车辆可参照使用。 本标准不适用于用途为爆炸品现场制造的移动式爆炸品制造单元
29	其他物流标准	2020年3月31日	GB/T 33598.2—2020	车用动力电池回收利用 再生利用 第2部分：材料回收要求	—
30	其他物流标准	2020年3月31日	GB/T 38698.1—2020	车用动力电池回收利用 管理规范 第1部分：包装运输	—

序号	标准类别	发布日期	标准编号	标准名称	规定范围
31	其他物流标准	2020年5月11日	WB/T 1105—2020	废旧动力蓄电池金属物流箱技术要求	本标准规定了废旧动力蓄电池金属物流箱的术语和定义、要求、试验方法、检验规则、标志、运输和贮存。本标准适用于盛装废旧锂离子动力蓄电池和废旧金属氢化物/镍动力蓄电池的金属物流箱（以下简称物流箱）。储能电池等其他类型蓄电池的包装运输可参照执行，本标准不适用于盛装铅酸蓄电池的物流箱
32	标准化工作指导性标准	2020年3月31日	GB/T 1.1—2020	标准化工作导则 第1部分：标准化文件的结构和起草规则	本文件确立了标准化文件的结构及其起草的总体原则和要求，并规定了文件名称、层次、要素的编写和表述规则以及文件的编排格式
33	标准化工作指导性标准	2020年3月31日	GB/T 15565—2020	图形符号 术语	本标准界定了图形符号、标志、公共信息导向系统、安全信息识别系统以及导向系统的设计及设置等方面的术语及其定义，确立了图形符号领域的概念体系。本标准适用于图形符号和导向系统等相关领域
34	标准化工作指导性标准	2020年3月31日	GB/T 16900.2—2020	图形符号表示规则 第2部分：理解度测试方法	GB/T 16900的本部分规定了图形符号理解度的测试方法，该方法能够测试图形符号方案传递预期信息的准确度。本部分适用于测试图形符号的理解度

资料来源：2020中国物流标准手册。

根据表8-2可以看出，目前针对物流出台的相关标准主要集中于物流信息标准、物流设施设备标准、电子商务物流与快递标准、进出口物流标准四个类别。

其中，物流信息标准中编码和信息技术应用主要针对物联网标识体系。物联网在物流领域的应用主要有以下四个方面。一是产品的智能可追溯的网络系统，如食品的可追溯系统、药品的可追溯系统等。这些智能的产品可追溯系统为食品安全、药品安全提供了坚实的物流保障。二是物流过程的可视化智能管理网络系统，这是基于 GPS 卫星导航定位技术、RFID 技术、传感技术等，在物流过程中可实时实现车辆定位、运输物品监控，在线调度与配送可视化与管理系统。三是智能化的企业物流配送中心：这是基于传感、RFID、声、光、机、电、移动计算等各项先进技术，建立全自动化的物流配送中心，实现物流与制造联动，达到商流、物流、信息流、资金流的全面协同。四是企业的智慧供应链，在日益竞争激烈的今天，面对着大量的个性化需求与订单，智慧物流和智慧供应链能使供应链能做出准确的客户需求预测。此外，基于智能配货的物流网络化公共信息平台建设，物流作业中智能手持终端产品的网络化应用等，也是目前很多地区推动的物联网在物流业中应用的模式。

但随着物流产业的发展和人们认知水平的提高，各行各业都在制定更精细的物流标准，作为最重要物流基础标准，2006 版术语标准已经远远不能满足我国物流快速发展的实际需求，表现为以下几方面：一些基于当时的认识和管理实践定义的术语目前已经不准确，需要修改；一些基于当时的认识和管理实践制定的术语现在已经过时，需要删除；一些适应目前和今后发展的新技术、新方法、新模式经过概念化，需要补充；一些术语的英文翻译欠准确，需要校正；少数术语的分类不合理，需要调整。鉴于上述原因，2020 年修订的《物流术语》国家标准，除了进一步推动国内物流产业和物流理论发展外，还将为国家更大规模、更高层次对外开放提供物流术语传播、沟通和应用标准，从而推动中国物流理论、技术、方法和模式在国际上的应用，这将产生重要的国际影响。

第二节　北京市物流政策现状

一、北京市物流政策现状

2020 年，北京市物流业总体规模稳步增长，物流专业化水平显著提升，城市物流网络更趋完善，开放性物流体系逐步形成，发展环境进一步优化。

根据北京市各委办局发布的政策来看，在畅通物流与供应链渠道方面，出台的一系列交通管理政策和标准，规范货物运输以及简化运输过程中的程序，同时培育一批网络型龙头物流企业，支持建设供应链综合服务和交易平台，实现采购、分销、仓储、配送全链条协同；分级建设综合性农产品批发市场，适度扩容鲜活农产品流通中心，构建覆盖城乡的冷链物流体系；统筹规划集零售、配送和便民服务等多功能于一体的末端配送网点。

在绿色物流方面，应用新能源货车替代传统柴油车，实施污染排放严格管理，发展智能化立体仓、云仓等新型绿色仓储设施，支持利用工业厂房改造建设冷链物流基础设施，实施新能源物流配送车替代工程，推广快递机器人、可穿戴外骨骼设备在高校、社区试点，打通末端物流"最后一公里"。

在优化"一核、两轴、多板块"的国际交往空间布局过程中，加强国际交往重要设施和能力建设方面，立足空港型国家物流枢纽优势，坚持以存量设施整合提升为主、以增量设施补短板为辅，合理规划布局综合运输通道和交通枢纽节点，拓展延伸国际物流快运网络，力争实现双枢纽货运吞吐量翻番，完善航空口岸功能，畅通国际消费品物流渠道。同时打造本市重要物流节点，在大兴、亦庄、房山等南部地区依托综合运输通道和交通枢纽节点布局产业园区，与通道沿线经济产业密切联系，高效联通骨干网络和出海口，推进"公转铁"等多种形式的多式联运。

同时，还促进物流业与其他产业深度融合。延伸农业供应链，提升制造业价值链，创新商贸服务产业链，推动上下游、产供销、大中小企业协同发展。支持物流企业与制造企业协同共建供应链，培育一批具有全球竞争力的物流供应链创新示范企业。支持具备条件的大型工业园区新建或改扩建铁路专用线、仓储、配送等基础设施，吸引第三方物流企业入驻并提供专业化物流服务。鼓励龙头商贸流通企业创建具有充分议价权和话语权的国际采购联盟，建设跨国采购中心和连锁分销中心。

截至 2020 年 12 月，北京市出台的一系列物流相关政策约 20 项，上半年主要着眼于在新冠疫情下保障生产生活必需品正常流通，并对全国物流相关政策出台了相应的指导意见及配套方案，基于北京市决胜脱贫攻坚、建设自由贸易试验区、建设国际一流城市国际交往中心功能等现实情况，持续聚焦农产品流通、冷链物流、绿色低碳物流、商贸物流、口岸和跨境物流等方面。2020 年北京市物流相关重要政策如表 8-3 所示。

表 8-3　　　　　　　　　　　2020 年北京市物流相关重要政策

序号	时间	政策名称	政策摘要	发文部门
1	2020 年 2 月	《北京市人民政府办公厅关于应对新型冠状病毒感染的肺炎疫情影响促进中小微企业持续健康发展的若干措施》	保障企业正常安全生产需求，保障生产工作人员健康安全；优化疫情防控货物、生活必需品及国家级、市级重大工程建设原材料和涉及保障城市运行必需、重要国计民生的相关项目建设原材料的调配、运输，为企业办理疫情防控应急物资通行证，保障运输通畅	北京市人民政府办公厅

北京现代

物流研究基地年度报告（2020）

续表

序号	时间	政策名称	政策摘要	发文部门
2	2020 年 3 月	北京市市场监督管理局 北京市发展和改革委员会 北京市财政局 北京市人力资源和社会保障局 北京市商务局 中国人民银行营业管理部印发关于应对疫情影响加大对个体工商户扶持力度若干措施的通知	严格落实个体工商户疫情防控主体责任，分业态分形式有序推动实体批发零售类、餐饮类、居民服务类、交通运输类等涉及群众基本生活保障行业的个体工商户复工复产，符合各地复工复产规定的个体工商户，无须批准即可依法依规开展经营活动。采取措施，尽快完善灵活就业政策，促进快递等行业尽快复工复产，稳定快递末端网点，保障物流畅通	北京市市场监督管理局、北京市发展和改革委员会、北京市财政局、北京市人力资源和社会保障局、北京市商务局、中国人民银行营业管理部
3	2020 年 4 月	《关于深化京津口岸营商环境改革 进一步促进跨境贸易便利化若干措施的公告》	加快实现口岸物流和操作电子化，依托天津港集装箱设备交接单电子化平台，对接各船公司电子箱管系统，简化放箱环节手续，试行电子化放箱和提供"7×24 小时"放箱服务，进一步推行港口操作业务无纸化	北京市商务局
4	2020 年 5 月	中共北京市委 北京市人民政府关于加强首都公共卫生应急管理体系建设的若干意见	健全统一的应急物资保障体系，加强应急物资保障总体设计，建立应急物资目录并动态调整，合理确定本市产能、京津冀保障和本市储备规模。明确应急物资保障层级，优先保障医疗救治、疾病预防控制、城市运行等一线应急物资需求，提高应急生产保障能力，建立应急物资储备制度，强化生活必需品保供稳价	中共北京市委、北京市人民政府
5	2020 年 6 月	北京市市场监督管理局关于贯彻落实《北京市优化营商环境条例》的实施意见	持续深化简政放权、放管结合、优化服务，着力营造宽松便捷的市场准入环境、公平有序的市场竞争环境，提供首善一流的质量技术基础服务和政务服务，为首都高质量发展注入新动能	北京市市场监督管理局
6	2020 年 8 月	北京市交通委员会 北京市财政局关于印发《2020 年北京市新能源轻型货车运营激励方案》的通知	明确对北京市新能源轻型货车运营激励范围、激励标准、激励资金申领程序和时间等相关事项，激励新能源物流车市场持续健康发展	北京市交通委员会、北京市财政局

续表

序号	时间	政策名称	政策摘要	发文部门
7	2020年8月	《北京市商务局关于新冠肺炎常态化防控下加强食品冷链物流管理的通知》	加强对运输车辆的管理，及时对车辆厢体、随车器具等进行清洗、消毒、通风；加强对物品储存的管理，及时清理变质和过期食品；定期对仓库内部环境、货架、作业工具等进行清洁、消杀	北京市商务局
8	2020年8月	《关于加强新冠肺炎疫情防控期间本地农产品销售工作的紧急通知》	为解决本市部分地区农产品出现流通不畅、滞销卖难等情况，做好"菜篮子"产品保供稳价，强化市区联动，完善工作机制，促进产销衔接	北京市农业农村局、北京市商务局
9	2020年8月	《北京市农业农村局 北京市交通委员会 北京市公安局公安交通管理局关于确保"菜篮子"产品和农业生产必需品正常流通秩序的紧急通知》	严格维护正常流通秩序，保障应急物资正常运输；坚持"一断三不断"，即坚决阻断病毒传播渠道，保障公路交通网络不断、应急运输绿色通道不断、必要的群众生产生活物资运输通道不断；坚持"三不一优先"，即不停车、不检查、不收费、优先通行，全力做好物资运输保障；严禁未经区级及以上人民政府批准擅自设卡拦截、随意断路封路阻断交通的行为，打通运输梗阻	北京市农业农村局、北京市交通委员会、北京市公安局公安交通管理局
10	2020年9月	《国务院关于深化北京市新一轮服务业扩大开放综合试点建设国家服务业扩大开放综合示范区工作方案的批复》	推动北京首都国际机场和北京大兴国际机场联动发展，建设国际航空货运体系，制定促进北京航空货运发展政策，支持扩大货运航权，优化完善货运基础设施设备，鼓励航空公司在北京大兴国际机场投放货运机队。完善航空口岸功能，提升高端物流能力，扩展整车、平行进口汽车等进口功能	国务院
11	2020年9月	《国务院关于印发北京、湖南、安徽自由贸易试验区总体方案及浙江自由贸易试验区扩展区域方案的通知》	推动投资贸易自由化便利化，提升贸易便利化水平，推动北京首都国际机场、北京大兴国际机场扩大包括第五航权在内的航权安排，持续拓展国际贸易"单一窗口"服务功能和应用领域等	国务院

续表

序号	时间	政策名称	政策摘要	发文部门
12	2020年10月	《北京市推广应用进口冷链食品追溯平台》	通告要求，北京市进口冷链食品生产经营单位应在"北京冷链"中完成主体用户注册，并自2020年11月1日起，使用"北京冷链"如实上传进口冷藏冷冻肉类、水产品来源、流向等追溯数据，落实电子追溯码赋码、贴码等。已有自建追溯系统的进口冷链食品生产经营单位，可采取批量导入或系统接口等方式上传数据	北京市市场监管局、北京市商务局
13	2020年11月	北京市交通委员会关于印发《北京市收费公路收费站服务规范》《北京市收费公路收费站区通行守则》的通知	进一步规范北京市收费公路收费站收费行为，提高服务水平，保障站区运营秩序高效稳定，打造快捷、安全、优质、高效、和谐的收费环境	北京市交通委员会
14	2020年12月	《北京物流专项规划》	提出北京市物流总体发展目标；进一步降低物流成本，城市流通领域标准化托盘使用率及规模以上连锁超市主要商品统一配送率要超过90%和95%，冷链流通率争取超过80%，重点发展培育第三方物流企业等	北京市规划和自然资源委
15	2020年12月	北京市商务局 北京市规划和自然资源委员会 北京市住房和城乡建设委员会 北京市城市管理委员会 北京市市场监督管理局 北京市城市管理综合行政执法局 北京市药品监督管理局 国家税务总局北京市税务局 北京市邮政管理局关于印发《关于进一步促进社区商业发展的若干措施》的通知	鼓励电商、快递企业与超市、便利店、社区商业综合体、商务楼宇等合作开展末端共同配送服务，支持共同配送网点信息化配套设施建设，提升末端配送集约化水平	北京市商务局等8部门
16	2020年12月	《北京市进一步优化营商环境更好服务市场主体实施方案》	进一步聚焦市场主体关切，以坚决清除隐性壁垒、优化再造审批流程、加强事中事后监管和加快数字政府建设为重点，有效推进重点领域、关键环节和突出问题改革，认真落实纾困惠企政策，着力打通政策落地"最后一公里"，全力打好营商环境攻坚战，打造与高质量发展相适应的国际一流营商环境	北京市人民政府

序号	时间	政策名称	政策摘要	发文部门
17	2020年12月	《商务领域"两区"建设工作方案》	以"双枢纽"机场为依托，做强口岸功能平台，协调推进大兴国际机场货运区多式联运、国际快件、跨境电商、冷链和综合拼装专业库建设项目开工；启动首都机场货运信息化系统建设，打通两场物流系统数据壁垒；争取扩大货运航权，构建覆盖全球的直达和中转航线网络，优化常态下北京双场货运航班时刻的分配	北京市商务局

二、北京市物流标准现状

2016年，北京市商务局在《北京市"十三五"时期物流业发展规划》的第五章重点工程中提出物流标准化推广工程。一是采用多种模式实现物流各环节设施设备的标准化升级改造，实现标准化物流装备的普及应用。二是提升标准化物流装备运营管理与服务水平，鼓励利用移动互联网、物联网等现代信息技术，实现对标准化托盘、周转箱等物流集装单元的跟踪管理，逐步实现上下游交接货现场免验收。三是支持物流标准化托盘管理公共信息服务平台建设。四是以促进物流企业专业化、精益化服务升级，京津冀区域物流协调发展为目标，探索开展物流服务标准化的认证试点。

2017年，北京市商务委员会、北京市发展和改革委员会、北京市农村工作委员会在《北京市"十三五"时期农产品流通体系发展规划》中的保障措施提出要建立健全符合首都发展要求的农产品流通规范标准体系。按照建设国际一流和谐宜居之都和提高生活性服务业品质要求的"首善"标准，逐步建立健全符合首都发展和人民群众美好期待要求的农产品生产加工、物流配送、批发零售等系列规范标准，推进农产品流通体系标准化发展。

2020年，发布的《北京市商务局 北京市市场监督管理局 北京市卫生健康委员会 北京海关 北京市农业农村局 北京市交通委员会关于新冠肺炎常态化防控下加强食品冷链物流管理的通知》中提到落实相关冷链标准和防控要求。企业在冷链运输、储存、销售等环节应积极执行《冷藏、冷冻食品物流包装、标志、运输和储存》《易腐食品控温运输技术要求》等相关国家冷链标准和地方冷链标准，加强全流程规范化操作；要根据疫情防控情况和市委、市政府相关要求，认真落实各类防控措施。

同年，北京市消费促进处发布的《北京市促进新消费引领品质新生活行动方案》中提出要健全规范标准体系。重点围绕物流、蔬菜零售、餐饮、家政、美容美发、洗染等行业制定（修订）相关标准、服务质量规范和评价办法。做好标准规范宣贯，培育4000个左右标准化示范门店。加强服务人才培养和技能培训，打造有温度的"北京服务"。织严织密安全稳定风险防控网，防范商业企业闭店跑路、债权债务、合同纠纷等风险。建立疫情防控常态化形势下行业标准指引。推出餐饮、美发、楼宇商场、超市、景区、公园、体育场所等行业指引，加大检查力度，督导经营主体做好疫情防控与服务工作，提倡预约消费。鼓励景区、公园加大非节假日的门票优惠力度，引导游客合理游览。

根据以上政策引导，2020年北京市就物流相关标准做出明确规定，以扶持物流行业的发展，标准聚焦二氧化碳排放、交通等方面，可见交通运输行业作为国民经济和社会发展的先导性和基础性产业，行业的快速发展造成的温室气体排放增长速度不容小觑，出台相关标准以规定交通运输行业的二氧化碳排放量并作出影响评价十分必要。2020年北京市出台物流相关标准如表8-4所示。

表8-4　　　　　　　　　　2020年北京市出台物流相关标准

序号	发布日期	标准编号	标准名称	规定范围
1	2020年12月24日	DB11/T 1786—2020	二氧化碳排放核算和报告要求道路运输业	本文件规定了道路运输业二氧化碳排放核算和报告范围、核算步骤与方法、数据质量管理、报告要求等内容。本文件适用于注册地为北京市的公共电汽车客运、城市轨道交通、出租车客运、公路旅客运输及道路货物运输企业的二氧化碳排放量的核算和报告
2	2020年3月25日	DB11/T 787—2020	交通影响评价报告编制规范	本标准规定了交通影响评价报告编制的总体要求、规划阶段内容要求、建设阶段内容要求、格式要求，并给出了有关表述样式。本标准适用于交通影响评价报告的编制和管理

第三节　北京市物流政策发展建议

一、完善疫情下首都市场保供政策

自2020年4月8日，武汉迎来通道解封，中共中央政治局常务委员会召开会议，听取新冠疫情防控工作和全国复工复产情况调研汇报，分析国内外疫情防控和经济运行形势，研究部署落实常态化疫情防控举措、全面推进复工复产工作，我国进入"常态化疫情防控"时期。北京市政府相继出台一系列物流政策，《北京市人民政府办公厅关于应对新型冠状病毒感染的肺炎疫情影响促进中小微企业持续健康发展的若干措施》《农业农村部办公厅 交通运输部办公厅 公安部办公厅关于确保"菜篮子"产品和农业生产资料正常流通秩序的紧急通知》《北京市农业农村局 北京市商务局 关于加强新冠肺炎疫情防控期间本地农产品销售工作的紧急通知》等来保证疫情防控货物、生活必需品及国家级、市级重大工程建设原材料和涉及保障城市运行必需、重要国计民生的相关项目建设原材料的调配、运输。

二、优化重点设施布局提升物流效率

贯彻落实《北京城市总体规划（2016 年—2035 年）》和《北京市商业服务业设施空间布局规划征求意见》，坚持存量提升和增量拓展相结合，以消费新地标、农产品市场、物流、展览设施为重点，优化完善商业重点设施体系，为建设培育国际消费中心城市提供空间载体。《北京物流专项规划》提出优化农产品批发市场布局，完善提升商贸物流设施，围绕保障城市基本运转、服务居民日常生活，着力打造"大型综合物流园区（物流基地）+物流（配送）中心+末端网点"的扁平化商贸物流节点网络。在完善原有四大物流基地功能的基础上，新增西北（昌平南口）、西南（房山窦店）两个物流基地。结合人口分布特征、商业组织布局等，通过已有物流设施的资源整合和合理的设施新建，形成覆盖北京、功能完善、分布合理的商贸物流节点网络。

三、持续优化国际化营商环境

《关于深化京津口岸营商环境改革进一步促进跨境贸易便利化若干措施的公告》《国务院关于深化北京市新一轮服务业扩大开放综合试点建设国家服务业扩大开放综合示范区工作方案》《北京市进一步优化营商环境更好服务市场主体实施方案》等进一步优化港口"三阳服务"环境，加快实现口岸物流操作电子化，到 2025 年，基本健全以贸易便利、投资便利为重点的服务业扩大开放政策制度体系，到 2030 年，实现贸易自由便利、投资自由便利、资金跨境流动便利、人才从业便利、运输往来便利和数据安全有序流动，基本建成与国际高标准经贸规则相衔接的服务业开放体系。同时，以加强口岸基础设施建设、优化口岸管理为突破口，推动开放型物流体系建设，形成以首都机场空港口岸为核心，北京西站铁路口岸、朝阳口岸、丰台口岸、平谷口岸为重要补充的口岸体系。

四、加快完善冷链基础设施

2020 年，国家加速推进冷链物流产业发展，出台了《关于开展首批国家骨干冷链物流基地建设工作的通知》，布局建设一批国家骨干冷链物流基地，有针对性补齐城乡冷链物流设施短板，整合冷链物流以及农产品生产、流通资源，提高冷链物流规模化、集约化、组织化、网络化水平，降低冷链物流成本。

北京市作为国家骨干冷链物流基地重要节点，也相继出台《北京市推广应用进口冷链食品追溯平台》《北京市交通委员会关于公布本市可承接进口冷链产品冷藏保鲜运输企业名单（第一批）的通知》等，《北京物流专项规划》中指出要加强冷链物流基础设施建设和改造提升，推动冷链物流设施、装备与技术改造升级，支持建设具有集中采购和配送能力的冷链物流中心。加强农产品冷链物流配送网络建设，完善连锁企业生鲜配送中心和大型农产品批发市场的冷链配套设施，构建城市末端冷链配送设施网络，鼓励利用连锁超市门店、便利店、社区菜店资源，通过安装冷藏柜、冷藏箱、冷藏自提柜等设施，提供"最后一公里"末端冷链配送服务。

在疫情防控的同时，提升冷链物流流通效率，完善冷链运输监管措施，到2035年，北京市冷链流通率要争取超过80%。

五、加快推进低碳绿色物流发展

北京市政府出台一系列政策，鼓励物流企业功能整合和业务创新，不断提升专业化服务水平，积极发展定制化物流服务，满足日益增长的个性化物流需求。推动企业加强横向联合，鼓励倡导城乡连锁经营，支持企业发展统一采购、统一仓储和统一送货模式。进一步优化物流组织模式，积极推广末端集中配送、共同配送等模式，完善商贸流通网点的装卸货配套设施，提高集约化程度和物流设备利用率，降低配送车辆出行需求，促进物流绿色发展。支持公共信息平台建设，整合物流统一配送、共同配送需求。

2020年9月22日，中国在第75届联合国大会上正式提出2030年实现碳达峰、2060年实现碳中和的"双碳"目标。北京市出台《2020年北京市新能源轻型货车运营激励方案》促进淘汰或转出本市汽柴油货车并更新为新能源轻型货车，降低轻型货车的燃油消耗、污染物排放，鼓励采用低能耗、低排放运载工具，鼓励更新使用新能源物流车和第六阶段排放标准车辆，推进城市绿色货运配送体系建设。

六、推动物流与其他行业深度融合

2020年，北京市大力发展高端现代制造业，培育壮大一批现代产业群，重点推动新一代信息技术、生物医药、新能源、高端装备制造和航空航天等战略性新兴产业发展。北京市出台《商务领域"两区"建设工作方案》等相关政策旨在推动供应链一体化服务，推动物流业与商业、科技创新产业联动发展，积极培育规模化、社会化的第三方物流企业，鼓励传统运输、仓储企业向供应链上下游延伸服务，完善与上下游企业紧密配套、有效衔接的仓储配送设施，搭建供应链管理信息平台。此外，北京市还支持电子商务物流发展，推进医药物流信息化、智能化配送体系建设，提升会展物流现代化管理水平，培育专业特色会展物流服务提供商。

七、持续推动降低物流成本

《北京物流专项规划》提出，北京物流的功能定位是与首都"四个中心"相匹配，以保障首都城市运行为基础，以提高居民生活品质为核心，以城市配送为主要形式的城市基本服务保障功能。同时按照《北京城市总体规划（2016年—2035年）》推进区域性物流基地和区域性专业市场疏解，严禁在三环路内新建和扩建物流仓储设施的要求，引导和推动区域性农副产品、基础原材料等大宗商品的仓储物流功能外迁，降低物流设施成本，助力北京市经济高质量发展，预计到2035年，北京社会物流总费用占GDP比率要小于10%。

参考文献

［1］史何新，米志广，侯瑞锋．北京市生鲜农产品冷链物流发展研究［J］．物流科技，2014，37（8）：124-126.

［2］龚琳玲．农产品生鲜电商冷链物流包装的问题与对策［J］．物流科技，2019，42（10）：66-67.

［3］兰洪杰，康彪．北京市食品冷链物流问题探析［J］．物流科技，2010，33（6）：7-10.

［4］李佳洁，徐然，李江华．基于模糊层次分析法的食品冷链物流发展影响因素分析——以北京市为例［J］．农产品质量与安全，2015（1）：35-40.

［5］《物流技术与应用》编辑部．新冠肺炎疫情影响下的冷链物流发展［J］．物流技术与应用，2020，25（S1）：25-27.

［6］熊杰，关伟，黄爱玲．社区公交接驳地铁路径优化研究［J］．交通运输系统工程与信息，2014，14（1）：166-173.

［7］李丹，黄正东．顾及换乘距离的城市公交系统出行路径优化研究［J］．交通运输工程与信息学报，2008，6（4）：110-117.

［8］宋安．基于双层规划的城市公交线网优化研究［D］．长沙：长沙理工大学，2010.

［9］张敖木翰．基于蚁群算法的城市公交线网优化设计研究［D］．北京：北京交通大学，2008.

［10］孙晓梅．多源交通信息下的动态路径选择模型与方法研究［D］．长春：吉林大学，2011.

［11］黄正东，李丹，周玉红．基于有向层次模型的城市常规公交出行路径优化［J］．

武汉大学学报（信息科学版），2008（4）：358-362.

［12］安健，刘好德，滕靖，等．快速公交路径优化设计模型及算法研究［J］．公路交通科技，2010，27（3）：147-153.

［13］杨晓光，等．城市道路交通设计指南［M］．北京：人民交通出版社．2003.

［14］单晋，罗崴．交叉口区域非机动车交通冲突分析与对策研究［J］．道路交通与安全，2007（3）：45-51.

［15］袁黎，袁荷伟，项乔君，等．基于交通冲突分析的公路信号交叉口安全评价［J］．交通信息与安全，2010，28（1）：117-120.

［16］张蓉．平面信号交叉口交通控制方案的优化研究［D］．北京：北京工业大学，2003.

［17］李美玲．信号交叉口交通组织优化方法研究［D］．北京：北京工业大学，2004.

［18］郭晓程．平面信号交叉口设计优化方法研究［D］．西安：长安大学，2006.

［19］刘新华．交叉口交通组织优化方法研究［D］．西安：长安大学，2006.

［20］金莉．混合交通流下信号交叉口交通组织优化问题研究［D］．西安：长安大学，2006.

［21］康长久．信号控制交叉口交通组织渠化方法研究［D］．北京：北京工业大学，2006.

［22］袁晶矜，袁振洲．信号交叉口通行能力计算方法的比较分析［J］．公路交通技术，2006（5）：123-128，132.

［23］张玉刚．城市公共交通综合评价体系探讨［J］．建筑·建材·装饰，2008，9（9）：34-35.

［24］王之泰．第三方物流理论与实践［J］．中国流通经济，2018，32（3）：3-9.

［25］王静．物流市场与信用环境可持续发展的机制研究［J］．吉林大学社会科学学报，2018，58（6）：106-115，205-206.

［26］张路．博弈视角下区块链驱动供应链金融创新研究［J］．经济问题，2019（4）：48-54.

［27］陈隆，闫真宇，邓舒仁．对当前小微企业融资问题的若干思考［J］．浙江金融，2018（1）：17-23.

［28］章玲超，林彬，王禹媚．构建企业征信服务平台 缓解中小企业融资难题——应收账款融资的视角［J］．上海金融，2019（10）：73-78.

［29］中国人民银行征信中心与金融研究所联合课题组．互联网信贷、信用风险管理与征信［J］．金融研究，2014（10）：133-147.

［30］丁昱．基于区块链技术的社会信用体系构建研究［J］．海南金融，2018（8）：33-40．

［31］冯斯健．国际三种主流中小企业征信制度的异同［J］．银行家，2016（3）：95-99．

［32］朱鹤新．推动征信业高水平开放高质量发展［J］．中国金融，2019（13）：9-11．

［33］王仁厚，韩雨霈．加快推进小微企业征信体系建设的思考［J］．征信，2016，34（1）：46-48．

［34］万存知．征信体系的共性与个性［J］．中国金融，2017（1）：40-42．

［35］马小林．企业征信市场新需求及创新策略［J］．征信，2017，35（12）：43-45．

［36］解黎，姚世坤．区块链技术在征信领域应用探究［J］．征信，2018，36（8）：26-30．

［37］郭树行，宋子琦．面向征信的区块链模式设计与应用研究［J］．网络与信息安全学报，2018，4（4）：63-71．

［38］罗建雄，封玉莲．大数据时代我国征信业发展及安全思考［J］．征信，2019，37（6）：27-33．

［39］刘芸，朱瑞博．互联网金融、小微企业融资与征信体系深化［J］．征信，2014，32（2）：31-35．

［40］琚春华，邹江波，傅小康．融入区块链技术的大数据征信平台的设计与应用研究［J］．计算机科学，2018，45（S2）：522-526，552．

［41］朱兴雄，何清素，郭善琪．区块链技术在供应链金融中的应用［J］．中国流通经济，2018，32（3）：111-119．

［42］刘若阳，申威，唐长虹．基于区块链技术的中小物流企业多源征信追溯系统［J］．征信，2019，37（10）：32-36．

［43］刘新海，贾红宇，韩晓亮．区块链：一种新的征信视角与技术架构［J］．征信，2020，38（4）：13-21．

［44］任永平，梅强．中小企业信用评价指标体系探讨［J］．现代经济探讨，2001（4）：60-62．

［45］高华，王晓洁．智能制造中小企业信用评价［J］．科技管理研究，2018，38（5）：87-92．

［46］池仁勇，朱张帆．软信息与硬信息孰轻孰重——中小企业授信与信用风险视角［J］．华东经济管理，2020，34（3）：112-118．

［47］匡海波，杜浩，丰昊月．供应链金融下中小企业信用风险指标体系构建［J］．

科研管理，2020，41（4）：209-219.

［48］王璇，郭伟辰．关于第三方物流企业信用评价的分析研究［J］．开发研究，2011（4）：129-133.

［49］李政道，任晓聪．博弈论视角下第三方物流企业金融信用管理［J］．企业经济，2016，35（11）：183-187.

［50］杨筝，刘放，夏义星．我国物流企业信用风险及其影响因素分析［J］．财会月刊，2017（21）：45-50.

［51］邓爱民，文慧，李红，等．供应链金融下第三方物流信用评价研究［J］．中国管理科学，2016，24（S1）：564-570.

［52］管羽．统一授信模式下商业银行对物流企业信用风险评价研究［D］．哈尔滨：哈尔滨工业大学，2017.

［53］孟杰．企业信用风险评估方法综述［J］．中国国际财经（中英文），2018（2）：290.

［54］刘铮铮，李家军．Credit Metrics 模型下信用风险模型改进探讨［J］．生产力研究，2006（11）：96-98.

［55］张发明，李艾珉，韩媛媛．基于改进动态组合评价方法的小微企业信用评价研究［J］．管理学报，2019，16（2）：286-296.

［56］章思琴．基于多级模糊综合评价模型的物流企业信用评级应用研究［D］．南昌：南昌大学，2015.

［57］邬聪颖，杨孔雨．基于定量分析的物流企业信用评价可行性研究［J］．物流科技，2019，42（11）：25-28.

［58］钱茜，周宗放，徐凯．风险信息传播对关联信用风险传染影响的研究［J］．系统工程，2018，36（8）：18-26.

［59］王长江，姜庆华．企业信用风险传染路径与防控措施研究［J］．现代管理科学，2019（6）：101-103.

［60］中国人民银行征信管理局．现代征信学［M］．北京：中国金融出版社，2015.

［61］吴晶妹．我国信用服务体系未来："五大类"构想与展望［J］．征信，2019，37（8）：7-10，92.

［62］赵克勤．集对分析及其初步应用［M］．杭州：浙江科学技术出版社，2000.

［63］常志朋，刘小弟，张世涛．基于高阶 Markov 链的重大决策社会风险变权集对预测模型［J］．控制与决策，2018，33（12）：2243-2250.

［64］侯泽宇，卢文喜，宋文博，等．基于有序样品聚类的集对权马尔可夫链年降水量预测模型［J］．系统工程理论与实践，2016，36（4）：1066-1071.

［65］高扬，王向章．基于 SPA-Markov 的飞行安全态势评估与预测研究［J］．中国安全生产科学技术，2016，12（8）：87-91.

［66］张一瑶，吴诗辉，刘晓东，等．基于集对分析和马尔科夫链的航空维修安全动态评估［J］．中国安全科学学报，2016，26（1）：122-128.

［67］石红英．大数据时代我国征信业发展问题探讨［J］．征信，2018，36（12）：49-52.

［68］姚静．中小企业信用评级指标体系研究［D］．北京：中国社会科学院，2016.

［69］杜梅．中小微企业征信与信用评价研究［D］．成都：西华大学，2018.

［70］韩於憬．中小物流企业融资风险控制研究［D］．镇江：江苏大学，2019.

［71］高明美，孙涛，赵天燕，等．基于区间直觉模糊熵和时间熵的动态多属性模糊决策［J］．模糊系统与数学，2016，30（4）：31-41.

［72］许智慧．马尔可夫状态转移概率矩阵的求解方法研究［D］．哈尔滨：东北农业大学，2013.

［73］刘若阳，申威，唐长虹．基于变权 Markov 链的中小物流企业信用风险集对预测［J］．系统工程，2021，39（2）：138-149.

［74］冯林燕．第三方物流信用评估机制研究［J］．中国储运，2006（6）：105-106.

［75］王婉薇，童建良．物流企业信用分析和评价［J］．现代商贸工业，2007（11）：4-6.

［76］汪瑜．物流企业征信管理研究［J］．物流工程与管理，2011，33（1）：34-35.

［77］邓爱民，文慧，李红，等．供应链金融下第三方物流信用评价研究［J］．中国管理科学，2016，24（S1）：564-570.

［78］杨斐，周石鹏．中小物流企业的信用评级研究［J］．物流工程与管理，2017，39（5）：12-14，23.

［79］胡海青，张琅，张道宏．供应链金融视角下的中小企业信用风险评估研究——基于 SVM 与 BP 神经网络的比较研究［J］．管理评论，2012，24（11）：70-80.

［80］刘芸，朱瑞博．互联网金融、小微企业融资与征信体系深化［J］．征信，2014，32（2）：31-35.

［81］李友元，寇纲．我国大数据征信的挑战及对策［J］．大数据，2017，3（1）：27-34.

附　录

北京冷链物流企业运营情况调查问卷

尊敬的企业负责人您好:

非常感谢您抽出宝贵时间参与此次调查。本次调查主要用于政府摸底——北京冷链物流企业运营现状统计分析,为北京冷链物流规划决策提供可靠依据。

一、冷链物流企业基本情况

1. 企业名称 *

_____

_____

2. 企业地址 *

_____

_____

二、冷链物流企业性质、类型

1. 企业所有权性质(单选)*

□国有企业 　　　　　　　　□民营企业

□外商独资企业 　　　　　　□中外合资/合作企业

□股份制企业 　　　　　　　□其他

2. 企业业务性质(可多选)*

□冷链区域配送企业 　　　　□冷链运输服务企业

□冷链设备供应企业 　　　　□冷库运营企业

□冷链综合性物流企业 　　　□其他

3. 企业业务类型（可多选）*

A. 仓储业务　　　　B. 运输业务　　　　C. 配送业务　　　　D. 包装业务

E. 加工业务　　　　F. 其他业务

	1	2	3	4	5
业务占比排序					

三、冷链物流企业年限、规模

1. 企业成立年限（单选）*

□成立≤2年　　　　　　　　□成立3~5年

□成立6~10年　　　　　　　□成立≥10年

2. 企业规模（员工数量）（单选）*

□规模1~50人　　　　　　　□规模51~200人

□规模201~500人　　　　　□规模>501人

3. 企业规模（注册资本）（单选）*

□100万元以下　　　　　　　□100万~500万元

□500万~1000万元　　　　　□1000万~1500万元

□1500万~2000万元　　　　　□2000万元以上

4. 企业冷藏车数量情况*

	数量（辆）	主要类型及吨位
自有		
外包		

四、冷链物流企业服务产品及辐射范围

1. 企业主要服务产品类型（可多选）*

□肉类　　　　　　　　　　□水产品

□食品　　　　　　　　　　□奶制品

□医药　　　　　　　　　　□果蔬　　　　　　　　□其他

2. 企业业务辐射范围（可多选）*

□北京市　　　　　　　　　□京津冀地区

□全国　　　　　　　　　　□国际

五、冷链物流企业经营情况

1. 企业总体经营情况评价及 2020 年预期（单选，打"√"即可）＊

时间 状况	不太好	一般	比较好
2019 年			
2020 年 1—8 月			

2. 企业营业额及净利润变化情况（填空题）＊

时间	营业收入（万元）	净利润（万元）
2018 年		
2019 年		
2020 年 1—8 月		

3. 企业成本支出构成（可多选）＊

A. 人工成本　　B. 设备成本　　C. 运输成本　　D. 租金成本　　E. 业务拓展成本

F. 赋税成本　　G. 折旧成本　　H. 其他成本

	1	2	3	4	5	6
占比排序						

4. 企业融资需求情况（单选，打"√"即可）＊

融资需求	是，需求较大	是，需求一般	是，需求较小	否，资金充足

5. 与 2019 年相比，企业今年运输环节发生的变化（打"√"即可）＊

	增加	无明显变化	减少
总运输量			
运输车辆			
运输人员			

续表

	增加	无明显变化	减少
配送里程			
配送网点			
信息化程度			

6. 与 2019 年相比，企业今年仓储环节发生的变化（打"√"即可）*

	增加	无明显变化	减少
总入库量			
总出库量			
安全库存量			
周转天数			
仓储人员数量			
仓储/配送中心建设数量			
托盘叉车设备			
信息化程度			

7. 企业 2020 年经营面临的困难（可多选，打"√"即可）*

□人工成本上升　　　　　□原材料成本上升

□企业利润低　　　　　　□企业资金短缺

□人才缺乏，招工难　　　□行业竞争激烈

□信息化水平低　　　　　□其他_____

六、冷链物流企业经营环境

1. 企业 2020 年整体经营环境（单选，打"√"即可）*

□相对上年非常好　　　　□相较上年比较好

□相较上年一般　　　　　□相较上年不太好

2. 您认为北京市或国家相关部委对冷链发展扶持力度如何（单选，打"√"即可）*

□扶持力度很大　　　　　□扶持力度较大

□扶持力度一般　　　　　□扶持力度较小

3. 企业期待北京市或国家出台哪些扶持政策？（简答）　＊

_____

_____

4. 您认为中国未来三年经济发展的前景如何（单选，打"√"即可）＊

□非常好　　　　　　　　　　　□比较好

□一般　　　　　　　　　　　　□不太好

5. 企业的信息化系统情况（单选，打"√"即可）＊

□已上线信息化管理系统　　　　□未上线信息化管理系统

6. 您认为哪些互联网因素能驱动冷链物流发展？（可多选，打"√"即可）　＊

□物联网　　　　□人工智能　　　　□大数据

□云计算　　　　□射频识别　　　　□区块链

□其他（如 SaaS，GPS，温控系统等）_____

7. 您认为企业人力资源现存哪些问题？（可多选，打"√"即可）＊

□人力成本不断提高　　　　　　□难以找到所需人才

□技术或业务能力不达标　　　　□挽留员工的困难增加

□员工忠诚度降低　　　　　　　□员工的积极性降低

8. 企业竞争环境变化（单选，打"√"即可）＊

□竞争加剧　　　　　　　　□竞争持平　　　　　　　□竞争减弱

七、冷链物流企业经营安全

1. 您认为当前企业运营的安全隐患主要集中于哪些方面？

_____

_____

2. 您认为影响企业安全的因素主要有哪些？（填空或选择均可）　＊

_____

A. 设施设备配置　　　B. 安全意识　　　C. 人员素质　　　D. 企业管理

E. 政府监管　　　　　F. 政策法规　　　G. 标准规范　　　H. 卫生条件

I. 温控技术　　　　　J. 储藏技术　　　K. 检测技术　　　L. 信息追溯

M. 突发事件　　　　　N. 市场状况　　　O. 其他_____

重要性排序	1	2	3	4	5	6	7
	8	9	10	11	12	13	14

3. 企业在疫情防控期间面临的主要困难有哪些？

_____

_____

4. 企业未来的应对计划是什么？

_____

_____

5. 企业对政府有哪些诉求或建议？

_____

_____

企业联系人：

联系方式：